| 제2판 |

효과적인 교수와 학습컨설팅을 위한

RTI의 원리와 전략

Response to Intervention

Principles and Strategies for Effective Practice

Rachel Brown-Chidsey · Mark W. Steege 지음

이명숙 · 김동일 · 이기정 옮김

아카데미프레스

Response to Intervention:
Principles and Strategies for Effective Practice, 2/E
by Rachel Brown-Chidsey, Mark W. Steege

| 역자 서문

이 책은 Southern Maine 대학의 학교심리학 교수인 Rachel Brown-Chidsey와 Mark W. Steege(2010)의 「Response to Intervention」(2nd ed.)을 번역한 것이다. 이들 저자는 심리사 및 학교심리사 자격증을 소지하고 있으며, 학교심리학자의 주요 역할인 연구, 평가, 컨설팅 및 중재 활동을 학교, 학교구(교육청 포함) 및 교육부와 함께 수행하면서 미국 전역에 걸친 학교의 수업 실제에 대한 변화를 이끌어 온 학자이다. 특히 이들의 연구 관심은 다수준(Multi-Tiered)의 RTI(Response to Intervention) 모형을 K-12 수준의 특수교육 학생뿐만 아니라 일반교육 학생에게 확장하여 적용하도록 하여 학습자의 특정 학습 요구를 충족시키는 것뿐만 아니라 과학적 연구에 근거한 중재의 중요성과 필요성을 강조하고, RTI 방법을 성공적으로 사용하는 데 필요한 지식, 기술 및 자원을 제공하여, 모든 교사를 위한 증거기반 실제가 되도록 하는 데 있다. 이 책 2판에서는 초판에서 다룬 RTI 모델을 적용한 학업적 중재에 관한 이론과 실제에 더욱 최근의 과학적 연구 결과를 업데이트시키면서 행동 중재의 절차와 예시를 포함시켰다.

이 책의 저자들이 교수 실제에 대한 변화를 요구했듯이, 교사를 양성하는 대학에서 가르치는 역자들은 교사의 교수(teaching) 전문성을 학생들과 교사들에게 강조하면서 이론과 실제의 다리를 좁히려는 노력을 해 왔으며, 동시에 한국교육심리학회의 전문 학습 컨설턴트로서 학습컨설팅(learning consultation)에 관한 영향력 있는 접근을 탐구하고 다양한 전략을 개발하여 효과를 검증하려는 연구를 수행하고 있다. 역자들은 바로 이 책의 RTI 접근을 교수와 학습컨설팅 및 학교심리 서비스에 접목한다면 이들 실제는 과학적 및 증거기반의 실제가 될 수 있을 것이고, RTI 방법은 효과적인 교수와 학습컨설팅 및 학교심리 서비스를 제공하는 데 도움이 될 것으로 공감하여, 번역을 하게 되었다. 저자가 강조한 바와 같이 이 책은 교사와 학습컨설턴트가 학생의 학업적, 정서적 및 행동적 측면의 수행을 향상시키기 위해 RTI를 실시하고 지원하는 데 필요한 이론적, 경험적 및 실제적 측면의 정보를 모든 학교 수준의 교사 및 교육자들에게 제공할 수 있을 것으로 기대한다.

역자들은 원서에 충실하게 번역하는 것을 원칙으로 작업하였다. 역자들은 일차적으로 분담하여 작업을 한 다음 이차적으로 검토 작업을 하였으며, 그 과정에서 교신을 통해 전체적인 일관성을 유지하려고 노력하였다. 1장, 2장, 3장, 4장, 5장은 이명숙 교수, 6장, 7장, 8장은 김동일 교수, 9장, 10장, 11장, 12장은 이기정 교수가 맡아 최종 검토를 하였다. 이 책을 통하여 독자들은 RTI에 대한 새로운 이해와 통찰을 얻기를 바라며, 특수교육 및 일반교육 교사, 학습컨설턴트, 학교심리사, 사회복지사, 청소년지도사 및 학습코치들은 RTI를 사용하여 과학적 기반의 실제를 실행하는 데 요구되는 정보를 접하고, 새로운 실증적인 데이터를 창출해 줄 것을 기대한다.

끝으로 이 책의 번역 출간을 위해 많은 지원을 아낌없이 해 주신 아카데미프레스의 홍진기 사장님과 교정 및 편집 업무를 위해 수고해 주신 모든 분들께 진심으로 깊은 감사를 드린다.

2016년 6월

역자 일동

저자 소개

Rachel Brown-Chidsey, PhD, NCSP

Brown-Chidsey 박사는 University of Southern Maine, Gorham의 학교심리학 전공 부교수이자 전공 책임교수이다. 그녀는 학교심리사 및 심리사 국가 자격증을 소지하고 있고, 학교, 학교구 및 교육부와 컨설팅 일을 하면서 RTI의 실시를 지원해 왔다. Brown-Chidsey 박사의 연구영역은 교육과정기반측정, RTI 및 과학적 기반 읽기수업 방법이다. 그리고 *Assessment for Intervention: A Problem-Solving Approach* 편집위원이며, 「RTI in the Classroom: Guidelines and Recipes for Success」의 공동 저자(Louise Bronaugh and Kelly McGraw)이다.

Mark W. Steege, PhD, NCSP

Steege 박사는 University of Southern Maine, Gorham의 학교심리 전공 교수이다. 그는 심리사 및 학교심리사 국가 자격증을 소지하고 있고, 박사급 행동분석가 자격 위원이다. Steege 박사는 「Conducting School-Based Functional Behavioral Assessment: A Practitioner's Guide」 1판과 2판의 공동 저자(T. Steuart Watson)이며, 장애학생의 평가와 중재에 관한 수많은 논문과 저서를 출판했다.

제2판 저자 서문

RTI의 추진 계획

무언가를 절실히 원한다면, 여러분은 그것을 이룰 수 있다!

이 책의 초판(2005)이 출판된 이후 RTI는 수년간 미국 전역에 걸친 대부분의 교실과 학교에서 잘 알려진 용어가 되었다. 우리가 제1판을 썼을 때는 이 책의 관심 수준을 정확하게 알지 못했었다. 그러나 지금은 RTI가 국가 교육계획으로 나아가고 있음을 알고 있다. Spectrum K12 School Solution(학교 문제 해결 스펙트럼)에 의해 수집된 자료에 의하면, 2009년에는 응답자의 70%가 학교에서 RTI 실제를 실시한다고 하였다. 현재는 이 책에서 인용한 것보다 훨씬 더 많은 RTI 책과 자료가 제공되고 있다. 수정판을 내게 된 목적은 학교, 학교구(교육청) 및 국가 수준에서 RTI를 지원하는 최근 자료와 예시를 제공하기 위함이다. RTI는 과학적 연구기반 계획이므로, RTI 실제를 지지하는 최근의 증거 예시를 제공하는 참고문헌을 업데이트하였다. 제2판의 주요 변화는 RTI에 관한 행동 중재를 포함시킨 것이다. 긍정적 행동 중재 영역에서 수행된 최근의 연구와 학생의 학업적 수행의 효과에 관한 연구 결과를 미루어볼 때 다차원적 RTI 모델을 사용하여 예방적이고 통합적인 수업을 제공한다면 행동에서도 향상을 이룰 수 있을 것이다. 이 책 제2판은 학교에서 RTI를 실시하고 지원하는 데 필요한 이론적, 경험적 및 실제적 측면의 정보를 모든 학교 수준의 교사 및 교육자들에게 제공할 수 있을 것으로 기대한다.

차례

제5장
단일대상 실험 설계 _81

제6장
학생의 효과적 학습을 위한 교수방법: 효과적인 수업과 평가의 핵심 구성요소 _103

제1장

서론

RTI의 정의와 역사

학생 션(Sean)의 경우를 생각해 보자. 션은 중요한 읽기 능력이 아직 발달되지 않은 1학년 학생인데, 그가 학교에 다니고, 졸업을 하여 대학에 가고, 장차 좋은 직업을 갖고자 한다면 읽기 기능이 필요할 것이다. 부모, 교사, 교장 및 학군의 장학사도 그가 읽기를 배우길 원한다. 그래서 션은 학교에서 꾸준히 공부했으며, 선생님이 수업에서 글을 읽어 줄 때 주의깊게 들었고, 그의 부모가 집에서 글을 읽어 줄 때 책에 나오는 그림을 가리키거나 숙제를 할 때 다른 학생의 답을 "따라하기"도 했다. 1학년이 끝날 때쯤 션이 1년간 배운 것에 대해 검사를 했는데, 색깔이나 모양은 알았지만, 여전히 읽을 수는 없었다.

션의 선생님은 2학년 선생님에게 그의 프로파일을 보내기 전에 션의 읽기 문제에 대한 기록을 해 두었다. 션이 2학년이 됐을 때, 새로운 담임 교사는 이미 그의 읽기 문제에 대해 걱정하고 있었고, 그녀는 몇 주 동안 션과 함께 여러 가지 노력을 했다. 10월 말에, 선생님은 션에게 학습장애가 있다고 판단해서 평가를 의뢰했다. 1월 초에 개별화교육 프로그램(IEP) 회의가 열렸고, 평가 결과가 보고되었다. 이 결과에 의하면, 션의 점수는 학업 성취와 지능검사 점수 모두 평균 범위 안에서 가장 하위에 있었지만, 평균 범위 내에는 있었다. 이처럼 점수가 꾸준히 비슷하게 나온 결과, 션의 부모는 션이 학습장애가 아니라는 말을 듣고 안도했지만, 이내 "누가 우리 아들의 읽기 학습을 도와주나요?"라고 물었다. 그러자 위원장을 맡고 있는 교감은 유감스럽다는 듯 학교에서는 Title I에 대한 예산지원이 없고, 션은 특수교육 대상자가 아니기 때문에 션은 지금처럼 교실에서 읽기 학습을 "지속"해야 할 것이라고 그의 부모에게 말했다. 션의 어머니는 울기 시작했고, 그의 아버지는 벌떡 일어나서 화난 목소리로 "이건 아닙니다! 우리 아들이 읽을 줄 모르는데 당신들은 그를 위해 아무것도 하지 않겠다니! 우린 여기서 나가 장학관과 이야기해야겠습니다"라고 소리쳤다.

위에 기술된 시나리오를 인식할 때만 해도 중재 반응(Response to Intervention, RTI)은 미국의 학교에서는 아주 새로운 것이었다. 그 후로 많은 학교들은 션과 같은 학생들을 도울 수 있는 중재 지원 시스템을 마련했다(Spectrum K12 School Solutions, 2009). 이런 학생들의 경험은 종종 "waiting-to-fail"(실패할 때까지 기다리기) 모델로 알려져 있다. 왜냐하면 션이 읽기학습에서 계속해서 뒤처지고, 읽기 기반 수업활동에 의미 있게 참여할 수 없게 된다면, 결국에는 특수교육의 대상자가 되기 때문이다. 이 모델의 심각한 문제점은 션이 특수교육을 받을 자격기준이 될 때까지, 그에게 읽기를 가르칠 최적의 시기를 놓쳐 버린다는 것이다(Snow, Burns, & Griffin, 1998). 만약 션이 유치원에서나 혹은 1학년 때 중재 반응 지원을 받았다면, 앞의 시나리오와 같은 경우를 모두 피할 수 있었을 것이다(Denton, Fletcher, Anthony, & Francis, 2006).

> RTI 교수를 설정하는 정확한 방법이란 없다. 모든 학교에서는 고유의 RTI 계획을 하고 평가해야 한다.

션과 같은 학생들에게 다행인 것은 그들이 필요로 하는 읽기수업(혹은 수학, 쓰기, 행동)을 그들에게 제공하는 데 필요한 교육 정책과 수업 방법이 있다는 점이다. 션과 같은 학생에게 가장 도움이 될 수업 방법과 평가 절차가 '중재 반응'이라 알려진 체제를 통해 제공될 수 있는 것이다. RTI는 션처럼 "뒤처지는" 학생들에게 알맞은 교수 방법을 학교가 제공할 수 있는 평가 모델이자 중재 모델이다(Barnes & Harlacher, 2008). 이 책은 학교에서 RTI 방법을 성공적으로 사용하는 데 필요한 지식, 기술, 자원을 제공하고자 한다.

RTI는 비교적 새로운 용어로서 학생들이 학교에서 겪는 어려움을 이해하고 강조하는 아주 상식적인 접근이다. 이 책에서 좀 더 명확한 이해를 위해 다음의 정의를 살펴보자.

반응(response)

1. 반응으로 나타나는 행동

2. 대답 혹은 답변

중재(intervention)

1. 중재하는 활동 혹은 중재
2. 다른 사람의 문제 상황에 이익이 되도록 영향을 미치는 중재나 조정

중재는 또 다른 말로 *교수* 혹은 *수업(instruction)*이라 하며, 어떤 주에서는 RTI를 *중재 및 수업(교수) 반응* 혹은 그저 *반응 교수*라 하기도 한다. 교수와 중재가 서로 어떻게 유사한지를 알려면 Box 1.1을 보라. 기본적으로 RTI는 학업적 및 행동적 중재와 그 중재에 대한 학생의 반응 간의 인과관계를 살펴보는 한 가지 방법이다. 예를 들어, 특정 읽기수업 중재에 대한 학생의 반응은 읽기 유창성 지수를 사용해서 측정될 수 있는데, 이러한 사례는 현재 미국의 여러 학교에서 널리 사용되고 있다(Hardy, 2008;

BOX 1.1

교수와 중재, 차이점은 무엇인가?

대부분의 RTI 모델은 학생들을 돕는 데 사용하는 활동을 나타내는 말로 *중재* 혹은 *중재(intervention)*를 사용한다. 또 다른 모델에서는 *교수* 혹은 *수업(instruction)*이라는 말을 사용하는데 이때 반응-교수는 바로 반응-중재를 의미한다. 일부에서는 두 단어를 함께 넣어서 RTII 혹은 RTI^2(예, 알래스카와 캘리포니아 교육부)라 부르기도 한다. 중재는 실제로 교수에 대한 또 다른 용어이다. 일반적으로 중재라는 용어는 좀 더 구체적이고 강도 높은 성격의 수업(교수)을 나타낼 때 사용되고, 특히 의료 상황에서 사용되어 왔다. RTI의 한 부분인 중재는 실제로 학생들의 학습 요구에 맞춘 교수 유형이다. 실제로 그것을 중재, 교수 혹은 다른 어떤 것으로 불러도 상관은 없다. 중요한 것은 학생들의 요구에 가장 적합한 과학적 기반의 수업실제를 사용한다는 점이다. 이런 관점에서, 반응을 하는 주체는 학생이 아니라 바로 교사이다! 학생을 지원하기 위해 하는 일을 *교수*, *중재* 혹은 *활동*이라 부르든 간에, 필요한 것은 그러한 교수를 학생들의 학습 요구에 맞추고 주기적으로 그들의 반응을 관찰하여 진전을 점검하는 것이다. 학교심리학자 Dave Tilly가 우리에게 알려 주고 싶어하는 것은 RTI가 *진정으로 좋은 수업*을 의미한다는 것이다.

VanDerHeyden, Witt, & Gilbertson, 2007).

핵심 용어인 반응과 중재가 반응-중재로 합쳐졌을 때, 훨씬 더 일반적인 교육 실제와 과정이 규명될 수 있다. 이러한 교육실제는 여러 명의 학생들에게 특정 *중재*를 제공하여 그 중재에 대한 학생들의 *반응*을 측정하는 것을 포함한다. 더 간략히 말하면, RTI는 학생들의 학업 및 행동 문제를 자료에 기반하여 식별하고, 규명하여, 해결하는 체계적인 방법이다. RTI는 학업과 행동 중재에 모두 사용될 수 있으나, RTI에 대한 대부분의 초기 연구는 읽기 능력 증진에 초점을 두었다. 최근의 많은 연구들은 학생들의 행동 문제를 지원하기 위한 RTI 사용을 안내하고 있다(Nelson et al., 2009; Sprague, Cook, Wright, & Sadler, 2008). RTI 방법이 읽기 문제를 예방할 수 있다는 많은 연구 결과가 나오면서, 최근 장애아교육법(Individuals with Disabilities Education Improvement Act, IDEA, 2004)은 학습장애의 판별과 관련된 변화를 포함하고 있다. RTI 자료가 특정학습장애(specific learning disability, SLD)를 판별하는 과정에 사용될 수 있다면, RTI 활동은 근본적으로 일반교육을 위한 수업의 부분이 되는 것이다(Moore & Whitfield, 2009). 사실 학교의 모든 교사들은 RTI 방법을 쓰고 있다(Graner, Faggella-Luby, & Fritschmann, 2005). 이처럼 널리 사용되는 RTI는 교육의 많은 부분에 시사점을 던지므로, 이 책에서는 일반교육과 특수교육 교사들이 RTI에 대해 가장 알고 싶어하는 것에 초점을 두었다. RTI는 대개 학습에 어려움을 겪는 학생들을 돕는다는 취지에서 설계되었다.

> RTI 단계의 계획을 위한 주요한 자원은 학교-차원의 RTI 청사진이다(9장 참조).

역사

RTI 방법을 구성하는 요소들은 다년간 학교에서 사용되어 왔지만, 이전에는 현재 RTI라 부르는 체계로 조직화되지는 않았다. 예를 들어, 교사들은 어려움을 겪고 있는 학생들에게 항상 도움을 주었으며, 일정한 간격으로 학생의 진전을 보고해 왔다. 이전에 학생들을 돕던 방법과 RTI와의 차이점은 평가와 수업실제가 하나의 자료기반 체제로 들어와서 결정 단계를 포함한다는 것이다(Glover & DiPerna, 2007; Marston, 2005). RTI는 과거의 학생 평가 모형과 차이가 있다. RTI 이전에는 특별히 판별된 경우가 아니면 학생들은 충분히 학습을 수행할 수 있다고 가정했다(Fletcher, Coulter, Reschly, & Vaughn,

2004). RTI에서는, 모든 학생의 특정 수행 결과가 판별되고 점검되며, 추가적인 도움을 필요로 하는 학생들에게는 목표하는 중재를 제공하여 정기적으로 점검한다. 요약하면, RTI는 양질의 교육과 체계적인 평가 방법을 함께 제공하여 한 가지 교육 방법으로 성공하지 못한 학생들에게 다른 방법을 사용해서 성공 기회를 다시 가지도록 하는 것이다.

> RTI는 "하늘에서 뚝 떨어진" 것이 아니라, 모든 학생들에게 효과적인 교육을 제공하려는 오랜 시간에 걸친 노력의 산물인 것이다.

RTI의 주요 특성

RTI의 정의에서 기술한 것처럼, 다른 수업 및 평가 실제와 RTI가 구분되는 두 가지 중요한 요소는 *체계적 활동과 자료(데이터)기반 활동*이다. 그림 1.1은 이 책의 초판에서 제시한 내용과 상당히 다른 최신 RTI 모델을 나타내고 있다. 초판에서는 학생들의 학습 요구를 충족하기 위한 "서비스의 단계"를 기술하는 역삼각형 모델로 Elizabeth Deno와 동료들이 수행한 초기 연구를 반영하고 있다(Deno, 1970). 수정된 그림도 여전히 세 부분으로 된 삼각형을 포함하는데, 이는 RTI에서 세 수준의 중재를 반영한다. 나아가 제2판에서는 역삼각형을 돌려서 RTI가 학업적 및 행동적(사회적) 기술 모두를 지원할 수 있는 특성을 추가하여 강조했다. 수준 1(혹은 단계 1, Tier 1)은 그림의 가장 아래에 있고, 일반교육과정을 뜻한다. 이 수준에서는 각 학년의 모든 학생들에게 (적어도 처음에는) 제공된다. 수준 1은 종합적이고 보편적이다. 다음 장에서 좀 더 자세하게 다룰 것이지만, 수준 1의 활동은 과학적 연구 결과에 나타난 효과성에 근거하여 선정된다(Stanovich & Stanovich, 2003). 학생들 중 80%는 혼자서 수준 1을 성공적으로 수행할 수 있다. 혼자서 수준 1을 수행하지 못한 약 20%의 학생들에게는 수준 2의 중재를 시행한다. 수준 2는 수준 1에 *추가해서* 진행된다는 사실이 중요하며, 학교에서 어려움을 겪는 이러한 학생들은 일반적으로 학습 목표를 이루기 위해 더 많은 교육이 필요하다.

중요한 것은 데이터가 각 수준(단계)을 이어가는 유일한 연결점 혹은 경로가 된다는 점이다. 평균적으로 약 15%의 학생들은 학습을 수행하기 위해 수준 1 수업에 추가해서 수준 2 중재를 필요로 한다. 수준 3의 중재는 목표 도달을 위해 수준 1, 2에서 제공된 중재에 충분히 반응하지 못하는 소수의 학생들(전체의 대략 5%)을 위한 것이다. 수준 3의 활동은 학생이 특정 장애가 있는지 혹은 특수교육 대상이 되는지를 판명하는 종합적인 평가를 포함한다. 학생이 수준 1과 2가 결합된 중재 과정에서 성공한 사례를 가끔 볼 수 있지만, 그 성공을 위해 매일 너무 많은 시간이 소요되기 때문에(예를 들어 한 과목당 두 시간 이상) 수준 3의 교육이 권장된다. 종합평가를 진행하는 동안, 대체로 전체에서 5% 정도인 수준 3의 학생들은 매일 집중교육을 받고, 때로는 수준 1 혹은 수준 2의 수업을 보충한다.

잘 알다시피 이 모델에서 특수교육은 세 수준에 걸쳐 모두 분포되어 있다. 이 접근 방식은 특수교육이 필요한 장애학생이 일반적으로 매일 일반교육과 특수교육이 결합된 수업에 참여하고 있다는 사실을 보여 준다. 일반교육과 특수교육의 결합 정도는 학생마다 다양해서, 보통 같은 교실에 학습장애가 있는 학생과 장애가 없는 학생이 있다. 이 모델에서, 수준 3은 특수교육이 아니라, 추가적인 정보를 수집하고, 어려움을 겪는 학생에게 필요한 수업 사항을 결정하는 시간이다. 만약 학생이 특수교육의 대상이 된다면, 세 수준의 중재에서 학생이 필요로 하는 구체적인 수업을 구명해서 IEP를 진행한다. 만약 학생이 특수교육의 대상이 아니라도, 그 학생에게 적합한 해결방안을 찾을 필요가

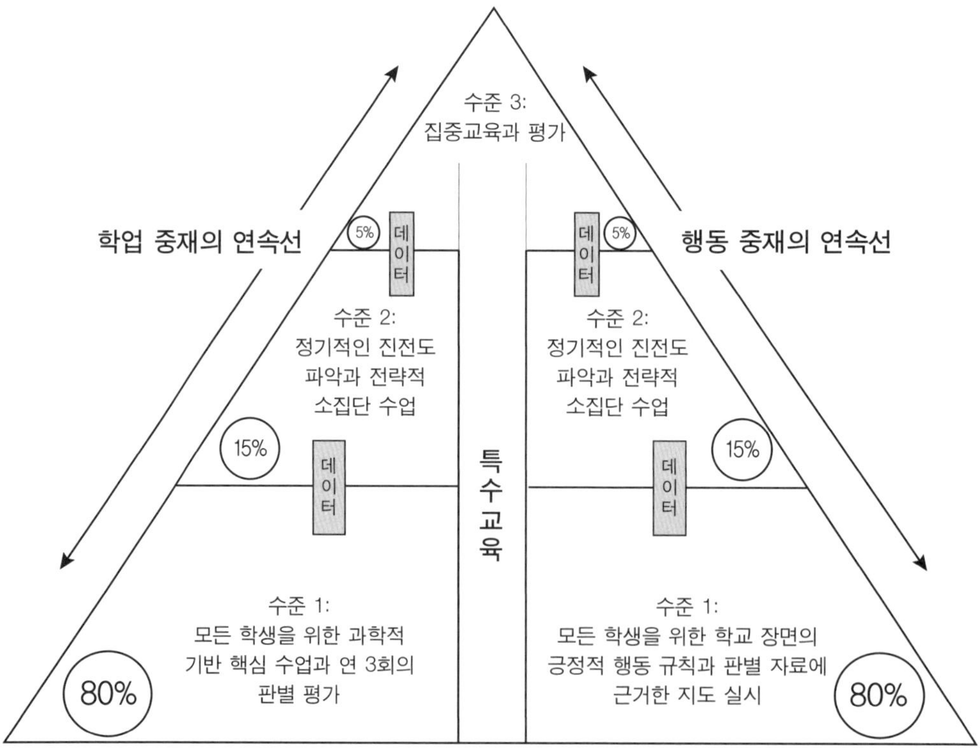

[그림 1.1] RTI 모델

있으며, 학생이 수준 3의 집중 수업에 참여하는 동안에도 진행 중인 문제 해결을 위한 노력은 계속된다. 현재 학교에서는 몇 가지 다양한 RTI 모델이 사용되고 있음을 알 필요가 있다. 연구자들은 몇 단계가 필요한지를 계속 조사 중이며, 대부분의 모델은 세 수준(단계)을 포함하지만 네 수준으로 이루어진 것도 있다(Marston, 2005). 네 수준 모델의 경우, 수준 4는 특수교육이다. 일부 연구자들은 수준 3이 특수교육이 될 수도 있다고 주장한다(Fuchs & Fuchs, 2008). 그러나 모든 모델들의 공통점은 모든 학생들을 지원하기 위한 여러 수준을 포함한다는 점이다(Glover & DiPerna, 2007).

앞서 지적했듯이, 이 장에서 제시한 RTI 모델은 학교에서 어려움을 겪고 있는 학생들을 지원하는 일과 관련된 선행연구를 근거로 구축되었다. 특수교육 서비스 제공에 관한 Deno의 “cascade” 모델(Deno, 1970)은 현재 다수준(단계) 접근법의 선구자이다. 이 모델에서, Deno는 학생의 교육적 진전을 “발달적 자원”이라 개념화했으며, 최소로 제한적인 환경에서 이루어지는 적절한 수업에 대한 반응에서 이득을 만들 수 있다고 보았다. Deno의 “cascade”는 개별 학생의 구체적 요구에 맞춘 소집단 수업이라는 것이 특징이다. Deno의 모델은 1970~1980년대의 특수교육 법규 실행을 위한 핵심 틀이었다(Brown-Chidsey, Seppala, & Segura, 2000). 이 모델이 실지로 많은 학생들에게 특수교육을 하는 데 도움을 주었지만, 1980년대에 들어서면서 특수교육에서 나타난 한 가지 문제는 학습장애로 판명되는 학생들이 급증한 것이었다(McBride, Dumont, & Willis, 2004; Ysseldyke, 2005).

특수교육의 배정에서 급격한 증가를 한편으로 강조하고 있는데, 특수교육 정치(배치)의 급속한 증가로 인해 일부 프로그램과 계획안이 학생들의 요구에 맞추어 실시되었다. 이들 중 첫 번째는 1980년대에 개발된 것으로 일반교육 계획(regular education initiative) 혹은 REI로 알려져 있다(Hallahan, Keller, McKinney, Lloyd, & Bryan, 1988; Jenkins, Pious, & Jewell, 1990). 이러한 연방정책은 “일반교육”에 가능한 한 많은 학생들이 있도록 하는 데 초점을 두었다(Ackerman, 1987). Deno의 cascade 모델을 수립할 때, 그 아이디어는 장애를 가진 학생들을 위한 최소 제한 환경을 결정하는 데 초점을 맞췄다. REI는 장애를 가진 모든 학생들에게 별도의 특별화된 수업이 필요하다고 가정하는 대신, 교사와 행정가가 가능한 한 많은 학생들을 원래 교실에 남겨 두도록 하는 데 초점을 두었다(McLeskey & Skiba, 1990).

REI는 아주 초기부터 교사 연수의 부족(Coates, 1989; Semmel & Abernathy, 1991)부터 학생 권리의 침해(Bryan, Bay, & Donahue, 1988; Chisholm, 1988)에 이르는 등 여러 가

지 비판을 받았다. Jenkins 등(1990)은 REI가 주로 일반교육과 특수교육의 연속선을 합리화하려는 시도라고 논평했다(Drame, 2002). 잇따른 분석에서 REI가 특수교육 서비스를 받게 될 학생 수를 감소시키는 데 아주 효과가 없음을 보여 주었다(D'Alonzo & Boggs, 1990; National Center of Education Statistics, 2004; Peltier, 1993). REI 척도가 자리를 잡게 되면서 곧이어 특수교육의 개정을 위한 두 번째 움직임이 시작되었다. "통합교육"이라고 알려진 이 운동은 REI보다 효과가 오래 지속되었다(Fuchs & Fuchs, 1994; Kubicek, 1994). 특수교육 정책과 실제를 변화시키려는 이러한 노력은 특수교육 서비스를 받는 전체 학생 수의 감소보다는 장애를 가진 학생들의 권리와 요구를 강화하는 데 더욱 초점을 맞췄다(Kavale, 2002). 통합교육 운동은 특수교육 서비스가 제공되는 방법에 대해 더 많은 검토를 하게 했다(Evans, 1990). REI와 더불어 많은 연구자들은 일반교육 교실의 교사들이 원하는 추가적인 연수가 필요하다고 주장했다(Murphy, 1996; Taylor & Richards, 1997). 연구 자료에 의하면 교사들이 철학적 측면에서는 특수교육을 지지하지만 통합수업에서 장애학생들의 요구를 충족시킬 수 있는 적절한 교육을 받지 않았다고 했다(Villa & Thousand, 1996).

통합교육 운동이 전적으로 사라지지는 않았지만, 특수교육을 받는 학생의 수가 너무 많음을 강조하면서 최근의 노력은 변화를 위한 일차적 메커니즘으로 RTI 방법의 사용으로 옮겨 갔다. 나아가 최근의 일부 시도는 의식적으로 전체 특수교육 등록 학생 수를 줄이려는 것보다 특정학습장애로 판명되는 학생 수를 줄이는 데 강력히 초점을 맞추고 있다. Kavale과 Forness(2000)는 REI와 통합교육 운동이 일반교육과 특수교육 분야에서 기대했던 변화를 끌어오는 데 실패한 이유는 모든 학생을 교육한다는 도덕적 원칙과 관련된 철학적 문제를 강조한 나머지 효과적인 실제를 뒷받침하는 충분한 경험적 증거에 초점을 두지 않았기 때문이라고 하였다. REI와 통합교육 모두를 시행하기 위한 전문성 개발 프로그램이 부족한 것은 철학적 관점과 깊은 관련이 있었다(Cummings, Atkins, Allison, & Cole, 2008).

특수교육의 실태와 전망에 대한 종합적인 자료를 수집하기 위해 George W. Bush 대통령은 실행령 13227을 통해 2001년 10월에 특수교육 수월성 위원회(PCESE, President's Commission on Excellence in Special Education)를 만들었다. 이 위원회는 구체적으로 특수교육과 관련된 모든 문제점을 보고하도록 했으며, 장애학생을 위한 수업 증진 방안을 제공하도록 했다. 위원회의 최종 보고서인 「A New Era: Revitalizing Special Education for Children and Their Families」가 2002년 7월 9일 출간되었다(President's Commission on

Excellence in Special Education, 2002). 이 결과물은 RTI의 미래에 중요한 영향을 미쳤다. 왜냐하면 보고서는 모든 학생들의 교육적 요구를 충족시킴에 있어 일반교육과 특수교육의 공동의 역할을 강조했기 때문이다. 요약된 보고서에 위원회는 9가지 주요 결론을 보고했으며, 두 번째로 강조한 점은 예방적이고 보편적인 수업 방법을 더 많이 사용할 필요가 있다는 것이었다.

> 현재의 시스템은 **예방과 중재**에 기반한 모델이 아니라 학생이 실패하도록 기다리는 옛날 모델을 사용하고 있다. 예방에 대한 강조가 너무 없고, 학습과 행동 문제에 대한 초기의 정확한 식별과 연구기반의 접근을 사용한 적극적인 중재가 거의 없다. 이는 장애학생들에게 가장 효과적일 수 있는 초기 도움을 제대로 제공하지 않음을 의미한다. 특수교육은 일반교육에서 제공되는 적절한 수업과 방법에 반응하지 않는 학생들을 위한 것이어야 한다. (PCESE, 2002, p.7)

PCESE 보고서는 잇따른 특수교육법의 변화를 위한 중요한 촉매제였다. 의회는 장애인교육법(IDEA)의 주요 변화에 관한 보고서에 반응을 보였다. 그래서 'Individuals with Disabilities Education Improvement Act(IDEIA)'로 법령을 개정하고, 2004년에 시행된 새로운 법은 RTI 방법의 사용을 격려하고, 교육청에서 SLD를 판명하는 과정의 한 부분으로 RTI 자료를 사용하도록 했다. IDEA 2004 연방 법령은 특히 학생이 SLD를 나타내는지의 여부를 결정할 때 RTI를 어떻게 사용하는지를 상세히 했다(RTI가 어떻게 일반교육과 특수교육 시스템을 연결하는지에 대한 자세한 정보는 제2장 참조).

REI와 통합교육의 뒤를 이어, RTI는 특수교육의 비용을 줄이게 되는 또 하나의 시도처럼 보인다. 이러한 RTI는 현재 미국 전역의 수많은 학교에서 시행되고 있고, 현재 모습이 이전보다 훨씬 나은 것은 분명하다. 비록 RTI가 특수교육 정책과 실제에서 유래했지만, 현재 RTI는 일반교육 계획과 실제임이 분명하다. PCESE 보고서에 의하면 특수교육을 받는 모든 학생들은 다른 무엇보다도 일반교육 학생들이다. IDEA 2004가 RTI를 적용하도록 한 수업 실제는 반드시 일반교육에 기초해야 한다. RTI가 일반교육에 초점을 두기 때문에 이는 REI와 통합교육과는 확실한 차이가 있다. 예를 들어, REI와 통합교육과는 달리 RTI는 말 그대로 자료-기반이며, 어떤 결정도 그를 지지하는 증거 없이는 이루어지지 않는다. 가장 중요한 것은, RTI가 단순히 하나의 중재 혹은 방법이 아니라는 점이다. RTI는 교육 프로그램에 대한 결정을 내릴 때 사용될 수 있는 일련의 과학적 기반의 절차이다. 모든 학생들의 학업 성취를 향상시키려는 과거의 노력에 비추어 볼 때, 중요한 것은 현재와 미래의 계획들이 명목상의 교육으로 전락하지 않을 것이라는 점이다(Kavale, Kauffman, Bachmeier, & LeFever, 2008). Hart와 Risley(1995)는 초기의 중재가 장기적인 결과에 주목할 만한 영향을 미친다고 강조했다. 이러한 이유로, 이 책은 일반교육을 받는 모든 학생들을 돕기 위한 체제로서의 RTI에 초점을 둔다. 이 책은 일반교육 수업 실제에 정기적으로 RTI를 사용하려는 사람을 위한 핸드북과 실행 매뉴얼이 되도록 설계되었다.

> RTI는 교육적 지원을 위한 "단계"나 수준이 얼마나 많이 구성되어 있는지에 따라 다양하며, 이를 특징으로 삼는다. 그것이 2단계, 3단계 혹은 4단계 시스템이든지 간에 중요한 것은 RTI가 기본적으로 점차 강도를 증가시키는 교육이라는 점이다.

RTI와 문제 해결

RTI 방법의 주요 특성은 문제 해결 활동인 것이다. 비록 학교에서 많은 교사와 학생들은 일상의 경험을 "문제"로 인식하진 않지만, 지속적인 평가와 반성을 하고 있다. 일상의 사건들을 경험하면서 교사들은(학생들은) 대체로 교수와 학습 활동이 기대한 대로 진행될 때 일반적으로 만족한다. 이러한 상황에서는 별다른 문제가 될 것이 없어 보인다. 교사는 학생들의 과제 수행이 기대한 대로 되지 않을 때 다른 반응을 취할 수 있다. 만약 교사가 학생이 과제를 모범적으로 한 것을 보았을 때, 교사는 더 많은 칭찬을 할 것이다. 만약 과제가 교사의 기대 이하라면, 교사는 학습에 문제가 있다고 믿을 것이다. 이러한 문제는 읽기, 쓰기 혹은 수학과 같은 학습 기술을 포함하거나, 학생이 자리에 잘 앉아 있는지, 줄을 맞춰 서는지 혹은 쉬는 시간에 다른 친구들과 잘 놀고 있는지와 같은 행동적인 기대 상황과 관련될 수 있다. 일상에서, 교사와 학생은 학교에서 문제가 일어나기 전까지는 문제로 인식하지 않는 경향이 있어서, 아주 갑자기 문제로 나타난다. 학교에서 모든 학생이 성공할 수 있도록 노력한 결과, 연구자들은 학교에서 어려움이 발생했을 때 교사와 전문가를 돕기 위한 구체적인 문제 해결 방법을 개발하게 되었다(Brown-Chidesey, 2005a; Deno, 2002; Tilly, 2008).

RTI 방법은 학교에서 생기는 어려움에 대한 문제 해결 모델과 밀접한 관련이 있다. 이 책에서는 Deno의 다섯 단계 자료기반 문제 해결 모델이 RT의 단계와 활동의 부분으

〈표 1.1〉 자료기반 문제 해결 모델

문제 해결 단계	평가 절차	평가 결정
1. 문제 식별	학생 수행의 관찰/기록	어떤 문제가 있는가?
2. 문제 정의	지각된 차이를 수치화	그 문제가 중요한가?
3. 중재 계획 설계	대안적인 목표와 해결책 탐색	가장 좋은 해결책은 무엇인가?
4. 중재 적용과 진전 점검	중재와 자료 수집의 충실도 점검	해결책은 계획한 대로 진전을 보이는가?
5. 문제 해결	차이점을 재차 수량화	시도된 해결책으로 원래 문제가 해결되고 있는가?

참고: Deno(2005, p.25).

로 사용될 것이다(Deno, 2005). 문제 해결 모델은 표 1.1에 요약되어 있다. 이 모델은 (1) 문제 식별, (2) 문제 정의, (3) 중재 계획 설계, (4) 중재 적용과 진전도 점검, (5) 문제 해결을 포함한다. 표 1.1에서 보듯이, 각 단계는 학생의 학업 문제를 줄이거나 제거하기 위해 설계된 구체적인 평가 및 수업 활동에 맞추어져 있다. 이 모델은 지속적이고 상호적으로 사용할 수 있도록 설계되어 있다. 한 단계가 끝나면, 다음 단계가 시작된다. 어떤 경우에는 모든 단계가 수행되지 않을 수도 있다. 또 다른 경우에는, 학생이 학교에서 성공할 수 있는 최선의 방법을 찾아 도와주기 위해 각 단계가 여러 번 활용될 수도 있다. 이 문제 해결 모델의 중요한 특징은 학교는 문제가 없을 수 없다는 것을 인식한다는 점이다. 그래서 문제가 발생했을 때 그 문제를 다루는 방법을 제공하여, 장기적인 부정적 영향을 최소화하려고 한다.

1단계: 문제 식별

첫 번째 단계는 문제 식별 활동으로 시작한다. 이 활동은 학생이 학교에서 어떨 때 어려움을 보이는지를 일차적으로 규명하는 것을 포함한다. 이 모델의 이 단계와 다른 단계를 설명하기 위해 레이더의 비유를 사용할 것이다. 문제 식별은 레이더 스크린에 무언가가 처음으로 탐지된 순간에 비유된다. 스크린을 점검해도 무엇이 스크린에 나타나는 "영상"을 만드는지 알 수 없지만, 해결되어야 할 필요가 있음을 안다. 다양한 사람들이 문제 식별 활동에 참여할 것이다. 교사, 부모, 학생, 행정가, 버스기사 혹은 식당 직원이 문제에 관심을 가지고 도움을 줄 것이며, "레이더 스크린"에 포함될 것이다. 문제 식별은 그 자체로 끝나지 않는다. 첫 번째 단계는 학생의 문제에 대해 더 많은 자료를 수집할 수 있는 과정을 촉진한다.

2단계: 문제 정의

문제 해결 모델의 두 번째 단계는 문제 정의이다. 이 단계는 문제의 성격과 강도를 평가하기와 문제에 중재가 필요한지 혹은 문제가 저절로 해결될 것인지에 대한 결정하기를 포함한다. 이 과정은 선원이나 조종사가 레이더 신호가 큰 전함의 공격인지 그저 작은 개인용 비무장 선박인지를 판단해야 하는 것과 비슷하다. 조종사가 어떻게 반응하는가는 레이더에 식별된 물체의 특성에 근거할 것이다. 같은 방식으로, 교사는 학생의 문제 특성을 규명하여 학생을 도울 수 있다. 문제 정의 활동은 특정 영역에 대한 학생의 기술을 평가하기와 그것을 기대한 것과 비교하기를 포함한다. 이러한 정의는 읽기 유창성, 과제 행동의 빈도, 숙제해 오기 비율과 같은 측정치를 포함한다. 일단 학생의 현재 행동이 식별되면, 단계 1에서는 식별된 문제의 강도와 중요도를 알 수 있다. 어떤 문제는 아주 작아서 시간이 지나면 저절로 해결될 수 있다. 그러나 어떤 문제는 당면한 걱정일 수 있다. 학생의 현재 수행과 기대치의 차이가 클 경우, 그 학생은 해결할 필요가 있는 심각한 학교 문제를 가질 수 있다.

3단계: 중재 계획 설정

문제 해결 모델의 세 번째 단계는 현재 학생이 할 수 있는 것과 기대하는 것 간의 차이를 줄이기 위한 구체적인 활동과 절차의 시행을 포함한다. 이러한 중재 계획의 개발은 배나 비행기의 조종사가 레이더 신호의 출처에 대한 정보에 반응하는 것과 비슷하다. 만약 작은 배의 선장이 코스를 측정하여 대형 선박 쪽으로 조종한다고 생각하면, 특히 대형 선박이 항공모함이거나 유조선일 경우, 코스 변경은 신중하게 해야 할 것이다. 교사가 학생들의 기술을 증진시키는 방식으로 설계하여 새로운 과정을 만들어 학생을 도울 수 있다면 학생들은 학교에서 성공적일 수 있다. 제4장에서 논의되듯이, 모든 중재는 학교 장면에서의 효과성이 경험적으로 타당화될 필요가 있다. 효과적인 중재는 특정 기술에 대한 직접 교수, 긍정적인 행동 중재와 지원(PBIS; Albrecht, 2008; Eber, Breen, Rose, Unizycki, & London, 2008), 또래학습 전략(PALS; Calhoon, Al Otaiba, Cihak, King,

& Avalos, 2007; Kroeger & Kouche, 2006)과 같은 방법을 포함한다. 중재 실시를 위한 구체적인 기간과 계획, 관여할 직원, 자료 수집 방법은 문제 해결 과정의 그 다음 단계와의 중요한 연결을 제공한다.

4단계: 중재 적용과 진전도 점검

이 단계는 중재 적용과 진전도 점검의 두 가지 주요 요소를 포함한다. 중재(수업)는 계획되고 의도한 대로 적용되어야 한다. 만약 잘 설계된 중재가 올바르게 실행되지 않는다면, 그 중재의 효과는 알 수 없을 것이다. 이런 이유로, 중재 계획은 의도한 대로 계획이 적용되었는지에 대한 확인 기록 양식을 반드시 포함해야 한다. 만약 중재가 계획한 대로 시행되었으나 효과가 없다면, 중재는 바꿀 수 있지만 효과적인 대안을 설계하기 위해 초기의 비효과성에 대한 정보가 필요하다. 만약 중재의 일부분만 효과가 있다면, 이 부분들은 유지될 것이고, 추가적으로 새로운 요소를 사용할 것이다. 중재가 효과적인지를 아는 유일한 방법은 자료를 수집하는 것뿐이다. 이 작업은 문제 해결 단계 4에서 중요한 두 번째 구성요소이다. 중재가 실시되는 첫 순간부터 결과에 관한 자료를 반드시 수집해야 한다. 이러한 필수 요건은 배 조종사가 코스 변경을 함으로써 대형 선박으로 인한 위협이 줄어드는지를 확인하기 위해 레이더 스크린을 점검하는 것과 다를 바가 없다. 자료 수집 방법은 행동이나 기술의 빈도, 비율, 정확성, 지속 시간 및 강도의 기록을 포함한다(Steege & Watson, 2009). 어떤 유형의 자료 기록 절차를 사용할지에 대한 결정은 문제의 구체적인 특성에 달려 있다. 과제 활동을 자주 하지 않는 학생은 과제 행동의 빈도를 조사하여 점검할 수 있다. 읽기 어려움을 겪는 학생은 음독과 묵독 유창성을 확인하고 기록하여 점검할 수 있다(Brown-Chidsey, Davis, & Maya, 2003). 진전도 점검 또한 지속적인 자료 분석을 포함한다. 일반적으로, 단일사례 실험 설계(예, Brown-Chidsey, Steege, & Mace, 2008)가 이들 자료 분석에 사용된다.

5단계: 문제 해결

앞서 언급했듯이, 문제 해결 모델은 광범위한 학교 문제의 해결을 위해 사용될 수 있는 방식으로 조직되어 있으며, 학교에는 문제가 항상 있다는 현실을 설명한다. 다행히도, 많은 학교 문제는 해결 가능하며, 이 모델은 문제가 해결될 때 기록을 확인할 수 있는 마지막 단계를 포함한다. 각 학교 문제가 해결되는 구체적인 방법은 각 학생의 강점과 요구에 따라 항상 다르다. 이 모델의 마지막 다섯 번째 단계 5의 중요한 특성은 언제 미리 조정한 성공 기준이 충족되는지를 알게 하여 성공을 인식하도록 하는 것이다. 배의 선장이 바꾼 새로운 항로로 아무런 피해를 입지 않아서 안도의 한숨을 쉬는 것처럼, 학생과 학생지원 팀은 성공을 나타내는 성취 수준을 결정할 수 있으며, 그 기준을 충족시켰을 때 축하할 수 있다. 위에서 지적했듯이, 문제 해결 모델은 필요할 때는 지속적으로 사용할 수 있도록 설계되었다. 어떤 학생에게는 한 번의 중재로 문제 해결을 성취할 수 있을 것이며, 또 어떤 학생에게는 문제의 규모와 개수가 너무 커서 다양한 방향의 문제 해결팀이 나서서 함께 해결할 필요도 있을 것이다. 중요한 것은 문제 해결 단계에서 학교 팀 구성원 모두가 성공적이었던 점을 확인하게 할 수 있고, 또 새로운 목표와 계획을 개발할 때 거기에 근거해서 진행할 수 있다는 점이다.

RTI와 특수교육

이 장의 서두에서 기술했듯이, RTI 방법은 특수교육 프로그램을 개선시키려는 일반적인 흐름의 노력이다. RTI를 특수교육에서 완전히 분리시키는 것은 불가능하다. 왜냐하면 RTI 활동은 연속선상을 따라 순서대로 일어나기 때문이다(Cummings et al., 2008). 경험적으로 타당화된 중재를 사용할 때, 대부분 학생들의 학교 성취의 진전을 기대한다. 그러면서 RTI 방법은 시도된 중재에도 불구하고 학교에서 여전히 어려움을 겪는 학생들에게 취해지는 단계를 포함한다. 일부 학생의 경우, RTI 활동은 특수교육 서비스 적격성의 평가가 된다. 제2장에서 자세히 설명하겠지만 RTI는 최근에 재통과된 IDEA 법안에 포함되어 있다. 그러한 방식은 최근 또 다른 교육 정책인 No Child Left Behind Act(NCLB, 2001)에 들어맞고, 각 주의 프로그램과도 일치한다. 중요한 것은, RTI 방법이 학교에서 어려움을 겪는 학생을 판별하기 위한 광역망의 목표로 개발된 점이다. 이 광역망은 특수교육으로 끝나기보다는 초기에 도움을 필요로 하는 많은 학생을 판별하도록 설계되었다(Brown-Chidsey, 2007; O'Connor, 2003). 그 목표는 위기에 처한 학생이나 이미 학교에서 어려움을 겪고 있는 학생들에게 추가적인 문제를 예방할 수 있는 중재를 제공하는 것이다(Compton, 2003; Speece, Case, & Malloy, 2003; Moore & Whitfield, 2009).

RTI에 대한 광역망 접근의 예로 텍사스 초등읽기검사도구(Texas Primary Reading

Instrument, TPRI)가 있다. 이 도구는 읽기 문제에서 위기에 처한 학생들을 판별하고 요구를 규명하려는 노력으로 주 전체에서 시도한다(Center for Academic and Reading Skills, 1999). TPRI 점수로 읽기 문제를 가진 학생 명단을 만든다. 이 명단은 지속적으로 점검될 읽기 중재를 설계하고 적용할 때 사용한다. 중재의 결과로 대부분 학생의 읽기능력이 향상될 것으로 기대한다. 읽기능력이 향상되지 않은 학생들에게는 이전 프로그램에서 수집된 자료에 근거해서 개발된 추가적인 중재를 제공한다. 여러 가지 경험기반의 읽기 중재에도 불구하고 지속적으로 읽기 학습에 어려움을 겪는 학생은 특수교육 서비스의 적격성이 있는지를 결정하기 위한 평가를 받는다. 아이오와와 매사추세츠에서도 비슷한 프로그램을 사용했다. 아이오와의 초기 읽기 프로그램에 대한 자료에서, 이전보다 RTI를 사용한 이후에 특수교육 프로그램에 정치되는 학생의 수가 줄었음을 보여 주었다.

RTI와 일반교육

특수교육 서비스를 받는 학생 수를 줄이려는 수단으로 행해진 RTI의 성공은 너무 많은 학생이 학습장애로 판별되는 것을 우려하는 사람들에게 중요하다. RTI 자료에서 더 중요한 것은 자료기반 교육 프로그램의 결과 얼마나 많은 학생들이 학교에서 더 많은 성취를 했느냐 하는 것이다. 물론 "학습장애"로 분류된 학생 수는 적어졌고, 더 중요한 점은, 그 학생들이 학교와 삶에서 더 성공적일 수 있는 가능성을 높여 주는 주요 기본 능력이 발달된 점이다. 이러한 이유로, RTI는 진정으로 일반교육 계획인 것이다. RTI 활동은 일반교육에서 시작하여 일반교육으로 끝난다. 일부 학생의 경우 RTI 활용은 "학생이 찾아가는" 경로로서의 역할을 하지만, 훨씬 많은 일반교육 학생의 경우 체계적인 자료기반의 의사결정을 하게 한다. 어떤 연구자들은 RTI 방법을 적용하는 데 요구되는 수업기술과 자료 분석 기술을 일반교육 교사들이 처음에는 알지 못했다고 주장한다(Fletcher, 2003; Fletcher et al., 2002; L. Fuchs, 2003; Kovaleski, 2003; Vaughn & Fuchs, 2003). 그럼에도 불구하고, RTI 방법은 일반교육의 한 부분으로 매우 효과적이라는 증거가 있으며, 미국 교육부는 RTI 원리의 일부를 적용해 조직한 Reading First라는 지원 프로그램을 만들었다고 했다(Good, Simmons, & Kame'enui, 2001; U.S. Department of Education, 2008, 2009). 켄자스 교육부 보고 자료에서, 주 전체에서 자료기반 중재 시스템(RTI)을 투입한 이후, 켄자스 주 전체 학생들을 평가했을 때 학생들의 점수가 무척 향상되었다는 것을 보여 주고 있다(Kansas Department of Education, 2009).

RTI를 통해 일반교육에서 학생들의 교육 성취를 지속적으로 향상시키기 위해서는 교사, 행정가, 전문가들은 RTI 방법을 잘 적용하고 자료를 해석하는 방법을 연구해야 한다. 일부 교사들은, 좀 있다 하더라도 여전히 자료 분석에 대한 연수를 그다지 많이 받지 않았을 것이다. 또 다른 일부 교사들은 RTI는 자신들이 이미 하고 있는 것에 "추가되는" 것이고, RTI 실제를 추가시키면 학교 수업 날짜가 부족할 거라는 걱정을 할 것이다. 다행히도, RTI는 이미 교실에서 행해지고 있는 것에 "추가하는" 것을 요구하지 않는다. 대신 RTI는 현재 교실수업을 고찰해서 효과적인 부분과 그렇지 않은 부분을 식별하는 것을 요구한다. RTI 방법은 교사에게 학생을 향상시키지 못하는 수업 실제를 바꾸도록 요구한다. 결국 RTI는 일반교육 교사에 달려 있으며, 이는 학교에서의 성공적인 학생 성취를 설명하는 가장 중요한 요소이다.

RTI와 공공 정책

RTI는 이미 여러 교육 정책의 부분이 되었으며, 차후의 프로그램에도 적용될 것으로 보인다. RTI가 공교육 정책의 핵심이 된 근거는 모집단 기반 체제에서 도움을 더 필요로 하는 학생을 선정하는 데 있다. 모집단 기반의 의사결정은 공중보건 영역에서 시작되었다(Doll & Haack, 2005). 널리 사용되고 있는 모집단 기반 정책의 예로는 모든 학생들의 예방접종 의무, 농수산부의 식료품 관리 및 감독, 맥주, 와인, 양주에 대한 알코올 표시 사용 경고 등이 있다. 이러한 모든 정책들은 체계적인 절차, 리콜제도, 경고를 통한 공중 보건과 복지를 위해 만들어졌다. 모집단 중심 의사결정이 건강, 음식, 안전 정책에서 수년간 널리 사용되어 왔지만, 학교 장면에서는 덜 활용되었다. RTI는 교육에서 모집단 중심 정책을 적용한 대표적인 경우이다. 학교에서 나타날 수 있는 어려움을 판별하기 위해 전체 학생들을 대상으로 검사할 필요가 있기 때문이다(Coyne, Kame'enui, & Simmons, 2001, 2004; Coyne, Kame'enui, Simmons, & Harn, 2004).

예방접종, 육류 리콜제도, 알코올 표시로 인해 공공 복지의 이익이 있는 것처럼, 학교에서의 RTI 활용은 모든 학생들에게 중요한 이득이 될 것이다. RTI 방법의 일반적인 특성은 학교에서 어떤 문제가 있는지를 알기 위해 모든 학생을 정기적으로 평가하는 것이다(Biglan, Mrazek, Carnine, & Flay, 2003). 이 판별검사는 학생들이 "틈새로 빠지지" 않도록 한다. 의사가 연구 결과에서 입증된 치료법을 사용하듯이, 추가적인 도움이 필요한 학생에게 이미 효과적이라고 검증된 중재를 제공한다. RTI의 자료기반이라는 특징은 수업 실제에 대한 결정이 학생의 실제 교실 수행을 기반으로 이루어짐을 의미한다. 자료에서 현재의 수업이 효과가 없다고 나타날 때, 필요한 새로운 중재가 제공된다. 마지막으로, RTI는 지속적인 진전에 대한 점검과 도움을 필요로 하는 학생에게 특정 도움을 제공하여 *모든* 학생들의 교육 성취를 향상시키기 위해 설계되었다.

RTI에 대한 대 전제

RTI는 질 높은 수업, 주기적 평가, 자료기반 의사결정과 같은 세 가지 주요 요소로 이루어져 있다(표 1.2 참조). 이들 각 요소는 교육 정책에 대한 "대 전제"와 연결되어 있다. 질 높은 수업은 모든 학생은 기능의 발달을 이끄는 효과적 수업을 마땅히 받아야 한다는 아이디어에 근거한다. 주기적 평가는 지속적인 평가가 기술의 향상을 이끈다는 아이디어에 기초한다. 수업에 관한 의사결정은 수업 조정이 반드시 자료에 기반해야 한다는 아이디어와 관련이 있다. RTI의 세 가지 구성요소가 문제 해결 평가 모델과 함께 합쳐질 때, 교육목표를 향한 학생의 진전에 대한 의사결정이 훨씬 쉬워질 것이다.

이 책의 다음 장부터는 RTI의 각 구성요소에 대한 자세한 내용과 모든 학생들의 긍정적인 학업적 및 행동적 성취를 위해 각 요소를 어떻게 사용해야 하는지에 대한 정보를 제공한다. 제2장과 제3장에서는 RTI 절차를 사용할 수 있는 정책의 틀을 중심으로 정보를 제공한다. 제4장은 과학적 기반의 교육 실제와 증거기반 수업에 대한 고찰을 포함한다. 제5장에서는 단일 사례연구 설계와 RTI 실제에서 이 설계를 사용하는 방법을 기술한다. 제6장과 제7장에서는 RTI 모델의 각 단계를 자세히 기술하고 학업 및 행동

〈표 1.2〉 RTI 방법에 대한 "대 전제"

RTI 구성요소	"대 전제"
질 높은 수업	모든 학생은 기능의 발달을 이끄는 효과적 수업을 마땅히 받아야 한다.
주기적 평가	지속적인 평가가 기술의 향상을 이끈다.
자료기반 의사결정	수업 조정은 반드시 (성취) 자료에 기반해야 한다.

문제 사례에 적용하는 방법을 보여 준다. 제8장에서는 다양한 배경을 가진 학생들에게 RTI를 적용하는 방법을 다룬다. 제9장에서는 학교, 교육청 혹은 국가 차원에서 효과적인 RTI 시행을 위한 장기적 계획 수립의 중요성을 설명한다. 제10장에서는 RTI 방법을 적용한 사례를 제시하고, 제11장에서는 다양한 RTI 보고서의 예시를 제공한다. 마지막으로 제12장에서는 RTI에 대해 자주 하는 질문(FAQs)에 답하고 미래에 나아갈 방향을 예측한다. 요약해서, 독자들은 자신들의 학교 상황에서 효과적으로 RTI를 설계하고, 실시하고, 평가하는 데 요구되는 지식과 기술을 갖추어야 할 것이다.

션에 대한 새로운 시각

이 장은 과거의 수업이 도움이 되지 않았던 션의 이야기로 시작했다. 션에 대해 달라진 시각은 다음과 같다.

> 션은 학교를 다니거나, 졸업을 하여 장래에 대학을 가거나 좋은 직업을 얻는 데 요구되는 중요한 읽기 능력이 제대로 발달되지 않은 1학년 학생이다. 부모, 교사, 교장 및 장학사는 그가 읽기를 배우길 원한다. 션은 유치원에 다니지 않았지만, 션이 1학년에 입학한 가을에 학교에서는 모든 학생들을 대상으로 전체적인 판별검사를 시행했다. 이 판별 자료에 의하면 션은 또래에 비해 주요 독서 기능이 부족했다. 션은 위험 수준이라는 결과에 따라 선생님이 제공하는 90분의 읽기수업을 포함해서 매일 30분간 소집단 읽기 보충수업에 참여했다. 션이 받은 모든 읽기수업은 과학적 증거 기반 중재였으며, 그의 읽기 진전도를 보여 주는 평가를 매주 실시했다. 1학년 중간쯤에 션은 읽을 수 있게 되었다. 1학년 말에 션은 반 친구들 수준을 따라잡았고, 학년 말 이후의 방학 동안에 새로운 읽기 기능을 열심히 연습했다.

이 책은 션과 같은 학생들이 제대로 읽을 수 있는 학습자, 학생, 시민이 될 수 있다는 확신으로 저술되었다.

제2장

과학적 기반 수업 활용

NCLB, IDEA, ARRA, RTI

과학적 기반 실제를 지지하는 교육 정책

제1장에서는 RTI 연구와 프로그램들이 발전되어 온 사회적 및 역사적 배경에 대한 정보를 제공했다. RTI는 모든 학생들이 교육 기회에 접근할 수 있는 가능성을 증대시키려는 큰 노력의 일환이라는 점에서 중요하다. 최근 교육 분야에서의 큰 발전은 바로 과학적 기반 실제인데, 이는 RTI의 핵심 요소 가운데 하나이다(Brown-Chidsey, 2005c). 과학적 기반 실제란 수많은 연구에 의하여 입증된 수업 방법과 교육적 접근을 의미한다. 과학적 기반 교육 실제는 또한 여러 영역에서 *증거기반 실제*라 칭하기도 한다(Kratochwill & Stoiber, 2002). 특정한 교육방법을 증거기반 혹은 과학적 기반이라 칭하는 의미는 수업 실제를 타당화함에 있어 모든 교육자들이 과학적 기반 데이터의 중요성을 이해하도록 돕는 데 있다(Stanovich & Stanovich, 2003). 그런데 교육 연구가 아주 오랫동안 수행되어 왔음에도 불구하고, 어떤 수업 실제에 대한 정보와 실제의 변화를 위한 연구 데이터의 활용은 훨씬 더 제한적이다(Burns, Peters, & Noell, 2008; Pressley, Duke, & Boling, 2004; Sweet, 2004).

읽기영역 연구의 발전으로 인해, 지금은 정상적 혹은 비정상적 읽기 발달에 관한 일련의 강력한 증거들이 있다(Lyon, Shaywitz, & Chhabra, 2004; McCardle & Chhabra, 2004; National Reading Panel, 2000; Shaywitz, 2003). 읽기에 관한 지속적인 양질의 연구는 수많은 정책입안자와 연구자들이 학교에서 활용되는 모든 교수법에 대한 과학적 근거를 더 크게 강조하도록 했다(Carnine, 1997a). 비교적 최근 미국에서 실시된 세 가지 교육 프로그램인 NCLB 법안(2001), IDEA 재승인 법안(2004), ARRA(Americam Recovery and Reinvestment Act, 2009) 법안 모두는 과학적 기반 실제를 요구했다. 이에 더하여, NCLB의 한 부분인 Reading First 지원 프로그램에서는 실시된 수업과 평가에 대한 증거기반 자료를 요구했다. 정책 기조를 이루는 용어를 포함한 이들 입법 프로그램의 내용을 살펴보면, 과학적 기반, 데이터 기반의 RTI 방법이 미국 전역에 걸친 교육 실제의 핵심적인 특징이라 할 수 있다. 이러한 입법 정책에 대해 다시 살펴보자.

> RTI는 실제로 교수에 대한 그리고 교수의 실천에 대한 사고방식이다. 이는 모든 학생들은 학습할 수 있고, 교실 교사의 일은 각 학생에게 가장 효과적인 교수방법을 찾는 것임을 인식하도록 하는 마음태세이다.

NCLB의 RTI 구성요소

낙오학생방지법

*낙오학생방지법(No Child Left Behind, NCLB)*은 1965년에 처음 통과된 초 · 중등 교육법(Elementary and Secondary Education Act, ESEA)을 2001년에 재승인한 법이다. ESEA는 공립학교에 자금을 제공하는 최초의 미국 연방법으로, "위대한 사회(Great Society)"라고 알려진 일련의 정책과 프로그램에 힘입어 제정되었다(Halperin, 1979; Sweet, 2004). 케네디 정부 때 시작되어 존슨 정부가 끝날 때까지 이들 프로그램은 주요 사회 문제를 강조하기 위해 연구를 통해 도출된 지식을 이용하려 했다. Great Society 초안은 저소득층 가정을 위한 더 나은 주거, 교육, 고용 기회를 제공함으로써 빈곤의 근절을 추구했다. 1965년 이래 ESEA는 수차례 갱신되어 왔으며, 2001년에 재승인된 NCLB는 이전의 법안보다 훨씬 더 구체적인 요구 조건을 포함했다. 특히, NCLB는 증거기반 실제를 아주 강도 높게 강조하고 있다. 예를 들어, *낙오학생방지법*에서 발췌한 것을 인용하면 다음과 같다.

> NCLB는 1965년에 처음 통과된 초중등 교육법(ESEA)의 최근 법령이다.

> 모든 주(州)는 모든 학생들의 성취를 설명할 수 있는 교육내용, 성취기준, 관련된 평가, 학교 성적 산출 절차, 그리고 학교 및 교육청이 하고 있는 주 전체 시스템에 대한 *증거(evidence)*를 포함하는 계획서를 교육부에 반드시 제출해야 한다.

(U.S. Department of Education, 2002b, p.10)

위의 예에서, 증거는 각 주의 평가 시스템에 초점을 두고 있으나 증거기반 실제를 요구하는 주의 연방지원 프로그램의 세부화를 위한 첫 단계인 것이다. 예를 들어, NCLB 명목으로 재정지원을 받는 프로그램의 요구조건은 효과성에 대한 증거이며, "과학적 기반 연구를 통해 만들어진 프로그램이 학생들의 학업 성취를 유의하게 향상시키거나 혹은 이런 결과를 성취할 것이라는 강한 증거를 가지는 것으로" 기술하고 있다(U.S. Department of Education, 2002b, p.45). 나아가, NCLB 실행 계획서에 프로그램 실시 동안 지속적으로 학생의 진전도를 점검한다는 말을 사용하도록 요구했다. 결국 NCLB 법령은 각 주가 과학적 기반 수업(교수)을 실시해야 하고 그 프로그램이 효과적이라는 것을 입증하기 위해 학생의 진전도를 점검해야 하는 일련의 요구조건을 설정한 셈이다. NCLB 안내서는 다음과 같이 진술하고 있다.

> 교육활동은 어떻게 중재가 학생의 성취를 향상시킬 것으로 예상하는지를 보여 주는 과학적 기반 연구의 고찰에 반드시 기초해야 한다. 이는 교사가 학생의 학업 성취를 향상시키도록 돕는 데 효과적인 교육활동이라는 점에 대한 신뢰롭고 타당한 연구 증거가 있어야 함을 의미한다. (U.S. Department of Education, 2002b, p.53)

초기의 ESEA 법령과는 대조적으로, NCLB는 모든 학생들의 학습 결과를 향상시키도록 설계된 증거기반 교수 및 과학적으로 타당화된 교수 실제에 대한 수많은 자료를 포함하고 있다(Kavale et al., 2008). 모든 학생의 수행을 개선시키는 것에 초점을 두는 점은 학습 부진이 아주 심하고 가장 위험에 처한 학생의 성취를 향상시키는 것이 원래 목적이었던 1965년 ESEA 법령을 주목하게 한다. NCLB에는 Reading First, Early Reading First, Even Start의 하위 부분을 포함한 학생들이 충족할 수 있는 프로그램 요소와 목표에 대한 더 많은 구체성이 포함되어 있다.

Reading First

*읽기장애(reading difficulties)*의 특성과 발달 과정에 대한 우수하고 유용한 연구들에 근거

하여(Foormanm, 2003; Shaywitz, 2003), NCLB에서는 각 주들이 시행하는 읽기 향상 프로그램에 포함되어야 할 정확한 특성과 구성요소를 상당한 부분에 걸쳐 포함시키고 있다. 구체적으로 각 주들은 National Reading Panel(2000)이 제안한 5개의 읽기 영역에 걸쳐 학생들의 읽기 기술을 가르치고 평가하는 데 증거기반 실제를 어떻게 활용할 것인지에 대한 증거(자료)를 제출해야 한다. NCLB 제안 안내서는 각 주에 다음을 요구한다.

> 학생들의 읽기 기술을 향상시키기 위한 과학적인 증거를 사용하라. 주 교육부(SEA) 혹은 학교구가 사용하는 전문성 개발, 교수 프로그램, 교재는 과학적 연구가 규명한 읽기 수업의 핵심 요소인 음소 인식(phonemic awareness), 파닉스(phonics), 어휘(vocabulary), 유창성(fluency), 독해(reading comprehension)를 반드시 강조해야 한다. (U.S. Department of Education, 2002b, p.24)

각 주와 지역 교육청이 과학적 기반 읽기 교수 방법을 사용하게 함으로써, NCLB의 Reading First는 읽기장애 학생들이 이전에 효과적인 것으로 밝혀진 수업을 받을 수 있도록 하는 데에 중점을 두었다(U.S. Department of Education, 2002a).

> **연방정부의 Reading First 지원 프로그램에 참여하는 학교는 Reading First 활동이 RTI의 측면과 비슷하여 RTI를 준비하는 데 이익이 됨을 알 것이다.**

각 주는 학생의 수행에 대해 다양한 평가 방법을 사용하도록 했기 때문에 Reading First의 성과를 50개 주와 미국의 전 영역에 걸쳐 직접적으로 비교할 수는 없다. 그럼에도 불구하고, 각 주에서 수합된 Reading First 자료들을 검토했을 때, 대부분의 주에서 학생의 읽기 성취도에서 유의한 향상이 있었다고 밝혔다(U.S. Department of Education, 2008). 이들 자료는 학생들의 읽기 기술을 향상시키기 위해 과학적 기반 읽기 교수법을 활용한 체계적인 노력으로 인해 1~3학년 학생들의 읽기 수행이 훨씬 향상된 결과를 잘 보여 준다. 이 자료는 과학적 기반의 핵심적인 읽기 수업을 한 수준 1과 추가적인 소집단 수업을 한 수준 2를 결합하여 제공했을 때 학생들의 읽기 기술이 향상되었다는 또 다른 연구 결과들과 일치한다는 점에서 RTI에 대한 시사점을 가진다(Al Otaiba & Torgeson, 2007).

Early Reading First

증거기반 읽기 교수에 초점을 둔 NCLB 법령의 또 다른 조항은 Early Reading First이다. 이 정부지원 프로그램은 유아 및 유치원 아동의 읽기 지도를 위해 제공된 것이다. 이 프로그램은 읽기부진 위험군으로 판별된 학생들을 대상으로 적용한 조기 중재가 아주 중요한 사전 읽기 기술을 발달시킨 결과를 보여 주는 상당한 과학적 연구 결과에서 비롯되었다(Gettinger & Stoiber, 2007; Snow et al., 1998). 예를 들어, 전반적인 어휘 지식을 신장시키는 프로그램을 세 살 어린이에게 적용하여 효과를 본 경우를 들 수 있다.

> 새로운 연구들은 어린이들의 지적 능력의 중요성을 제시하고, 명시적 및 비계설정 수업과 같은 전략의 사용을 통해 학습을 지원할 수 있는 구체적인 방법을 제안하고 있다(성인들이 필요할 때 지원을 제공함으로써 아동들이 복잡한 과제를 성취할 수 있도록 함). 음운 인식과 어휘 발달을 포함하는 초기 읽기 기술의 중요성을 강조하는 증거들이 많다. Early Reading First는 이러한 기술들을 향상시키기 위해 개발되었다. (U.S. Department of Education, 2002b, p.27)

의회가 NCLB에 Early Reading First를 포함시킨 이유는 조기 중재가 효과적이라는 설득력 있는 증거 때문이다. 특히, NCLB에 조기 중재를 포함시킨 것은 이후의 읽기 발달에 영향을 미치는 전조로서 예방적인 노력의 중요성을 강조한다는 의미이다. NCLB의 Reading First와 Early Reading First 조항에서 부각되는 요소는 법안이 "아동에게 인지 및 언어 기술을 가르치기 위해 과학적 기반 연구를 사용한 프로그램을 요구하는 방식이다. 프로그램은 반드시 활동 내용, 서비스, 전문성 개발에 대해 과학적 기반 읽기 연구에 기초해야 한다"(U.S. Department of Education, 2002, p.27). 이들 준거는 모든 수준과 각 학생의 단계에 맞는 교육을 위한 체계적, 자료기반 및 과학적 기반 실제의 강조를 포함한다(VanDerHeyden & Snyder, 2006).

Early Reading First를 적용한 자료는 위험 수준의 읽기 문제를 가진 아동에게 조기 읽기 중재를 제공하여 사전 읽기 기술 향상에 유의한 효과가 있음을 보여 준다(U.S. Department of Education, 2009). 이들 결과는 읽기 발달에 있어 조기 중재의 역할을 조사한 RTI 연구 결과와 유사함을 입증한다(Vellutino,

> Early Reading First와 같이 RTI는 학업 및 행동 문제의 예방을 강조한다.

Scanlon, & Zhang, 2007).

학생의 요구 예측하기: 다양한 수준에서의 예방

NCLB에서의 예방은 프로그램에서 다양한 수준을 지원한다면 모든 학생의 효과적인 성취를 위해 최소 위협적인 방법을 적용할 수 있다는 연구 결과에 맞추어져 있다. 특히, 공중보건(public health) 분야에서 흔히 사용하는 3단계 예방 모델이 NCLB에 통합되었다(Brown & Brown, 2005; Caplan, 1964; Doll & Haack, 2005; McCardle & Chhabra, 2004; Pressley et al., 2004). 1차, 2차, 3차로 이루어진 3단계 예방 모델은 모든 학생이 성공할 수 있도록 도울 수 있는 최선의 방법을 교육자들이 생각해 내는 새로운 방안을 제공한다. 예방 모델에 따르면, 모든 학생을 위해 고안된 프로그램과 서비스는 1차 예방인 것이다. 공중보건과 의약 분야에서, 1차 예방의 예는 특정 질병에 대한 의무적인 면역접종이다. 면역접종 정책은 20세기 후반에 발달되었는데 그 이유는 전체 인구에게 백신을 접종하는 것이 어떻게 일반 대중의 관심이 될 수 있는지를 기록한 과학적인 자료 때문이다(Freeman, 1994; Institute of Medicine, 2004).

2차 예방은 1차 예방법에 반응하지 않는 사람에 대한 중재를 포함한다. 건강관리의 경우 2차 예방은 인구학적 위험요인인 인플루엔자 위험군에게 주는 독감 예방접종을 포함한다. 65세 이상의 노인, 특정 질병질환자, 또는 이들 보호자는 독감에 걸릴 위험이 더 높은 것으로 나타났다.

이러한 위험요소를 고려하여, 표준적인 예방건강 지침은 독감에 걸릴 취약성을 보이는 전체 인구에게 독감 예방접종을 할 것을 포함한다. 차별화된 예방 노력의 중요성과 효과는 2009~2010년에 노인보다는 어린이나 청소년을 우선으로 H1N1 인플루엔자 바이러스 예방접종을 실시한 예에 잘 나타나 있다. H1N1 독감의 발생과 확산에 대한 초기 데이터에 의하면 65세 이상의 노인을 포함한 성인보다 아동과 청소년에게 더 많이 영향을 미쳤다고 한다. 이러한 이유로 미국 질병관리 및 예방센터(CDC, U.S. Centers for Disease Control and Prevention)는 아동과 청소년에게 독감 백신접종 우선권을 줄 것을 권고했다(U.S. Centers for Disease Control and Prevention, 2009).

3차 예방은 질병이 발생한 사례나 상황을 치료하기 위한 방법과 절차를 포함한다. 예를 들어, 독감의 경우 3차 활동은 독감 증상에 대한 본격적인 처치를 포함한다. 일단 독감으로 판명되면 1차 예방이나 2차 예방은 아무 소용이 없지만 독감으로 인한 위험이나 불편을 최소화하는 것은 개인과 지역사회의 가장 큰 관심이 될 것이다. 이처럼 NCLB는 효과적인 수업 실제에 대한 수많은 연구 결과를 국가적인 교육 정책에 포함시켰다. 특히, NCLB는 각 주가 과학적 연구 결과에 근거한 교육 프로그램을 개발할 것을 요구했다. 읽기의 경우, NCLB는 특히 특정 시기의 특정 학생들을 위한 수업을 체계화하고 목표 선정을 하려는 목적으로 효과적인 읽기 프로그램의 순차적인 요소들을 요구했다. 앞서 지적했듯이, 이 정책은 예방 모델에 근거를 두고 있다. 왜냐하면 Early Reading First나 Reading First와 같은 NCLB의 특정 프로그램은 모든 학생을 위한 핵심교육과정(core curriculum)으로서 증거기반 읽기수업을 요구할 뿐만 아니라, 핵심 수업 프로그램에 반응하지 않는 학생들을 위한 더욱 명시적이고 집중적인 지도를 요구하기 때문이다.

NCLB는 또 다른 예방의 예들을 포함하고 있다. 한 가지 예로 Even Start 프로그램을 들 수 있다. 이 프로그램은 모든 유치원 학생과 더 높은 학년 학생들의 준비도를 향상시키도록 설계된 정부 지원의 취학 전 교육활동을 포함한다. NCLB 관련 문서에 다음과 같이 기술하고 있다.

> Even Start 프로그램은 취학 전 아동을 위한 활동 프로그램, 특히 읽기 준비도 활동 프로그램을 설계하는 데 있어 과학적 연구 기반 증거를 활용하도록 새로운 요구를 함으로써 질적 향상을 성취할 것이다. 프로그램의 질에 대한 새로운 지표는 연속적인 지원금의 수혜 여부를 결정할 것이며, 지원받은 프로그램은 충분한 성취도를 보여야 한다. (U.S. Department of Education, 2002b, p.32)

위에서처럼, Even Start 가이드라인은 학생의 성취 진전에 대한 증거 기록을 요구한다. 가이드라인의 이러한 특징은 예방 모델에 단단히 뿌리를 두고 있는데, 이는 1차 예방 활동의 결과에 따라 2차 예방 프로그램의 필요성 여부를 결정할 수 있기 때문이다. RTI는 학생들이 잘 해나가고 있는지 혹은 누가 더 도움이 필요한지를 보여 주기 때문에, 학생의 진전도 점검이 RTI의 핵심 요소이다.

> **RTI 활동에는 창의성과 혁신의 여지가 있다. 방과 전/후 프로그램은 위험에 처한 학생들을 위한 중요한 자원이 될 수 있다.**

NCLB는 또한 1차 예방의 또 다른 측면과 관련된 내용을 포함한다. 예를 들어, NCLB는 부모가 장시간 일하는 학생들을 위한 방과 전/후 프로그램의 지원금을 포함했다. 이러한 프로그램은 1차 예방과 관련이 있다. 왜냐하면 학교 밖에서 지도감독을 잘 받은 학생이 학교에서 더 나은 학업 성취를 보인다는 연구 결과가 있기 때문이다.

높은 수준의 방과 전/후 프로그램을 제공함으로써, 생계수단을 위해 부모가 반드시 장시간 일을 해야 하는 가정의 자녀들이 매일 부모가 자녀를 학교에 데려다주고 학교가 끝나면 함께 있을 수 있는 가정의 학생들만큼 성공적일 수 있었다. 그러한 프로그램의 과학적인 특성은 똑같은 증거 기준을 반드시 충족시켜야 한다는 점이다. 예를 들면:

> 방과 전/후 프로그램은 방과 전/후 학교 프로그램(여름학교 프로그램 포함)과 학교 및 지역사회에서의 활동에 대한 객관적인 요구평가, 양질의 학업적 향상의 기회를 보장하는 일련의 성취도 평가 결과에 근거해야만 한다. 그리고 적절하다면, 그 프로그램이 주와 학교의 학업 성취 기준을 학생들이 충족시키는 데 도움이 된다는 증거가 되는 과학적 연구 결과에 근거해야 한다. (U.S. Department of Education, 2002b, p.86)

전체적으로 볼 때, NCLB의 핵심 조항은 우리의 RTI 모델과 일치하기도 하고 다양한 측면에서 보완한 체계적이고, 자료기반 방식의 증거기반 실제를 포함한다는 것이다.

IDEA 2004의 RTI 구성요소

교육 정책에 RTI를 포함시키려는 추가적인 노력은 가장 최근의 연방특수교육법인 '장애인 교육 증진법'(Individuals with Disabilities Education Improvement Act[IDEA], 2004)의 재승인에 잘 나타나 있다. 특히, RTI의 내용이 명시적으로 법령에 포함되었다. 특수교육 정책안에 RTI 내용이 포함되도록 이끈 원동력은 NCLB에 RTI의 통합을 촉진시켰던 동일한 연구에서 비롯했다. 특정한 읽기 지도방법에 관한 과학적인 증거를 보여 주는 결과와 더불어, 특수교육 서비스를 받는 학생 수가 대폭 증가했다는 보고도 있었다(National Center for Education Statics, 2004). 특수교육 서비스를 받는 학생들 중 대부분은 '특정 학습장애'를 갖고 있다. 추가적인 자료에 의하면 학습장애로 판별된 대부분 학생들은 읽기 문제가 있음을 밝혔다(Swanson, Harris, & Graham, 2003). 특수교육 서비스를 받는 학생들의 증가와 더불어 읽기 문제를 가진 학생의 비율이 높다는 증거는 읽기 문제를 가진 학생들의 요구를 충족시키는 중점적인 노력이 요구됨을 시사한다.

IDEA(2004)의 구체적인 조항은 증거기반 실제를 반영하는 세 가지 요소, (1) 과학적 기반 읽기수업의 활용에 대한 요구, (2) 중재에 의한 학생들 반응의 평가, (3) 의사결정을 할 때 데이터의 역할 강조를 포함한다. 사실, 이들 세 가지의 요구 사항은 바로 RTI의 핵심 요소이다. IDEA 2004는 또한 교육구(교육청)가 학습장애 여부에 대한 결정을 내릴 때 IQ 점수를 사용하지 않도록 하는 조항을 포함한다. 특수교육의 적격성 결정에 RTI 데이터가 어떻게 사용되는지에 관한 IDEA 2004 조항은 제3장에서 논의할 것이다.

모든 영역의 과학적 기반 수업

증거기반 읽기수업 실제에 대한 IDEA 2004 요구 조항은 과학적 방법에 대한 선행연구에서 직접 기인한 것이다(National Reading Panel, 2000). IDEA 2004에서는 단지 읽기에 대한 과학적 기반 수업을 구체적으로 명시했지, 수학, 쓰기, 혹은 행동 지도에 대한 요건은 담고 있지 않았다. 이러한 누락은 이들 영역에서의 수업에 관한 연구 결과가 적었던 것에 기인한다. 수학, 쓰기 및 행동 영역에 대한 과학적 기반 수업의 효과성을 보여 준 보다 최근의 연구 결과는 RTI 모델의 틀에서 적용될 수 있음을 보여 준다(Axtell, McCallum, Bell, & Poncy, 2009; Burns, Gaunza, & London, 2009; Fairbanks, Sugai, Guardino, & Lathrop, 2007; Gresham, 2004; Kroeger & Kouche, 2006).

IDEA 2004에 나타난 두 번째 RTI 요소는 데이터와 관련되어 있다. 이 법령은 효과적인 지도에 대한 학생의 반응을 평가하도록 하여, 학습장애를 결정하도록 하는 과정을 진술하고 있다. 최근의 연구 결과에서 RTI 방법이 충실하게 실행되었을 때 학생의 성취가 향상되었으며 결국은 특수교육을 받는 학생의 수가 감소되었음을 보여 주었다(Denton et al., 2006; Hardy, 2008; VanDer Heyden, Snyder, Broussard, & Ramsdell, 2007).

IDEA 2004의 세 번째 요소는 학생의 중재 반응에 대한 결정(평가)은 자료기반이어야 한다고 명시하고 있다. 이 조항은 학생의 수행에 대한 자료 수집과 수행에 대한 정기적인 점검을 요구하는 두 번째 요소를 토대로 만들어진 것이다. 종합해 볼 때, IDEA 2004의 RTI 조항은 증거기반 실제에 관한 NCLB의 요소들을 포함할 뿐만 아니라 교수(수업)를 잘 나타내는 자료의 사용을 더 많이 강조한다. IDEA 2004에서 증거와 자료기반 조항에 깔린 요지는 특수교육을 받게 되는 학생이 너무 많다는 우려에 있다. 특수교육이 장애학생을 위한 중요하고 결정적인 자원으로 인식되어 오면서, 많은 교육자, 행정가, 정책입안자들은 그것이 학생들이 추가적인 수업과 지원을 받을 수 있는 유일한 체계로 지각되는 것에 대해 오랜 동안 걱정해 왔다. 제1장에서 제시했듯이, RTI는 근본적으로 일반교육 계획안이다. 학교의 모든 학생은 수준 1의 RTI에 참여한다는 점과 수준 2와 수준 3이 일반교육 학생을 대상으로 한다는 점을 고려할 때, 이것이 특수교육의 또 다른 형태는 아닌 것이다. 그러나 수준 1, 수준 2, 수준 3에서 성공적이지 못한 학생들의 경우, 특수교육은 아마도 그들의 교육적 성취를 지원해 줄 수 있는 중요한 자원이 될 것이다. 이러한 이유로 인해, RTI는 모든 학생들의 학습 요구에 기반한 일련의 수업을 제공하는 체계적인 방법을 제공한다.

> RTI는 특수교육을 위한 것이거나 특수교육에 관한 것이 아니다. 이는 모든 학생의 교육 요소를 포함하는 일반교육 계획안이다.

ARRA 2009

가장 최근의 또 다른 연방법이 RTI를 지지하기 위한 추가적인 자원을 주에 제공했다. NCLB와 IDEA 2004에서는 RTI 관련 법조항에 요구조건을 명시하고 있는데, 이들 법에서 배정된 연방지원금을 활용할 때 과학적 기반 교수의 사용과 자료기반 의사결정을 하도록 요구하고 있다. 그러나 그 어느 것도 RTI를 교실 실제와 학교 실제로 만들기 위한 추가적인 지원금은 많이 제공하지 않았다. 비록 NCLB가 Reading First를 통해 주와 학교에 추가 자금을 제공했지만, 이 지원금은 주로 특정 학교와 학생들에게 도움을 주었을 뿐이었다. 마찬가지로, IDEA 2004는 처음으로 교육구(예, 지역교육청)가 특수교육을 받지 않는 학생을 위한 RTI 활동으로 IDEA 연방지원금의 15%를 사용하도록 했다. 그러나 이 15%는 그리 큰돈이 아니었다. 왜냐하면 주에 배정되는 특수교육 연방예산이 각 교육구가 실제로 쓰는 비용보다 훨씬 적었기 때문이다.

ARRA 2009는 RTI 활동과 시행을 지원하는 자금을 주가 지급해 줄 수 있는 통로를 더 열어 놓았다. ARRA는 2008년 초기 미국과 세계 경제에 영향을 끼쳤던 불황기의 대책으로 미의회에서 통과된 것이다. ARRA는 소비자의 신뢰를 회복하고, 은행을 안정화시키고, 경제의 모든 수준에서 소비를 권장하려는 시도에서 미국의 모든 경제영역에 돈을 푸는 주요 지출 법령이었다. ARRA의 특정 조항이 미국 공립학교에도 적용되었다. 국가 회계 안정화 자금(State Fiscal Stabilization Fund)으로 알려진 ARRA의 Division 1, Title

XIV는 미국 교육부(U.S. Department of Education)가 집행하도록 정해졌다. 이 자금은 각 주의 주지사가 각 주의 교육 향상과 개혁을 목적으로 요청할 수 있는 자금을 포함한다. 중요한 것은, 지원금 배정에 대해 미교육부가 설정한 기준에 주의 지원자들이 자금을 이용하여 모든 학생들의 교육적 성취의 향상을 위해 현재와 미래의 학교기반 자료를 어떻게 활용하는지를 보여줄 것을 요구한 점이다. 예를 들어, 조항 14005(주 지원서)의 하부조항 (c), 4-5는 각 주에 다음을 요구하고 있다.

> (4) 주는 주에서 학생들의 학업 성취를 향상시키기 위해 지원금을 어떻게 사용할 것인지를 기술하고, 제일 필요로 하는 지역교육청에 어떻게 우선권을 주어 지원금을 배당할 것인지에 대한 방안을 기술하시오. (5) 학업 성취 격차를 줄이려는 주의 진척도에 대한 평가 계획을 포함시키시오. (American Recovery and Reinvestment Act, 2009)

ARRA 2009에서의 교육자금은 각 주가 최근까지 주와 지역의 교육적 성과를 검토하고, 중재가 필요한 학생들을 지원하기 위한 추가적인 자원을 모색하는 중요한 기회를 만들어 냈다.

교육 정책에서 부각되는 기준들

앞서 살펴본 미국의 세 가지 주요 교육 정책은 학생의 학업 진전도 이해에 대한 주요 측면을 바꾸어 놓았다. NCLB는 교사들이 과학적 연구에 근거하여 타당화된 수업 실제를 사용할 것을 요구했다. IDEA 2004는 교사가 학생의 수행에 대한 데이터를 수집하고, 자신이 사용한 과학적 기반 실제로 인해 학생들의 성취도가 향상되었는지를 판단할 수 있도록 과학적인 방법을 사용하도록 요구하는 필수 조건을 확대시켰다. ARRA 2009에서는 주와 학교 수준에서 자료기반 수업 실제를 확장시키고 개선시키기 위해 지원금을 제공했다. 주목할 것은, NCLB와 ARRA 자원들은 모든 학생에게 적용되지만, IDEA 2004는 일반교육과정에서 어려움을 겪는 학생들에게 적용된다. 하지만 IDEA 2004가 일반교육과정에서 학생의 수행에 대한 데이터를 수집하여 학습장애 판별에 사용하도록 요구한다는 것은 일부 IDEA 정책이 반드시 일반교육 실제에 영향을 미친다는 것을 의미한다. 제3장에서는 일반교육과 특수교육 모두에서 증거기반 교육 실제의 적용을 더욱 확장시켰던 IDEA 2004의 구체적인 요소들을 검토하고 논의할 것이다.

제3장

RTI와 특수교육

전망과 가능성

RTI는 학생의 학습 요구를 확인하고 점검하기 위한 일반교육 시스템으로 볼 수 있다. 이 책의 제1판이 나올 당시 미국의 특수교육법인 IDEA 2004가 막 의회를 통과하고 대통령이 승인했으나, 수정된 법을 시행하기 위한 규정들은 아직 제정되지 않았었다. 이 규정들은 2006년 8월에 제정되었으며, 특수교육의 절차와 함께 RTI를 적용하는 방법에 대한 중요한 가이드라인을 제공하고 있다. RTI는 모든 학생들을 지원하는 일반교육 시스템이라는 것이 재차 강조되어야 한다. 말하자면 RTI에서 얻어진 성취 자료는 특수교육에 관한 의사결정 과정의 한 부분으로 사용될 수 있다. 특히, RTI는 특정학습장애(SLD)를 판별하기 위한 평가 절차로 사용될 수 있다(Box 3.1 참조).

BOX 3.1

RTI와 특수교육의 적격성(Eligibility)

RTI는 모든 학생을 지원하기 위한 일반교육 시스템이다. RTI는 학생에게 효과적인 중재를 제공하고 학생의 진전도를 기록한다. RTI를 적용한 연구 결과, 특수교육 서비스를 받는 학생 수가 줄어든 것으로 나타났다(Burns & Gibbons, 2008; VanDerHeyden, Witt, & Gilbertson, 2007). Martha Stewart는 "그거 참 좋은 것이네"라고 했다. 그 이유는 무엇인가? 특수교육의 목표는 미국의 모든 학생들이 *최소 제한 환경(FAPE/LRE)에서 무상의 적절한 공교육*을 받도록 하는 것이지만, 특수교육이 항상 그 목표를 달성해 온 것은 아니다(Kavale, 2001, 2002). RTI는 일반교육이든 특수교육이든 간에 학생의 성취 향상 목표를 가장 잘 보여 주는 중재를 보여 준다.

수년간 연구자들은 SLD 학생의 판별 방법에 대한 변화를 요구해 왔다(Harry & Klingner, 2007; Holdnack & Weiss, 2006; Kavale, 2001). 학습장애(LD) 판별의 절차와 실제에 대한 변화의 요구에 대한 몇 가지 이유가 제기되었는데, 기존 판별 방법을 지지하는 증거의 부족, 다른 방법에 대한 더 나은 효과의 증거, 그리고 학생들이 "실패하도록 기다리기" 방식을 폐지하려는 요구를 들 수 있다(Elliott & Fuchs, 1997; Fletcher et al., 2004; Goodman & Webb, 2006; Reschly, 1997; Stanovich, 1991, 1993; Vellutino, Scanlon, & Lyon, 2000). 이 장에서는 이들 세 가지 문제점을 다루고, 어떻게 RTI 과정이 학습장애 학생의 판별을 위한 좋은 방법인지에 대한 정보를 제공한다.

지능-성취 불일치 모형의 문제점

1975년에 통과된 초기 특수교육법(예, 공법 94-142)은 특정학습장애 판별을 위해 지능-성취 불일치 모형을 채택하여 어떤 학습문제와 관련된 특성을 조작적으로 정의하는 데 사용했다. 특히, 평균 이상의 IQ를 가지고도 기대되는 학업 성취보다 낮은 성취를 보인 경우는 학생이 배울 수 있었지만 학습하지 않은 것에 대한 자료 기록 방법을 제공했다(Peterson & Shinn, 2002). 지능-성취 모형의 안면타당도와 논리성은 분명하지만, 수년간의 연구 결과는 학습장애 학생을 신뢰롭게 판별하지 못한다는 것을 보여 주었다(Fletcher, Morris, & Lyon, 2003; Fletcher, Francis, Morris, & Lyon, 2005; Glutting, McDermott, Watkins, Kush, & Konold, 1997; Shinn, 2007; Spear-Swerling & Sternberg, 1996; Stanovich, 2000; Stuebing, Barth, Molfese, Weiss, & Fletcher, 2009).

예를 들어, 읽기장애의 하위유형을 비교한 많은 연구들은 특정읽기장애를 가진 사람과 장애를 가지지 않은 사람들 간에 실질적인 차이가 없음을 보여 주었다(Shinn, 2007; Spear-Swerling & Sternberg, 1996; Stanovich, 2000). 이들 연구에서, 읽기장애(RD)로 판별된 학생들이 또한 그들의 지적 능력 혹은 IQ와 학업 성취 간에 유의한 불일치가 있다고 보고했다. 그리고 여러 가지 이유를 가진 읽기부진의 경우 같은 유형의 읽기문제는 나타내었지만 지능-성취의 불일치는 없었다(Fuchs et al., 2000; O'Malley et al., 2002; Stanovich, 1991, 2000; Vellutino et al., 2000, 2007). 이들 집단을 비교한 연구들은 지능-성취 불일치가 존

> 많은 신화와 반대로 IQ는 학업 및 행동 기능을 정확하게 예측하지 못한다. 중요한 것은 IQ가 반드시 신뢰로운 SLD의 지표인 것은 아니라는 것이다.

재하지도 않고 학습장애를 반드시 확증하는 것은 아니라는 일관된 결과를 제시했다.

또한 수학, 쓰기, 혹은 행동과 같은 영역의 학습장애 유형을 판별하기 위한 지능-성취 불일치에 대한 연구는 아주 제한적이다. 일부 연구에서는 불일치가 자동적으로 학습장애 학생을 의미하는 것이 아니라는 것을 보여 주었다(Graham & Harris, 1997). Barnett, VanDerHeyden, 그리고 Witt(2007)는 RTI 절차가 미취학 아동의 학습 요구를 식별하는 데 도움이 된다고 했다. Barnett 외(2006)는 또한 RTI 방법이 유아원이나 유치원에서 심각한 행동문제를 보이는 학생에게도 사용될 수 있다고 제안했다. Gresham(2005)은 학령기 학생을 위한 이와 유사한 과정을 제안했고, Bryant 외(2005)와 Fuchs 외(2007)는 어떻게 RTI가 수학부진을 해결하는 데 도움이 되는지 연구했다. Ehren과 Nelson(2005)은 RTI가 말하기와 언어장애 학생의 판별을 더욱 정확히 하는 방법이 된다고 주장했다. 언어병리학자들이 RTI를 실시함에 있어 중요한 역할을 한 것은 분명하다(Justice, 2006). Gilbertson과 Ferre(2008)는 RTI가 청각장애 학생을 도울 수 있는 모델이라고 주장했다. 학생들이 학교에서 겪는 어려움을 극복하기 위해 제공되는 *중재의 성격*이 병리나 증상보다 더 중요하다는 것이 이런 모든 연구들의 공통점이다(National Association of School Psychologists, 2002).

지능-성취 모델의 문제점

많은 사람들이 IQ 점수가 반드시 학생의 능력을 나타내는 최고의 지수가 아님을 알고 놀라워했다. IQ가 10세 이후 개인의 능력을 어느 정도 예측한다는 증거가 있긴 하지만, 이는 단지 학생의 능력과 잠재력에 대한 제한된 방향만 제공할 뿐이다(Salvia & Ysseldyke, 2009; Sattler, 2001). 상당한 연구에서 지능은 실제로 읽기 기술을 예측하지 못한다는 것을 보여 주었다(Graham & Harris, 1997; Siegel & Himel, 1998; Stage, Abbott, Jenkins, & Berninger, 2003; Stanovich, 1991, 1993; Stuebing et al., 2002; Vellution et al., 2000; Vellutino, Scanlon, Small, & Fanuele, 2006). 이들 연구들이 일관적으로 보여 주는 것은 지능-성취 점수의 불일치뿐만 아니라 IQ가 어떤 학생이 읽기 문제를 보이는지, 누구에게 추가적인 집중수업이 도움이 되는지 예측하지 못한다는 것이다(Lyon et al., 2004). 만약 어떤 학생이 추가 수업이 필요하고 어느 학생이 특정학습장애가 있는지를 결정하는 데 IQ 점수가 도움이 안 된다면, 더 이상 이를 지속적으로 사용할 논리적 근거는 없게 된다. 사실, 어린이들의 IQ는 너무 변동적이어서 장기적인 능력을 잘 나타내지 못한다(Francis, 2003; Sattler, 2001). IQ와 지능-성취 비교에 대한 정확성의 결여로 인해, 많은 연구자와 정책입안자들은 SLD 학생을 판별할 수 있는 대안적인 접근을 제안했다.

SLD 학생에 관한 최근의 많은 연구들은 어떤 교수 방법과 자료들이 도움이 되는지에 초점을 두었다. 중요한 점은 학교에서 배우는 가장 중요한 기술이 최적의 효과를 보이려면 10세 이전에 잘 학습할 필요가 있다는 것이다(Blachman et al., 2004; Schatschneider et al., 2004). 연구에서 보여 준 점은 3학년 이전에 핵심적인 읽기 하위기술을 배운 학생은 학교와 인생에서 성공할 가능성이 많다는 것이다. 반대로, 3학년 때까지 읽기를 배우지 못한 학생들은 이후의 학교생활에서 계속 읽기부진으로 남거나 학교를 중퇴할 가능성이 매우 크다(Snow et al., 1998; Stanovich, 2000). 이 부분에서 역설적인 면을 생각해보자. 10세 이하 어린 학생의 IQ 자료는 신뢰롭지 않으나 5~10세의 초기 학교 경험은 가장 중요한 것이다. 기본적으로 어떤 학생이 학교에서 어려움을 겪는지를 아는 것이 가장 중요한 바로 그 순간에 IQ 점수는 유용한 정보를 거의 제공하지 못한다. 중요하게도 저학년의 경우 수학과 읽기 기술 검사가 더 유용하다. 왜냐하면 학생이 습득한 특정 기술과 지식의 정도를 나타내는 이들 검사는 이후의 학업적 성공을 예측하기 때문이다.

흥미롭게도, 학업 성취도 검사 점수와 IQ를 비교했을 때, 학생의 능력에 대한 예측변인들이 가장 정확하지 않다(NASP, 2003). 지적한 바와 같이, 어린이들의 경우 IQ는 더 신뢰롭지 못하다. 학업 성취도 검사는 학생의 진전도에 대한 중요한 정보를 제공해 주지만, 읽기, 수학 및 쓰기 점수와 IQ를 비교할 때는 한 검사의 효과가 다른 검사에 영향을 미친다. 특히 읽기, 기본 산수, 철자와 같은 핵심 기술을 배우는 데 어려움이 있는 학생은 핵심 내용(Key Content)과 같은 수업의 또 다른 요소들을 아마 놓쳤을 것이다. 이는 그 학생의 지식과 기술에 대한 전반적인 기초가 기본적인 학업 기술을 습득한 반 친구보다 낮을 가능성을 의미한다(Kranzler, 1997). 지능-성취 불일치 모형을 사용하여 검사했을 때, 기본 학습 기술에 대한 어려움이 학생의 IQ에 대한 정확한 추정을 방해할 것이다(Siegel, 2003). 이런 경우, 학생의 IQ와 성취도 점수는 아주 유사하여 불일치가 없을 수 있다. 과거의 특수교육 규정에서는 불일치가 없는 학생은 추가적인 수업의 적격한 대상이 아니었다. 안타깝게도, 이들 학생은 특수교육 서비스 적격자로 선정되기 전에 이미 학업적 수행이 많이 뒤처져 있게 되는데 이게 바로 "*실패하도록 기다리는(wait to fail)*" 상황이 된다.

> **IQ가 학습 잠재력을 나타내는 것으로 사용된다면 이는 즉시적으로 학생들에게 필요한 수업을 제공하는 대신 실패하도록 기다리게 만든다.**

기다리는 대신 반응하기

미의회가 2004년 11월에 통과시킨 IDEA 개선법령은 RTI 실제를 특수교육 과정에 적용하는 구체적인 조항을 포함했다. IDEA 2004 법안의 RTI 조항에 대한 요약은 표 3.1에 제시되어 있다. 법 조항 602와 614는 "특정학습장애"의 정의 및 주요한 용어에 대한 정의를 포함하고 있다. 표 3.1에서 보듯이, SLD의 정의는 IDEA의 이전 버전과 크게 다르지 않다. 중요하게도 정의는 여전히 "듣기, 생각하기, 말하기, 읽기, 쓰기, 철자, 혹은 수학적

〈표 3.1〉 RTI 방법에 관한 IDEA 2004 법 조항

조항	주요 내용
602	(30) 특정학습장애(SLD) (A) 일반적 특성 "특정학습장애"란 이해나 언어, 구어 혹은 문어에 관여하는 하나 이상의 기본적인 심리과정의 장애를 의미하는데, 이런 장애는 듣기, 생각하기, 말하기, 읽기, 쓰기, 철자, 혹은 수학 계산에서 부족한 능력으로 인해 나타날 수 있다. (B) 포함하는 장애 이 용어는 지각 장애, 뇌 손상, 미소 뇌기능 장애, 난독증, 발달적 실어증과 같은 조건을 포함한다. (C) 포함하지 않는 장애 이 용어는 일차적으로 시각, 청각 혹은 운동기능 장애, 정신지체, 정서장애, 혹은 환경적, 문화적 및 경제적 결손에 기인한 학습문제는 포함하지 않는다.
614	(5) 적격성 판정을 위한 특별 규정 (4)(A) 항목하에서 적격성에 대한 판정을 하는 데 있어 다음과 같은 결정적 요인이 있다면, 장애아동으로 판정되지 않는다. (A) 읽기수업의 핵심 요소를 포함한 적절한 읽기 지도의 부족(1965년 초·중등교육법 1208(3) 조항에서 정의된 것) (B) 수학에서 지도가 부족한 경우; 또는 (C) 제한적인 영어 유창성 (6) 특정학습장애 (A) 일반적 특성 조항 607(b)에도 불구하고, 조항 602의 정의에 따라 특정학습장애 여부를 결정할 때, 지역교육청은 아동이 학업 성취와 구어 표현, 듣기 이해, 쓰기 표현, 기본읽기기술, 독해, 수학 계산 혹은 수학적 추론과 같은 지적 능력 간에 심각한 불일치가 있는지를 고려하도록 요구하지 않는다. (B) 추가적 기관 아동이 특정학습장애를 가지고 있는지 여부를 결정할 때, 지역교육청은 (2)와 (3)절에 기술된 평가과정의 일부로서 아동이 과학적인 연구기반 중재에 대한 반응을 결정하는 과정을 사용할 수 있다.

계산에서 부족한 능력"을 포함한 다양한 징후들뿐만 아니라 "기초적인 심리 과정"에 대한 사항도 포함하고 있다. 그리고 이전의 버전과 같이, 만약 "학습 문제가 … 기본적으로 시각, 청각, 혹은 운동기능 장애, 정신지체, 정서장애 혹은 환경적, 문화적 혹은 경제적인 불이익에 기인한 결과"라면 특정학습장애를 가진다고 판정할 수 없다와 같은 배제기준도 있다. 따라서, IDEA 2004에서 SLD에 대한 정의의 핵심은 이전과 다르지 않다.

IDEA 2004에서 달라진 점은 법조항 614와 법규정 300.307 조항이다. 조항 614는 특수교육 적격성을 위한 평가 절차를 다루고 있다. 조항 614의 5, 6번 항목은 특히 RTI 실제에 관한 조항을 포함한다. 5번 항목은 수업 지도의 부족으로 인한 SLD의 판정 조건에 대한 부가적인 설명을 제시하고 있다. 법에서 기술한 내용을 보면 "읽기수업의 핵심 요소(1965의 초 · 중등교육법〔ESEA〕1208(3) 조항에 정의된 것처럼)를 포함하는 적절한 교수의 부족이 결정에 대한 결정적인 요인이라면 그 아동을 학습장애로 판단할 수 없다"라고 상술하고 있다. 이 조항은 계속해서 수학과 쓰기 교수에 대해서도 비슷한 요구 사항을 제시하고 있다.

IDEA 2004는 "읽기 지도의 핵심 요소"만을 요구하지 수학과 쓰기는 요구하지 않는다. 여기에서 말하는 ESEA는 NCLB 2001을 지칭하는 것임을 아는 것이 중요하다. 즉, IDEA 2004는 *읽기의 경우 NCLB에서 포함시킨 읽기의 다섯 가지 요소를 포함한 과학적 연구기반 수업을 받지 않았다면 특정학습장애로 판정할 수 없다고 기술한 NCLB를 참조했다는 것을 의미한다.*

IDEA 2004 조항 604의 다음 항목은 SLD의 평가와 관련된 구체적 조항을 포함한다. 항목 6(제목 "특정학습장애")에서 SLD 판별 시에 IQ-성취 불일치를 사용해야 한다는 항목을 제거했다. 구체적으로, 6(A) 항목은 "지역교육청은 아동의 학업 성취와 구두 표현, 듣기 이해, 쓰기 표현, 기본 읽기 기술, 독해, 수학 계산 혹은 수학적 추론과 같은 지적 능력 간의 불일치에 대한 고려를 요구하지 않는다"고 진술하고 있다. 이 조항은 SLD의 판정 수단으로 IQ-성취 불일치의 사용을 강조했던 이전의 IDEA에 비추어 보면 극적인 중요한 변화이다.

조항 614의 6(B) 항목 또한 특히 SLD와 연관된 것으로, 학습장애를 판별하는 데 사용되는 절차에 대한 많은 정보를 보태고 있다. 다음은 RTI 절차를 연구기반 교수에 통합한 항목 5의 조항으로, "아동의 특정학습장애 여부를 결정할 때 지역교육청은 과학적 연구기반 중재에 대한 반응을 결정하는 과정을 평가 과정의 일부로 사용할 수 있다."라고 진술되어 있다. 이 진술은 IDEA 2004 시행규칙 300.307(a)(2)에서 반복된다(표 3.2 참

〈표 3.2〉 IDEA 2004 SLD의 판별과 관련된 법령

300.307 특정학습장애

특정학습장애를 가진 아동을 판별하는 추가적인 절차

(a) 일반적 사항
각 주는 300.8(c)(10)에서 규정된 것처럼 특정학습장애 아동을 판정하는 기준으로 300.309 조항과 일치해야 한다. 그리고 각 주가 채택한 다음을 충족해야 한다.

(1) 아동이 특정학습장애를 가졌는지를 결정할 때, 300.8(c)(10)에서와 같이 정의된 지적 능력과 성취 간의 심각한 불일치의 사용을 꼭 해야 하는 것은 아니다.

(2) 과학적 연구기반 중재에 대한 아동의 반응을 확인하는 절차의 사용을 허용한다. 그리고

(3) 다른 대안적 연구기반의 절차를 특정학습장애 판별 결정을 위해 사용할 수 있다. 300.8(c)(10)에서 정의되었다.

(b) 주의 기준의 일관성
공공 기관은 (a)에서 언급한 주의 기준을 반드시 사용해서 아동이 특정학습장애를 가지고 있는지 판단할 때 적용해야 한다.

참고: Authority: 20 U.S.C. 1221E-3; 1414(b)(6).

조). 이 법령은 RTI의 절차를 특수교육 적격성 판정 절차로 사용하는 것을 허락한다. 시행규정 200.307(a)(2), IDEA 2004 조항 614의 항목 5와 6을 결합하여 학습장애 판별 절차에 대한 새로운 기제를 창출한 것이다. 연구기반 교수를 평가의 필수조건으로 제시하고 RTI 방법을 평가 과정으로 허용하는 것을 통해, IDEA 2004는 모든 학생에 대해 자료기반 의사결정을 하도록 하는 데 많은 기여를 했다(Lyon et al., 2001). 이 새로운 조항은 NCLB 법의 요구 조건을 참조하여 일반교육과 특수교육 사이의 보다 구체적인 연결을 포함한다. 그렇게 함으로써, 입법자들은 모든 공교육의 유형과 구성요소 및 일반교육과 특수교육은 자료기반 수업 실제를 도입하고 보고해야 한다는 것을 명확히 했다.

특수교육 실제에서 RTI에 대한 경험적 결과

RTI 자료가 IQ-성취 불일치 모형을 완벽히 대체하는 것은 아니라는 것을 유념하는 것이 중요하다. 일부 연구가 특수교육 대상 적격성 판정을 위한 RTI 방법의 효율성에 대한 조사를 했으며, 많은 연구자들은 중재에 대한 반응의 부족을 기록하는 데 사용될 수 있는 자료 도구를 개선시키는 연구를 지속하는 것이 중요하다고 지적했다(Ardoin, 2006; Ardoin, Roof, Klubnick, & Carfolite, 2008; Catts, Petscher, Schatscchneider, Bridges, &

Mendoza, 2008; Davis, Lindo, & Compton, 2007; Jenkins Hudson & Johnson, 2007). 흥미롭게도, 학교심리학자에 대한 전국조사에서 75%가 읽기장애를 식별하는 좋은 방법으로서 RTI를 지지했으나, 같은 응답자 가운데 많은 사람이 또한 불일치 모형을 지지한다고 보고했다(Machek et al., 2007). Case, Speece, 그리고 Malloy(2003)의 RTI 방법에 대한 종단연구에서 RTI 방법이 판별에 있어 불일치 모형과 비슷하거나 그 이상으로 잘 판별했다고 밝혔다. 읽기장애를 가진 학생들의 특징도 연구에 참여한 기간에 걸쳐 일관되었다. Fletcher 등(2002)도 유사한 결과를 도출했다. Marston, Muyskens, Lau, 그리고 Canter(2003)는 미네아폴리스 공립학교의 종단자료를 통해 확고한 결과를 보고했다. Newell과 Kratochwill(2007)은 RTI의 사용이 특수교육에서 언어적, 인종적, 소수민족 학생의 불균형을 강조하고 감소시키는 방법을 제공한다고 기술했다. 특수교육과 관련한 RTI의 또 다른 적용방안은 특수교육을 떠나는 시기의 수준별 지원이다(Powers, Hagans, & Miller, 2007).

학생들 사이의 요구 정도를 확인하고 집중적인 서비스를 받는 학생 수를 줄이는 데 있어서 RTI 방법의 유용성은 잘 알려져 있다. O'Connor(2003)는 RTI의 절차가 특히 학습에 어려움이 있는 저학년 학생을 판별하는 데 도움이 된다고 보고했다. 이러한 RTI의 사용은 지원이 신속하게 제공되도록 하기 위하여 교사들이 이르면 1학년부터 집중적인 서비스가 필요한 학생들을 결정할 수 있도록 한다. 1학년 때 학습장애로 판별된 많은 학생들이 3학년 때에는 기대보다 훨씬 약한 지원으로도 성공적인 학습자가 될 수 있었다. Tilly(2003)의 유사한 연구에서 RTI 실제는 조기 중재는 물론 기본적인 예방활동의 역할을 한다고 했다. 취학 전 아동에게 RTI를 적용하여, 교사들이 일부의 특수교육 배정을 막을 수 있었다.

많은 RTI에 대한 연구들이 유아에 초점을 두는 반면에, 어떤 연구자들은 나이가 든 학생들을 위한 함의를 찾기 위해 연구를 했다. Torgeson(2003)은 RTI 방법은 초등학교 고학년 학생들에게 가능성을 갖는 것으로 보고했는데 그 이유는 RTI 방법이 신속하고 자료에 근거한 방법으로 학생들에게 높은 수준의 수업을 제공할 수 있기 때문이다. 예를 들어, Torgeson과 그의 동료들은 RTI 절차들이 3학년 학생의 읽기 기술을 유의하게 증가시키는 데 도움을 주었음을 발견했다. 중재의 말기에서 여전히 어려움을 겪는 학생의 경우, RTI의 과정에서 수집한 자료는 평가과정의 다음 단계를 제안하는 데 유용하다. 미국학습장애합동위

> **RTI 실제는 학생들에게 좋은 성취를 신장시킬 뿐만 아니라 특수교육을 받아야 하는 학생 수도 줄일 수 있다.**

원회(National Joint Committee on Learning Disability, NJCLD)가 학습장애 판별에서 RTI 접근이 학생의 학습 요구를 지원하는 매우 좋은 방법이라고 인정한 것은 주목할 만하다.

이 책의 제1판이 출간된 이래, SLD의 판별에 있어 RTI 자료로 충분한지, 혹은 인지적 평가를 포함한 특별한 검사가 필요한지에 관한 주제가 많은 주목을 받았다(Berninger, 2006; Feifer, 2008; Ofiesh, 2006; Reynolds & Shaywitz, 2009; Willis & Dumont, 2006; Wodrich, Spencer, & Daley, 2006). RTI 자료가 인지평가를 완전히 대체할 수 있을지에 대한 논의는 두 가지 측면을 포함한다. 첫 번째 측면은 장애를 판별하는 데 그 어떤 검사나 방법을 사용하지 않으면서 RTI 결과를 확인하는 데 어떻게 다른 검사가 필요한가를 강조한 점이다(Flanagan, Ortiz, Alfonso, & Dynda, 2006; Mastropieri & Scruggs, 2005). 일부 연구자는 이를 인지적 가설 검증(cognitive hypothesis testing, CHT) 방법이라 칭했는데, RTI 자료는 학생의 문제의 원인에 대한 가설을 만드는 데 도움이 되는 반면, 후속적인 인지평가 자료는 가설을 검증하는 데 도움이 된다(Fiorello, Hale, & Snyder, 2006).

지속적인 인지검사의 사용을 지지하는 두 번째 측면은 교육과정기반 측정(CBM)과 같은 흔히 사용하는 RTI의 평가들이 학생의 학습문제의 원인을 충분히 정교하게 지적하지 못한다는 점이다(Hale et al., 2006). 이와 같은 생각은 뇌신경심리 검사의 옹호자들에 의해 지지되었으며, 그들은 이 방법이 학생의 학습문제의 원인에 대해 보다 정확한 지표를 제공한다고 했다(Mather & Kaufman, 2006; Semrud-Clikeman, 2005; Schmitt & Wodrich, 2008; Witsken, Stoeckel, & D'Amato, 2008). RTI 자료만으로 SLD를 보고하기에 충분한지에 대한 논란은 한동안 지속될 것으로 보인다. 인지평가에 대한 다른 최근의 연구는 이들 검사의 고찰 방법에 관한 주요 변화를 가져왔다(Witzken et al., 2008). 예를 들어, 전체 IQ 점수에 초점을 두기보다 지능의 다요인에 대한 고려를 더 많이 한다(Fiorello et al., 2007). 심지어 더욱 복잡한 "결합" 모형에 대한 제안이 나오고 있는데, 예를 들면, Aaron, Joshi, Gooden, 그리고 Bentum(2008)의 연구에서는 인지적, 심리적, 생태학적인 요소를 포함하는 읽기진단 구성요소 모델을 제안했다.

> RTI 자료가 신뢰롭고 타당하다면 SLD의 식별에 사용될 수 있다. 신뢰도와 타당도는 여러 교실에서 일관성 있는 실시를 할 때 얻어진다.

아마도 가장 중요한 것은 SLD를 판정하는 과정에 RTI 자료의 포함 여부에 상관없이, 이러한 자료의 수집과 다양한 평가들이 특수교육 적격성을 보장하지는 않는다는 것이다(Fletcher, 2005). 의뢰와 평가의 절차는 학생의 학교 기록과 현재의 수행에 대한 포괄적인 평가를 포함한다. 수준 1과 수준 2에서 수집된 자료는 포괄적인 평가에 포함되어야 한다. 이러한 자료는 NCLB와 IDEA 2004에서 요구하는 것과 같이 연구기반 교수의 수행을 보여 준다. 각 주와 지역구의 규정에 따라, 추가적인 검사가 요구될 수 있다(Zirkel, 2006; Zirkel & Krohn; 2008). IDEA 2004 법규와 함께 규정을 돌이켜보면, 각 주는 학교에서 IQ-성취 불일치 준거를 사용하지 않도록 요구하고 있다(Klotz et al., 2007). 이 조항은 SLD 판별을 위한 RTI 자료를 사용하는 것을 요구하는 것과는 다르다. 각 주는 자체의 특수교육 규정을 가지고 있으며, IDEA 2004를 해석하는 데 차이가 있다. Box 3.2는 각 주가 어떻게 RTI와 관련된 특정한 정책들을 가지고 있는지 알 수 있다. 2010년의 경우, 콜로라도, 코네티컷, 인디애나, 아이오와의 4개 주에서 SLD의 기본적인 증거로 특히 RTI 자료를 요구한 것을 알 수 있다. 일반적으로, 다른 주에서는 RTI 자료 혹은 IQ-성취 불일치 접근 모두를 수용한다(NCRI, 2009).

모든 주의 교사들은 특수교육 의사결정의 일부분으로 RTI 자료를 언제 어떻게 사용할지 아는 것이 매우 중요하다.

그림 3.1은 그러한 결정의 단계를 묘사한 흐름도이다. Box 3.3은 이 그림의 각 단계

BOX 3.2

RTI에 관한 주 정책들

미국 헌법에 의하면, 공교육은 미국 정부의 책임아래 있는 것이 아니라 각 주의 책임아래 있기 때문에, 각 주는 특수교육에 관한 연방정책을 각 주의 특정한 규정으로 "해석"할 책임을 가지고 있다. 실제로 이 협정은 미국 영토 내에 존재하는 50주가 RTI와 관련된 자체의 정책을 가지고 있다는 것을 의미한다. 그러나 인터넷 덕분에 각 주의 RTI 정책에 관한 최신 정보는 쉽게 얻을 수 있다. 국립 중재 반응 센터(The National Center on Response to Intervention, NCRTI)는 각 주의 RTI 정책을 state.rti4success.org에 게시하고 있다.

각 주의 RTI 정책이 무엇인지 확신이 들지 않는다면 이 사이트가 도움을 줄 것이다. 각 주의 RTI 정책들은 콜로라도(SLD 판별에 RTI 방법만을 요구하는 주)에서 알래스카(연방의 규정을 문자 그대로 따라한 주)까지 매우 다양하다. RTI 정책들과 실제들이 발달하고 국가적으로 실행되면서, 주들은 초기 정책을 개정하기로 결정했을 것이다. 이러한 이유로 당신의 주의 정책을 지속적으로 점검하고, 일반교육과 특수교육의 의사결정 과정에 정보를 주기 위해 학생의 자료를 잘 사용하는 방법을 고려하는 것이 좋다.

를 설명해 준다. 이러한 의사결정과 관련된 한 가지 중요한 측면은 각 주의 특수교육 체계가 범주화되어 있는지의 여부와 관련되어 있다. 적격성이 범주화된 주는 특수교육 대상 적합성의 판별을 위해 연방에서 허가한 14개의 장애 조건 중 하나가 요구된다. 범주화되지 않은 주에서는 이러한 유형화를 사용할 것을 요구하지 않는다. 범주화되지 않은 주에서는 장애라는 낙인이 필요하지 않으므로 어떤 자료가 가능한지에 대한 논란은 크지 않다. 범주화된 주에 있어서 이 문제는 매우 다르며 이들은 나머지 과정을 위한 일련의 단계를 설정한다. 의사결정 경로로서 RTI 자료를 요구하는 범주화된 주의 경우, 교사들은 SLD 학생을 배치하는 데 있어서 적격성 여부를 결정할 때 신뢰로운 RTI 자료 및 학생 수행의 다른 지표들을 수집하고 사용해야 한다. 교사에게 중요한 것은 의뢰 질

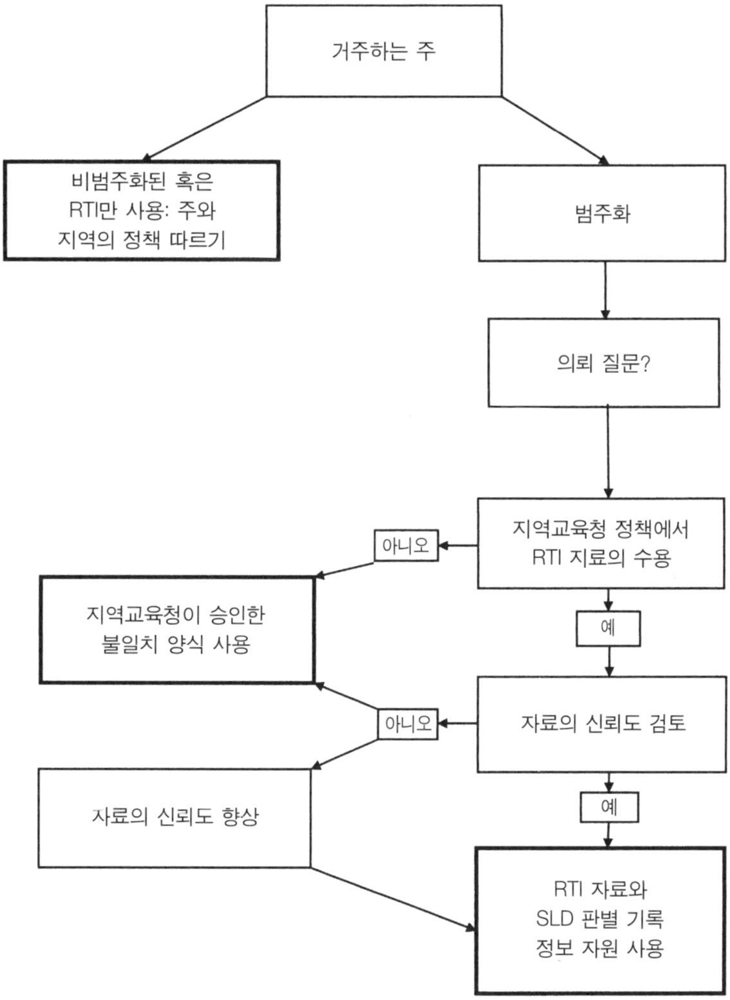

[그림 3.1] RTI와 특수교육 의사결정 흐름도

BOX 3.3

특수교육 적격성 판별에서 RTI 자료는 언제 사용하는가?

학생의 특수교육 적격성 판정에서 RTI 자료는 언제 사용하는가? 이 질문에 답하기 위해서는 몇 가지 요인이 반드시 고려되어야 한다(그림 3.1의 흐름도 참조). 고려해야 할 질문들은 다음과 같다.

1. 어느 주에 거주하고 있는가?
   - 모든 주는 특정학습장애 적격성을 판단할 때 RTI 자료의 사용 여부에 대한 주 정책을 가지고 있다.
   - 4개의 주(콜로라도, 코네티컷, 인디애나, 아이오와)에서는 RTI 자료를 특정학습장애의 적격성 판별을 위해 요구한다.
   - 다른 주들은 RTI 자료나 IQ-성취 불일치 자료 모두를 허용한다(Box 3.2 참조).
2. 의뢰 질문은 무엇인가?
   - RTI 자료는 오직 특정학습장애의 적격성을 지원하는 증거로만 사용될 수 있다.
   - 다른 의뢰 질문들과 학습적 필요들은 반드시 특별한 연방 법규 및 주 법규에서 명시된 준거를 사용해야 한다.
3. 교육청의 정책은 무엇인가?
   - RTI 자료의 사용이 허용된 주에서는 이 자료들이 수집되고 분석되는 방법에 관해 설명된 교육구 차원의 자료들에 쉽게 접근할 수 있어야 한다.
   - 그러한 정책들은 특정학습장애의 적격성 결정이 교육구 내 모든 학생들에게 일관되게 적용되는 것을 보장하도록 설계되었다.
4. 소속 학교의 RTI 자료는 얼마나 신뢰할 만한가?
   - RTI 자료를 특정학습장애의 증거로 사용하기 전에, 주 전역에 걸친 자료 수집 과정이 아주 일관되고 신뢰로워야 한다.
   - 보통 하나의 주에서 RTI 시행이 안정된 자료 시스템으로 구축되는 데 3~5년의 시간이 걸린다.
5. 다른 자료들이 수집될 필요가 있는가?
   - 모든 특수교육 평가에서와 같이, 다른 정보들은 반드시 수집되어야 한다. 특수교육 적격성의 결정은 단지 하나의 평가 유형에만 근거한 것이어서는 안 된다.
   - RTI 자료에 더해서, 학생의 수행 샘플, 교실에서의 관찰 기록, 추가적인 평가 자료와 같은 다른 특정학습장애의 증거들이 반드시 있어야 한다(예를 들어, 학업 성취 점수, 학습의 어려움과 관련된 인지기술 검사 점수).

문을 고려할 필요가 있다는 것이다. 즉, 학교에서 학생의 문제의 특징은 무엇인가? RTI 자료는 SLD 결정에는 유일한 자료로 사용될 수 있으나 다른 장애에는 그렇지 않다.

의뢰 질문이 SLD와 관련될 때, 교사는 반드시 지역교육청의 적격성 규정과 기준을 자문해야 한다. SLD 결정에 대한 지역(교육구 수준) 지침은 동일 지역의 모든 학생들이 동등한 SLD 판별 결정을 받도록 설계되어 있다. RTI 자료의 사용이 허용된 지역에는 RTI의 자료 수집과정이 타당하고 신뢰롭다는 것을 증명하기 위한 추가적인 단계가 있다. 정확한 RTI 자료만이 학생의 조기 중재에 대한 반응을 잘 보여 주기 때문에 이 단계는 중요하다. 이러한 조건들이 모두 충족되었을 때, RTI 자료가 특정학습장애의 증거로서 사용될 수 있고 사용되어야만 한다. 중요한 점은 그런 자료만이 유일한 증거의 자원이 아니며 종합적인 평가에서는 다른 정보 또한 필요하다는 것이다. 이런 요구사항들은 특수교육 대상 적격성의 결정이 단순히 하나의 정보 자료에 근거하지 않는다는 것을 보여 준다.

주의 규정과 지역의 정책에 따라, 특수교육에 의뢰되는 학생에 대한 종합적인 평가를 위해 또 다른 평가가 포함될 수도 있다(Prasse, 2006). 추가적인 평가는 RTI 자료에서 나타나지 않은 인지 과정과 기초 능력에 대한 정보를 제공할 수 있다. 예를 들어, 수학에서 심각한 어려움을 겪는 학생의 경우, 추가적인 평가로 덧셈, 뺄셈, 곱셈, 나눗셈을 하는 동안 숫자를 계속 기억하는 데 기본적인 어려움이 있는지를 알아보는 기억기술 검사를 포함할 수 있다(Fletcher, 2005). 만약 종합적인 평가의 결과가 학생의 학업 과제(예, 수학 계산)와 그 과제를 수행하는 데 필요한 하나 이상의 인지과정(예, 작업 기억)에서 지속적으로 어려움을 보여 준다면, 수학학습장애 판별이 이루어질 수 있을 것이다.

특수교육의 일부로서 RTI

이미 언급했듯이, IDEA 2004의 RTI 조항은 특수교육에 적격한 학생을 판정하는 데 도움을 주기 위하여 포함시켰다. 게다가 과학적 연구기반 교수, 진전도 자료, 자료 검토와 같은 RTI의 기본 요소들은 적격성 판정이 내려진 후에도 사용될 수 있다. 이러한 수업실제는 IEP로 통합될 수 있다. 예를 들어, 수학에 특정학습장애가 있는 학생은 특수교사가 매일 집중적인 수학 교수를 제공할 수도 있다. 일반적으로 IEP 수업은 일반교육 수업을 대체할 수 있다. 학생의 수학 진전도를 기록하기 위해서는 정기적으로(적어도 매주) 학생의 진전도를 수집해야 한다. 수집 자료로 배운 연산기술에 대해 매주 2분의 교육과정중심 평가를 포함시킬 수 있다. 학생이 일정 기간이 지나도록 진전도를 보이지 않는다면, 다른(보다 집중적인) 수학 중재를 시도할 수 있으며, 학생의 진전도 자료는 재검토되어야 한다. 그러한 자료는 학생의 요구를 충족시키는 IEP의 성공지표로서 사용될 수 있다.

RTI와 특수교육에 대해 제기되는 또 다른 질문은 특수교육이 과연 수준 3인가 아니면 더 나아가 또 다른 유형의 서비스를 제공하는 것인가 하는 것이다. 대부분의 RTI 모형은 제1장에서 이야기한 세 단계를 포함하고 있다. 어떤 주들은 4단계에서 특수교육을 실시하는 네 수준의 RTI 모형을 사용하기로 결정했다;

예를 들어, 조지아주는 네 수준의 모형을 사용하고 있다. 그에 비하여 메인주는 특수교육을 3단계 모형 안에 포함시키고 있는데, 이는 대부분의 특수교육 대상자가 다양한 수준의 일반교육에 참여하고 있기 때문이다. 대부분 RTI 모형들은 특수교육을 3단계 안에 포함하고 있다(Fuchs et al., 2008). Box 3.2에서 언급했듯이 각 주의 RTI 정책은 다르며, 특수교육 서비스가 RTI의 "어디에" 위치하는지는 다양하다. 그러한 다양성은 NCLB와 IDEA 2004에서 보여진 일반교육과 특수교육간의 연결과 일치한다.

요약

IDEA 2004는 RTI 정책과 과정을 통합하는 법규를 포함한다. 특정학습장애 판별의 선제조건으로서 연구기반 읽기와 수학 교수를 요구하는 조항을 포함시켜, IDEA 2004는 RTI 수준 1의 절차를 사용할 것을 요구한다. 특히, IDEA 2004의 특별 조항은 학습장애 판별과정의 절차로 사용되기 위해 고안된 RTI 수준 2의 절차를 학습 문제를 가진 학생에게 적용하여, 그들의 학습 요구를 다루는 체계적인 중재 절차가 되도록 한다. 예를 들어, 학생이 판별 자료나 담임교사를 통해 학습 문제가 있는 것으로 판명되는 순간, 수준 2 수업을 시작할 수 있다. RTI의 수준 1과 수준 2는 일반교육과 특수교육 사이의 중요한 연결다리의 역할을 한다. 이들은 또한 장애학생을 포함한 모든 학생들에게 높은 성취 기준과 성취 결과를 요구하는 NCLB 법의 조항에 근거해서 만들어졌다.

제4장

증거기반 중재

지난 10년간 교육관련 연구문헌에서 점차적으로 강조하고 있는 것은 학교 상황에서 학생들에게 실시하는 중재가 실증적 자료기반이어야 한다는 점이다. 예를 들어, *School Psychology Quarterly*는 전체 학술지(2000, 17(4); 14개 논문) 하나를 증거기반 중재들에 대한 논의에 할애했다. 미국심리학회(American Psychological Association, APA)의 학교심리학 분과(Division of School Psychology)와 학교심리연구회(society for the study of school psychology, SSSP)의 지원을 받아 1999년에 창간된 *School Psychology Quarterly* 특집호의 저자들은 태스크 포스를 구성하여 학교심리학 분야에서의 증거기반 중재에 관한 결과를 검토하고 논의했다(Gutkin, 2002). 아울러 2005년 미국 교육부장관은 연구기반 평가 방법을 규명하는 공식 성명(priority statement)을 발표했다. SPQ 논문의 핵심은 학교심리 전문가와 다른 학교기반 전문가들은 중재의 효과성을 객관적으로 평가해야 할 뿐 아니라, 증거기반 중재를 장려하고 실행해야 하는 전문적 책임이 있다는 것이다. Box 4.1 목록은 이 장에서 언급되고 빈번히 사용되는 연구 용어들을 정의한 것이다.

증거기반 중재에 관한 이러한 새로운 강조가 국가 특별자문위원회와 학계에만 한정된 것이 아니며, 전문가 협회의 기준과 윤리 매뉴얼을 검토해 보면 증거기반 교수에 대해 이미 수없이 언급하고 있음을 알 수 있다. 예를 들어, National Association of School Psychologists(NASP)의 *Professional Conduct Manual: Principles for Professional Ethics*와 *Guidelines for the Provision of School Psychological Services*(2000)에서는 학교심리사들은 증거기반 중재를 실시해야 하고, 중재를 점검하고 수정할 때는 자료기반 의사결정 과정을 사용해야 하며, 중재의 효과성을 평가하기 위해 자료를 수집해야 하는 의무가 있다고 진술하면서, 여러 가지 전문적인 실무 기준(professional practice standard)을 밝혔다.

BOX 4.1

자주 사용되는 평가 용어

가설(Hypothesis): 논리적 혹은 실증적인 결과를 도출하거나 검증하기 위해 만들어 낸 잠정적인 가정

독립변인(Independent Variable): 특정한 가설을 검증하려는 중재 조건

동료 평가(Peer Review): 제안된 것(연구 또는 출판물)이 관련된 영역의 전문가 그룹에 의하여 평가되는 과정

사정 혹은 평가(Assessment): 학생의 학습 속도 또는 학습량을 알아보기 위해 설계된 활동에서 얻어진 결과

신뢰도(Reliability): 실험, 검증 또는 측정 과정이 반복되는 실험에서도 동일한 결과를 산출해 내는 정도; 결과의 일관성; 결과의 정확성

실증적인(Empirical): 관찰이나 실험을 통해 입증하거나 반박할 수 있는

실험(Experiment): 알려지지 않은 효과나 법칙을 밝혀내기 위해, 가설을 검증하거나 구축하기 위해, 또는 알려진 법칙을 설명하기 위해 통제된 조건하에서 수행되는 조작 혹은 절차

역효과(Adverse): 대립되는 또는 역방향의 행위; 해로운

종속변인(Dependent Variable): 연구에서 사용된 자료나 증거가 되는 결과 조건 혹은 측정치

중재(Intervention): 수정하기 위해 관여하거나 중재하는 것

증거(Evidence): 객관적으로 드러나는 징후; 증거를 내놓는 것

타당도(Validity): 잘 확립되거나 정당화될 수 있는 조건; 적절하고 의미 있는; 논리적으로 정확한

예를 들어:

C. 사정과 중재

C4: 학교심리사(학교심리 전문가)는 사정 기술, 상담과 치료 과정, 자문 기술, 그리고 다른 직간접적인 서비스 방법을 사용하여, 이들 전문직이 책임 있는 연구기반 실제라고 간주한다.

C6: 학교심리사는 나타나는 문제에 적합하고 수집된 자료와 일관되는 중재들을 개발한다. 계획안이 바라던 목표를 성취하지 못한다는 자료가 나타날 때, 그들은 처치계획을 수정하거나 종결한다(NASP, 2000; 강조 추가).

또한 일부 NASP 실무지침은 증거기반 실제를 다음과 같이 명시하고 있다.

실무지침 1

학교심리사는 팀원들과의 협력 과정에서 (a) 학업 및 행동 문제를 확인하기 위해, (b) 문제 이해를 위한 정보를 수집하고 분석하기 위해, (c) 서비스 제공에 관한 의사결정을 위해, (d) 서비스 제공의 성과를 평가하기 위해 의사결정 과정을 사용한다.

학교심리사는 (a) 교육과 아동발달의 다양한 측면에 관한 최근의 전문적인 문헌들을 활용해야 하고, (b) 문제 해결 과정을 통해 *연구*를 실천으로 옮겨야 하고, (c) 효과적인 서비스를 개발하고 촉진하기 위한 *연구*를 수행할 수 있는 연구 설계와 통계 방법을 사용해야 한다.

1.1 학교심리사는 (a) 바라는 목표(예, 학업적/행동적)를 확인하고 (b) 측정 가능하고, (c) 포함될 내용에 대해 합의를 이루고, (d) 평가 전략과 적절하게 연관되는 방식으로 문제를 정의한다.

1.3 학교심리사는 수집된 *자료*에 기반하고, 이러한 중재들의 이상적 산출 결과와 직접적으로 관련된 효과적인 중재를 개발해야 한다.

1.4 학교심리사는 중재의 효율성 및 수정의 필요성 또는 재개발의 필요성을 결정하기 위한 평가에서 적절한 평가 정보를 사용해야 한다. 효과성은 문제 해결 과정에서 만들어진 이상적 목표와 중재에 대한 실제 결과 간의 관계에 의해 결정된다(NASP, 2000, pp. 40-41; 강조 추가).

NASP의 실무지침 1은 학교심리사들이 의사결정의 모든 측면에서 연구 증거를 사용할 것을 명확히 했다. 유사하게 실무지침 3은 학생을 위한 목표를 설정하고 목표 성취를 점검하는 측면에 대해 명확한 기대를 설정하고 있다.

실무지침 3

학교심리사(다른 사람과 협력)는 모든 학생을 위한 도전적이면서 성취 가능한 인지적 및 학업적 목표를 설정한다. 또한 학생이 이러한 목표를 성취할 수 있는 방법에 대한 정보를 제공하고, 목표를 향한 학생의 진전도를 점검한다.

3.1 학교심리사는 학생의 학습 및 사회 · 정서적 발달을 촉진하는 *효과적인 교수 전략*을 개발하기 위해 학습 이론 및 인지 과정에 대한 실증적인 최신 이론 및 지식을 적용한다.

3.4 학교심리사는 개인, 집단, 조직 수준에서 학생의 학습을 향상시키기 위해 다양한 *연구기반* 수업 방법(예, 협동학습, 교실기반 또래학습, 인지전략 훈련)을 촉진하고 실행하는 것을 돕는다.

3.7 학교심리사는 수업 개선, 학생의 성취 및 건강한 삶의 방식을 향상시키기 위해 교사, 부모, 지역사회에 교육과정과 수업의 진전을 알리고 이러한 지식을 공유한다(NASP, 2000, pp.43-44; 강조 추가).

실무지침 1과 같이, 구체적으로 과학적 연구 결과는 여러 번 인용되고, 모든 활동은 증거를 기반으로 돌아간다는 기준(standard)을 두고 있다. 또한 실무지침 3에 수업 프로그램이 실시되고 학생의 진전도가 검토되는 동안 점검되어야 할 기준이 제시되어 있다. 이러한 기준은 과학적 연구에 기반하는 한 다양한 이론적 및 실증적 관점을 수용한다.

실무지침 4

학교심리사는 다양한 이론적 관점에 근거하여 의사결정을 내리고, 모든 학생을 위한 효과적인 행동적, 정서적, 적응적 목표를 개발하기 위해 최신의 *과학 정보*를 해석하고, 이들 목표를 성취하기 위해 프로그램/중재의 실시를 촉진하며, 이들 목표를 향한 진전도를 점검한다.

4.1 학교심리사는 학습 및 대인관계에 문제가 있는 장애학생의 행동 문제에 대한 선행사건, 후속결과, 기능, 잠재적 원인을 고려하는 데 적절한 의사결정 모델(예, 기능적 행동평가)을 사용한다(NASP, 2000, p.44; 강조 추가).

학교기반 실무자들은 학교 상황에서 이러한 윤리적 원칙과 기준이 학교심리학의 실제와 대립할 때 혼동스러워한다.

다음의 한 학교심리사의 예를 생각해 보자. 이 학교심리사는 교장, 일반교육 교사, 특수교육 교사, 언어병리학자, 사회복지사, 직업치료사로 이루어진 학생지원팀(Student

Assistant Team, SAT)의 일원이다. SAT는 학생의 특정 요구(예, 사정, 목표/객관적인 중재, 긍정적 행동지원 계획 등)를 검토하고 논의하기 위해 일주일에 한 번씩 모인다. 주의력 결핍과 과잉행동(예, 자리에서 손장난, 연필 두드리기, 걸상 흔들기)을 오랫동안 보여 온 학생에 관한 논의를 할 때, 팀원 중 한 명이 전문학회에서 들은 중재의 사용 가능성을 제안했다. 그녀는 학생에게 환경소리(예, 파도, 새 소리, 고래 소리 등) 녹음 테이프를 듣게 하는 중재 과정을 설명했다. 또한, 그 학생은 "환경적으로 결핍되어 있다"고 언급하면서, 학생의 과잉행동은 환경자극을 찾는 방식이라고 설명했다. 그녀는 환경소리를 녹음한 테이프가 학생의 충족되지 않은 욕구를 채워 줄 것이며, 그에게 환경적 메뉴를 제공한다면 과잉행동이 감소하는 동시에 수업에서 주의집중력이 증가할 것이라고 가정했다. 그녀는 계속해서 이 중재는 학습장애 학생의 읽기 기술을 증가시킬 가능성이 있다고 보고했다. 풍부한 환경자극이 담긴 오디오테이프 청취는 학생에게 맥락적 단서의 급증을 자극하는 감각적 입력을 제공하게 되어, 인쇄물의 단어와 환경적으로 가득 찬 시각적 이미지를 직접적으로 연결해 주기 때문에, 이 중재는 특히 독해에 어려움이 있는 학생에게 효과적일 것이라고 설명했다. 이에 덧붙여, 이 과정이 효과적이기 위해 학생은 (1) 헤드폰을 끼고 오디오테이프를 들어야 하며, (2) 조용하고 가급적이면 고립된 장소에 있어야 하고, (3) 매일 학교에서 오디오테이프를 최소한 15분씩 세 번은 들어야 한다고 설명했다.

팀원들의 반응은 이 새로운 접근법에 대해 맹렬한 열광에서 노골적인 회의론에 이르기까지 다양했다. NASP 윤리 원칙과 기준에 대한 그녀의 확고한 근거에서, 학교심리사인 자신은 이 중재에 익숙하지 않다고 말하고, 주의력 결핍과 독해장애 초등학생을 대상으로 처치를 사용하여 효과를 지지한 연구 근거가 있는지를 물었다. 그 중재를 추천한 동료는 서부의 유명한 ○○대학의 아주 신뢰할 수 있는 교수의 학회 발표에서 그 중재에 대해 배웠다고 답했다. 그 발표에서 학생이 환경소리 녹음테이프를 듣는 장면을 녹화한 비디오테이프를 보았는데, 사례의 학생은 조용히 앉아서 매우 집중했다고 설명했다. 그녀는 또한 발표자가 말한 사례를 설명했는데, 오디오테이프를 3년간 청취한 후 읽기이해 점수가 올라간 학생이 있다는 것이다. 팀원들 가운데 일부는 현재 학생의 주의력 결핍의 긴 이력을 고려했을 때 이 중재가 "시도해 볼 만하고", "우리는 잃을 게 없다"고 했다. 여러 팀원들은 이 중재를 읽기장애 학생에게 시도할 것을 논의했다.

> **증거기반 실제를 사용하는 것은 윤리적 행위이다.**

이러한 딜레마에 직면했을 때, 교사는 무엇을 해야 할까? 최근의 입법뿐 아니라 전문가 윤리와 기준 모두는 증거기반 중재를 요구한다. 이러한 생각들이 타협되는 상황에서 우리의 전문가적인 이상에 대한 약속은 어떻게 유지할 것인가? 이러한 곤란한 상황과 관련해서 더 고려해야 할 질문은 다음과 같다.

- 중재에 대한 증거 요구의 근거는 무엇인가?
- 증거는 무엇으로 구성되는가?
- 일화 보고, 주관적 의견, 혹은 증언은 증거가 되는가?
- 새로운 중재가 제안되지만 문헌 연구가 확실한 연구기반을 규명하지 못할 때 무엇을 해야 하는가?

증거기반 중재의 근거는 무엇인가?

무엇보다도 증거기반 중재를 사용하는 것은 바람직하다. 검증된 중재의 사용은 학생들의 긍정적인 성취 결과의 *가능성을 증가시킨다*. 여기서 *보증(guarantee)*이라는 용어를 사용하지 않는 것을 주목하라. 학교에서는 보증이 거의 없으며, 중재에 있어서도 효과성을 보증한다는 것은 무모하다는 것을 우리 모두 안다. 메인 주의 포틀랜드에서 특정한 중재가 학습장애 학생 집단에게 효과적이었고, 이후에 아이오와 주의 워터루에서도 중재가 정서장애학생 집단에서 동일하게 효과적인 것으로 나타났기 때문에, 같은 중재가 여러분이 가르치는 학생 집단에게도 효과적일 것이라고 보장할 수는 없다. 그러나 확실한 연구기반을 가진 중재를 선택한다면, 정확한 중재의 실시를 위해 필요한 자원을 제공하고 학생의 진전도를 기록하는 의미 있는 자료를 수집하게 되어, 학생의 효과적인 긍정적 행동 변화의 기회를 크게 증가시킬 수 있을 것이다(Foorman, Breier, & Fletcher, 2003).

둘째로, 이론, 전문가 의견, 증언, 주관적 평가에만 근거한 중재의 경우 잇따른 경험적 연구에서 종종 효과가 없는 것으로 나타났다. 촉진적 의사소통(FC)의 경우를 생각해 보자. FC는 촉진자(예, 교사, 부모, 교육공학자)가 하나 이상의 장애를 가진 사람에게 키보드 타이핑을 교수하기 위하여 물리적 지원을 제공하는 절차이다. FC를 지지하는 사람들은 이 방법이 장애가 있는 사람의 표현적 의사소통 기술을 향상시켰다고 믿고 있다. 이론과 일화 보고에 비추어 볼 때, 1990년대 초기에는 수많은 학자 및 실무자(예, 학교심리사, 언어병리학자, 특수교육자 등)가 이에 대한 사용을 추천했다. 이 중재는 전국을 휩쓸었고, 뇌병변 장애, 다운증후군 및 자폐장애를 포함해 다양한 장애를 가진 학생을 위한 교육으로 학교 내에서 실시되었다. 그러나 과학적으로 평가했을 때, 이 중재는 실증적 기반을 가지지 않은 것으로 나타났다. 요약해서 이것은 장애학생을 위한 신뢰롭지 않은 의사소통 도구로 밝혀졌다(FC에 관한 추가 정보에 대해서는 Box 4.2 참조).

셋째로, 비효율적인 중재의 지속적인 실시는 진전도의 부족과 효율적인 중재 실시의 지연을 초래했다. 만약 중재가 학생의 긍정적 결과를 가져오지 못한다면, 이젠 도움이 되는 중재를 도입할 시기이다. 학생과 가정은 학교 실무자가 가장 유용한 중재를 실시할 것을 기대할 권리가 있다. 또한 학생과 가정은 정확도를 가진 중재(Box 4.3 참조)의 실시를 기대하고 학생의 진전도를 잘 보여 주는 객관적인 기록을 기대할 권리가 있다.

> 학생은 효과적인 중재를 받을 권리가 있다.

일화 보고, 주관적 의견 혹은 증언은 증거가 되는가?

미디어는 놀랄 만한 처치 결과(또는 체중관리 상품의 체중감소 사례)를 주장하는 기사성 광고 및 상업 광고로 넘쳐난다. 대단한 개선을 지지하는 증언으로 가득 찬 가운데, 이들 중재는 그 효과성을 객관적으로 보여 주는 확실한 연구기반을 가지고 있지 않다(Box 4.4 참조). 우리 대부분은 가족 구성원, 친구, 혹은 동료가 특정 중재(예, 식이요법, 한방치료, 운동기구 등)의 개인적인 효과를 말하는 상황을 회상할 수 있을 것이다. 증언 자체는 주관적이고 편향적이어서, 중재의 효과성에 대한 객관적인 기록은 아니다. 이처럼 동료들은 특정 학생 집단에 적용한 특정 중재에 대해 지각된 효과를 보고할 것이다. 객관적인 기록이 없는 그러한 의견은 객관적인 형태의 증거가 아니다. 의견은 증거가 아니다. 증언은 객관적이지 않다. 하지만 객관적인 형태의 증거가 아니라고 해서 이들 의견이 가치 없는 것은 아니다. 오히려 과학자-실무자 입장에서, 이들 아이디어는 탄탄한 실험 절차에 의해 검증될 수 있는 가설로 간주될 수 있다. 과학적인 조사가 이루어지고 확실한 자료에 의해 지지될 때, 이들 가설(아이디어와 의견)은 타당한 것으로 판명된다.

BOX 4.2

촉진적 의사소통: 중재라는 “수레”를 연구라는 “말” 앞에 두기

1990년대 초반에 중증장애인이 자신의 요구를 소통할 수 있도록 하는 새로운 전략이 전국적으로 파급되었다. 촉진적 의사소통(Facilitated Communication, FC)은 “촉진자”(예, 부모, 교사, 치료사)가 키보드(혹은 코팅한 키보드)를 교수하는 데 어려움이 있는 장애아를 지원하여 단어나 문장을 표현하도록 하는 물리적 도움을 제공하는 방법이다. 미국에서 시행 초기에, FC는 수많은 장애인들의 의사소통 기술과 삶의 질을 유의하게 향상시키는 혁신적인 절차로 알려졌다.

우리는 자폐 스펙트럼 장애, 뇌병변 장애, 표현성 언어 지체를 가진 중증발달장애 학생들에게 FC를 사용한 수많은 사례를 보아 왔으며, 그들의 의사소통이 즉시적이고 유의하게 향상된 결과를 보고한 사례를 보아 왔다. 어떤 사례에서는 이전에 “평가불가”로 여겨졌던 개인이 평가(FC 절차를 사용한 촉진자에 의해)되었으며, 학업적 및 인지적 수행에 대한 점수가 평균 이상 범위의 점수를 나타내었다. 순식간에 일일 워크숍과 연수과정이 전국적으로 열렸으며, FC는 학교, 가정, 단체 및 기관에서 보다 널리 사용되기 시작했다. 놀라운 성공 스토리들이 보고되었다. 이 새로운 방법은 삶을 바꾸는 중재로 여겨졌다.

그러나 이후에 객관적인 연구가 나왔고, 수많은 연구 자료에서 실제로 장애인이 제대로 지적하는 행동을 못하여 FC가 장애인을 위한 일관되고 신뢰로운 방법이 아닌 것으로 나타났다. 이러한 경험적 증거에 대한 고찰에 근거해서, 수많은 전문기관들은 FC가 타당하지 않다는 입장을 발표했다. 예를 들어, 1993년 American Academy of Child and Adolescent Psychiatry(AACAP)는 “많은 연구가 FC는 자폐나 정신지체를 보이는 장애인을 위한 과학적으로 타당한 기술이 아님을 반복적으로 보여 준다”라고 언급했다(AACAP, 1993). 1994년 American Psychological Association(APA)은 수많은 실증적 연구를 검토한 후, 다음과 같은 입장을 채택할 것을 결정했다. “따라서 촉진적 의사소통은 그 효과성을 지지하는 과학적 증거가 없으므로 논쟁적이고 검증되지 않은 의사소통 절차이다”(APA, 1994). 이어서 American Speech-Language-Hearing Association(1994), Association for Behavior Analysis(1995), American Academy of Pediatrics(1998), American Association on Mental Retardation(2005)의 입장 발표가 제시되었다. 최근에는 National Autism Center가 National Standards Project의 보고서를 출판하면서, 여기에서도 촉진적 의사소통이 검토되었는데 최종적으로 효과가 없는 것으로 판단했다(National Autism Center, 2010).

전문가들의 합의가 도출될 때까지, 수많은 장애인은 타당하지 않은 FC 중재를 받았으며, 그들 가족은 잘못된 희망과 약속을 하고 있었다. 발달장애인의 의사소통 향상을 위한 안전하고, 효과적이며, 타당한 방법을 사용하는 대신에 수많은 세금과 시간이 FC를 사용하는 데 쓰여 왔다(Foxx, 1999). 분명히, FC의 경우 중재라는 수레가 연구라는 말을 앞서 달린 셈이다.

BOX 4.3

중재 충실도(Treatment Integrity)

우리는 평가-기반, 학생-기반, 혹은 증거기반 중재의 설계에 대해 온종일 이야기할 수 있다. 그러나 만약 중재가 정확하고 일관성 있게 실시되지 않는다면, 증거기반 중재가 실제로 실시되었는지의 여부에 대한 의구심을 갖게 될 것이며, 중재가 어떻게 적용되었는지를 알 수 없다. 중재 충실도의 부족은 (1) 학생의 진전도에 대한 평가와 (2) 중재의 효과성에 대한 판단 능력을 약화시킨다. 중재 충실도는 중재가 설계된 대로 실시되는 정도를 말한다. 중재 충실도를 높이는 다양한 방법이 있다. 첫째, 서비스 제공에 대한 협력적 문제 해결 방법이 중재에 대한 팀 구성원의 수용과 이해를 증가시킨다. 둘째, 모든 중재자에게 중재의 실시와 자료기록 절차에 대한 훈련을 제공하는 것이 중요하다. 직접교수와 수행 피드백(예, 코칭)을 사용한 훈련은 최고의 실천 모델이 된다. 셋째, 실시 기간 동안에 지속적인 피드백과 지원을 간과해서는 안 된다. 이 단계는 팀 구성원이 중재자의 중재 수행을 관찰하고, (1) 중재의 구성요소에 대한 실시의 정확도를 기록하며, (2) 동시에 따로 결과 자료를 기록하여 신뢰도 검토하기를 포함한다. 이러한 이중적인 관찰은 중재가 의도한 대로 정확하게 실시된 정도를 분석할 수 있게 할 뿐만 아니라, 목표 행동의 발생에 관한 관찰자 간 일치도도 분석할 수 있게 한다. 중재 충실도 자료를 수집하는 방법에 관한 많은 정보는 제7장에서 찾을 수 있다.

BOX 4.4

유사과학적, 비과학적, 터무니없는 중재

학교기반 실무가들은 중재에 대한 수많은 조언에 지쳐 있다. 일부는 과학적 증거기반 중재이지만, 대다수가 과학이나 객관적인 분석에 기반을 두지 않는다. 예를 들면, 직업상 학교 장면에서 메가비타민 치료, 감각통합, 시각 훈련, 청각 훈련, 또는 인쇄물을 직접 접하지 않는 안내된 읽기 등과 같은 학업 성취를 향상시키는 여러 중재 전략을 추천받고 있다. 우리는 그러한 확실한 실증적 근거가 없는 중재를 유사과학적, 비과학적 및 터무니없는 중재의 유형으로 나누어 볼 수 있다.

유사과학적(Pseudoscience)

유사과학적 중재란 과학적인 근거는 없지만, 표면적으로는 과학적으로 보이는 중재를 말한다

(Green, 1996). 유사과학은 종종 과학적 전문용어(예, "통계적으로 유의한", "수년간의 연구를 통해 검증된")나 중재의 효과성을 증진시키기 위해 전문 과학자의 추천을 포함한다. 유사과학적 현상은 또한 입증된 효과가 없는(예, 읽기장애 치료를 위한 각성제의 사용) 행동 중재를 일반화하는 이전의 효과적인 중재에 적용한다. 각성제가 주의력 지속을 증가시키는 데 효과적이라고 알려졌지만, 이러한 약물 복용이 직접적으로 읽기기술을 증가시킨다는 객관적인 증거는 없다. 이들 약물 복용이 읽기수행을 향상시킬 수(예, 읽기 중의 높은 과제 관여 행동 수준에 기인한 독해력 향상) 있겠지만, 읽기기술(예, 해독)은 약물 복용에 의해 향상되지 않는다.

비과학적(Nonscience)

비과학적 중재란 어떤 경우이든 실증적 근거가 전혀 없는 중재를 포함하는 유형이다. 이는 특히 일반적으로 과학적 배경이 전혀 없는 사람의 증언에만 근거한 중재이다. 종종 개인적 경험과 주관적 의견에 기반한 것으로 이들 중재는 도시 괴담(urban myths)과 같은 과학적 수준이다. 여러분은 아마 "벤쿠버에 내 사촌이 있는데, 그의 아들에게 비타민 C의 과다복용 처방을 했더니 읽기기술이 유의하게 향상되었다고 … 아마 데이비드(오랜 읽기장애로 의뢰된 학생)에게도 시도해 봐야겠어"와 같은 상투적인 말을 들어 본 적이 있을 것이다.

터무니없는(Nonsense)

터무니없는 중재는 아주 창의적이긴 하지만, 진정한 안면 타당도가 없는 유형으로, 비판적인 평가를 받았을 때 기껏해야 다소 특이한, 절묘한, 조롱에 가까운, 그리고 최악의 경우 홀대되거나 위험한 것으로 여겨진다. 이들 중재는 일반적으로 즉각적이고 대단한 행동 변화를 가져온다는 주장으로 과대 포장되어 있다. 예를 들어, 유뇨증을 보이는 유아(예, 완전한 배변 훈련이 안 된) 사례에서 치료사는 유아원 팀에게 독립적인 배변 행동을 위해 고안된 감각통합 중재를 실시하도록 추천했다. 그 중재는 계획된 배변 훈련(미리 정한 시간이나 간격으로 화장실을 사용하도록 한 증거기반 요소)과 아이가 유아용 변기의자에 앉았을 때 아이의 머리 위에 있는 장난감 드럼(예, 드럼소리…다-다-다)에 달린 거품공이 나오는 꼬챙이의 사용 절차를 포함한다. 그 절차는 교사가 머리위의 드럼을 가볍게 쳐서 "소변 욕구를 자극하는데" 유아가 소변을 보면 즉시 드럼소리를 멈추는 것을 포함한다. 치료사는 중재가 매번 적용될 때마다 학생이 소변을 보았기 때문에, 그 중재가 매우 효과적이라고 보고했다. 그러나 이 사례에 대한 추수평가에서, 17주에 걸친 중재를 한 후 그 아이는 소변을 위해 자기주도적인 변기 사용을 한 번도 하지 못했으며 매일 옷을 적시는 사건을 지속했다. 이러한 기괴한 드럼 중재를 버리고, 효과적인 증거기반 배변 훈련 중재(예, Steege, 1997)를 제공했을 때, 그 아이는 3일 만에 아주 간헐적인 야뇨를 제외하고는 완벽한 배변 훈련(예, 자기주도적이고 낮시간 사고 없는)이 이루어졌다.

증거는 무엇으로 구성되는가?

적절한 실험 설계로 사회적 행동의 유의한 변화를 가져온 중재는 증거가 된다. 이 과정의 핵심은 과학적 방법이다. 과학적 방법은 실험의 과정이다. 과학적 방법의 기본적인 단계는 다음과 같다.

1. 연구 문제 생성
2. 가설 설정
3. 실험 설계
4. 연구 수행
5. 자료 수집
6. 자료 분석
7. 가설의 수용 및 기각

적절한 실험 설계는 다음의 특징을 포함한다.

1. 독립변인에 대한 명확한 정의(예, 특정한 투입 혹은 중재)
2. 종속변인에 대한 명확한 정의(예, 측정 가능한 결과 자료)
3. 독립변인(중재)을 일관성 있게 적용하는 일련의 절차
4. 종속변인(결과 자료)을 정확하게 측정하는 과정
5. 연구의 내적 타당도를 위협하는 요인을 통제한 설계

미국심리학회(APA)의 과학과 실무에 관한 보고서에 의하면(Weisz & Hawley, 1999), Kratochwill과 Stoiber는 APA의 16분과와 학교심리학연구회(the Society for the Study of School Psychology)가 후원하는 증거기반 중재 위원회의 공동의장을 맡았다(Kratochwill & Stoiber, 2002; 학교심리학의 증거기반 중재 위원회, 2003). 이 위원회는 실증적으로 지지되는 중재의 분류 기준을 제공하며, 학교-기반 중재 유형을 다음의 다섯 가지 중재/예방 내용 영역으로 나누었는데, (1) 사회적 및 행동적 문제를 위한 학교 및 지역사회 기반의 중재 프로그램, (2) 학업적 중재 프로그램, (3) 가족 및 부모 중재 프로그램, (4) 학교 및 교실 기반 프로그램, (5) 종합적이고 협력적인 학교보건 서비스이다(Kratochwill &

Stoiber, 2002; 학교심리학의 증거기반 중재 위원회, 2003).

선택된 중재에 관한 연구 증거를 확인하기 위해, 위원회는 연구 검토에 대한 코딩 기준을 만들었다. 코딩 기준은 네 가지 연구 방법 유형인 (1) 집단간 연구, (2) 단일대상 연구, (3) 질적 연구 과정, (4) 확인적 프로그램 평가로 분류했다(Kratochwill & Stoiber, 2002; 학교심리학의 증거기반 중재 위원회, 2003). 코딩 연구에 사용된 모델을 나타내는 도표는 그림 4.1에 나타나 있다. 특정 연구와 자료에 위원회의 모델을 적용한 결과, 질적 연구 과정과 확인적 프로그램 평가 방법을 집단간 및 단일대상 연구 방법의 유형으로 병합할 것을 제안했다. 코딩 모델을 검토하고 많은 연구에 시범적으로 적용한 다음, 위원회는 제안된 중재가 "증거기반"이라고 불릴 만한 충분한 실증적 지지가 있는지의 여부를 확인할 수 있는 코딩 매뉴얼을 만들었다. 위원회의 보고서 전문과 「증거기반 중재의 검토를 위한 절차 및 코딩 매뉴얼(Procedural and Coding Manual for Review of Evidence-Based Interventions)」은 www.eric.ed.gov에서 보고서 제목을 입력하면 볼 수 있다.

매뉴얼은 연구 설계, 연구 대상, 연구 장면, 연구 결과 및 내적/외적 타당도 기준을 설명하는 연구의 구체적인 코딩 기준을 포함한다. 위원회는 4점 리커트식 척도를 사용하여 중재 연구를 9가지 주요 특성으로 코딩했다. 이들 9가지의 특성은 (1) 측정, (2) 비교 집단, (3) 일차/이차 결과의 유의도, (4) 교육적/임상적 중요도, (5) 효과의 지속성, (6) 식별 가능한 중재 요소, (7) 실행 충실도, (8) 반복실험 가능성, (9) 학교 또는 현장기반

〈표 4.1〉 중재 효과성의 보고 기준

특징	강력한 증거/지지	유력한 증거/지지	근소한 또는 미약한 증거/지지	증거/지지 없음
1. 측정	3	2	1	0
2. 비교집단	3	2	1	0
3. 일차/이차 결과의 유의도	3	2	1	0
4. 교육적/임상적 중요도	3	2	1	0
5. 효과의 지속성	3	2	1	0
6. 식별 가능한 중재 요소	3	2	1	0
7. 실행 충실도	3	2	1	0
8. 반복 실험	3	2	1	0
9. 학교/현장기반 사이트	3	2	1	0

연구 방법	중재/예방 내용				
	사회적 및 행동적 문제를 위한 학교 및 지역사회 기반 중재 프로그램	학업적 중재 프로그램	가족 및 부모 중재 프로그램	학교 및 교실 기반 중재 프로그램	종합적이고 협력적인 학교보건 서비스 중재 프로그램
집단간 연구					
단일대상 연구					
질적 연구 과정					
확인적 프로그램 평가					

[그림 4.1] 내용 및 방법 영역별 전담 절차 조직과 코딩 매뉴얼. Kratochwill과 Stoiber(2002, p.350)에서 인용

장면이다(표 4.1 참조). 매뉴얼에 따르면, 중재가 증거기반이 되려면 하나(또는 그 이상)의 집단간 혹은 단일대상 실험 연구에 의해 타당화되어야 하고, 위에서 열거한 9가지의 특성 모두에서 최소의 평가를 충족시켜야 한다.

집단간 실험 설계에서, 연구 대상은 실험집단 또는 통제집단에 무선할당되어야 한다. 연구 결과는 객관적인 수행의 측정에서 실험집단이 통제집단에 비해 더 잘 수행했음을 반드시 나타내어야 한다. 단일대상 연구(논의와 예는 제5장 참조)는 한 사람(예, n=1) 또는 소집단의 대상자를 포함할 수 있다. 집단간 설계의 상황과는 대조적으로, 연구 대상은 실험집단이나 통제집단에 배정되지 않는다. 오히려, 중재 실시 전, 중재 중, 중재 후의 각 시점에서 연구 대상의 행동(종속변인)을 측정한다. 기초선(처치/중재가 없는) 조건 동안에 안정적이었던 행동이, 중재조건이 제시되는 동안에 바람직한 행동으로 변화가 일어날 때 중재는 효과적인 것으로 나타난다.

2005년 미국 교육부는 다음과 같이 과학적 방법에 기초한 연구에 대한 정의(*Federal Register*, Vol. 70, No. 15, January 25, 2005, Notices 참조)를 출판했다.

정의

과학적 기반 연구(조항 9191(37) NCLB)에 대한 정의:

(A) 교육활동과 프로그램에 대한 신뢰롭고 타당한 지식을 얻기 위해 엄격하고, 체계적이고, 객관적인 과정의 적용을 포함하는 연구를 의미한다.

(B) 다음과 같은 연구를 포함한다.

(i) 관찰이나 실험을 수행하기 위한 체계적, 실증적 방법을 도입한 연구

(ii) 진술한 가설에 적합한 엄격한 자료 분석을 포함하고 일반적 결론 도출의 정당화를 포함한 연구

(iii) 다양한 측정도구 및 관찰자 간, 혹은 평가자 간, 그리고 여러 연구들에 걸쳐 신뢰롭고 타당한 자료를 제공하는 측정 및 관찰 방법에 의존한 연구

(iv) 개별 특성, 프로그램, 또는 활동이 각기 여러 실험 조건과 효과를 평가하기 위한 통제 조건에 배정하는 실험 연구 또는 준실험 연구, 무선할당이 된 실험 설계 혹은 조건-내 및 조건-간 통제 설계를 포함한 연구를 선호한다.

(v) 반복 연구가 가능할 수 있도록 충분한 세부사항과 명확성을 잘 나타내

는 실험 연구, 혹은 최소한 연구 결과를 체계적으로 확립할 기회를 제공한 연구

(vi) 상대적으로 엄격하고, 객관적이고 과학적인 검토를 통해 전문가에 의해 평가되는 학술지에 게재되거나 독립적인 전문가 패널이 승인한 연구 (U.S. Department of Education, 2005)

미국 교육부는 현재 증거기반 교수 실제를 요구한다.

미 교육부 길라잡이는 수용 가능한 연구 설계의 유형을 다음과 같이 명시한다.

무선할당(random assignment) 또는 *실험 설계(experimental design)*는 평가될 프로젝트에 참여하는 학생, 교사, 교실, 또는 학교와 같은 집단(처치집단), 혹은 프로젝트에 참여하지 않는 집단(통제집단)에 무선할당하는 것을 의미한다. 프로젝트의 효과는 처치집단과 통제집단 간의 결과의 차이를 검증하여 알 수 있다. *준실험 설계(quasi-experimental designs)*는 무선할당 연구에 근접하는 여러 가지 연구 방법을 포함한다. *대응비교집단 설계(carefully matched comparison group design)*는 연구 결과와 관련되는 주요 특성을 프로젝트 참가자와 비참가자를 서로 대응시킨 준실험 설계이다.

*회귀 비연속 설계(regression discontinuity design)*는 중재(처치)와 관련 없는 변인의 점수 혹은 수치에 근거해서 참가자들을 처치집단 혹은 통제집단에 배정하는 실험 설계에 아주 근접한 준실험 설계이다. 대상 학생, 교사, 교실, 또는 학교가 특정 점수(준거 점수) 이상이면 처치(중재)집단에 그리고 특정 점수 이하인 경우 통제집단에 배정된다. 이 설계는 향상과 개선에 대한 요구를 아주 잘 보여 주려는 학교 연구에 적합하다(Clements, Bolt, Hoyt, & Kratochwill, 2007).

*단일대상 설계(single-subject design)*는 단일대상 혹은 단일대상 집단의 처치효과를 비교하고자 할 때 사용한다.

*반전 설계(treatment-reversal design)*는 처치 전 혹은 기초선의 측정치와 중재 후의 측정치를 비교하는 단일대상 설계이다. 중재는 일정 기간 중지되고, 두 번째 기초선의 결과치를 얻는다. 그 다음으로 두 번째 중재나 새로운 중재를 적용한다. 예를 들어, 이 설계는 행동장애 학생들을 위한 행동수정 프로그램을 평가하기 위해 사용될 수 있다.

*중다 기초선 설계(multiple-baseline design)*는 처치를 제시하는 다양한 시간계획이나 다양한 지속기간 및 강도를 사용한 처치반전 설계를 가지고 정상적인 발달, 처치 시기

및 처치량의 효과를 강조하는 단일사례 설계이다.

*틈입 시계열 설계(interrupted time series design)*는 프로그램 참여자의 반응을 실험처치 전과 후에 여러 번 측정하는 준실험 설계이다.

미 교육부 연구 설계 길라잡이에 나타난 구체성은 교육에서 수업 실제를 위한 진정한 과학적 증거의 근거를 기술하기 때문에 중요하다. 과거에는 교수 실제를 평가하는 데 사용된 연구 방법들이 철저히 조사되지 않았다. 미교육부는 이러한 실제를 변화시켰으며, 현재는 제시된 실제가 정말로 과학적 기반인지를 판단하기 위해 위에서 기술한 연구 기준을 사용한다. 특히, 미교육부는 출판된 연구를 검토하고 실제에 대한 증거 여부를 요약하는 데 이들 기준을 사용한다. 그러한 검토 결과는 What Works Clearinghouse와 Doing What Works와 같은 사이트에 교육자를 위한 정보자원으로 공개된다.

친구들의 도움받기

시행하려는 중재안에 대한 증거기반을 결정하는 것은 두려운 일이고 종종 중차대한 일이다. 실제로, 학생의 학업적, 사회적, 행동적 및 정신건강적 요구를 다루는 수많은 중재연구가 실린 수많은 학술지는 끝이 없어 보인다. 따라서, 어떻게 … 무엇을 해야 할까? 학교기반 실무가들은 중재의 증거기반을 결정하기 위해서 집중적인 문헌 검토를 수행하고, 스터디 그룹을 조직하며, 연구 논문을 비판하지만, 우리는 전문가 집단이 이미 고찰하고 비평한 데이터베이스를 조사하는 훨씬 실용적인 접근을 옹호한다. 이 접근은 다수의 사람들이 일상생활에서 의사결정을 내리는 방법과 비교된다. 예를 들어, 식당을 선택할 때 종종 믿을 만한 친구의 의견이나 공개된 식당 평가에 의존한다. 새로운 차를 구입하기 전에, 종종 자동차 관련 잡지에 실린 논평을 읽는다. 이와 유사하게 교육적 중재의 증거기반을 결정할 때에도, 종종 전문가 동료의 논평에 의존한다.

예를 들어, 국립자폐센터(National Autism Center)는 최근 국가 표준 프로젝트(National Standards Project)의 결과를 발행했다. 이러한 종합적인 노력은 (1) 자폐 스펙트럼 장애(ASD)를 가진 개인(22세 미만)에게 사용되는 교육적 및 행동적 중재의 유용성을 지지하는 연구의 수준을 확인하고 평가하기 위해, (2) 연구기반 서비스를 선택하고 설계하는 팀원들을 지원하기 위해, (3) ASD를 가진 개인이 포함된 기존 연구의 제한점을 확인하기 위한 목적으로 수행되었다(National Autism Center, 2009). 이 프로젝트는 ASD를 가진 개인에게 처치/중재를 적용한 연구에 대한 평가 모델을 개발하는 것에서 시작했다. 고도의 자격과 경력을 갖춘 여러 분야를 대표하는 학자, 연구자 및 임상가로 구성된 팀이 과학적 장점 평정척도(Scientific Merit Rating Scale, SMRS)를 개발하고 다음과 같은 차원을 강조하는 수백 편의 연구를 평가했다.

1. 연구 설계의 실험 정밀성
2. 종속변인의 타당도
3. 중재 충실도의 증거
4. 참여자 선정 방법
5. 수집된 자료의 일반화

아울러, 팀은 중재효과 평정척도(Treatment Effects Rating Scale, TERS)를 개발하여 각 연구의 중재 효과를 다음과 같이 평가했다.

- 유익함(예, 중재로 인해 선호하는 결과가 나왔다는 충분한 증거가 있을 때)
- 잘 모름(예, 중재의 효과를 결정할 만한 증거가 충분하지 않을 때)
- 비효과적임(예, 중재로 인해 선호하는 결과가 나오지 않았다는 충분한 증거가 있을 때)
- 역효과(예, 중재로 인해 해로운 결과가 나왔다는 충분한 증거가 있을 때)

모든 연구가 평가된 다음, 연구 패널은 평가된 38개의 교육적 및 행동적 중재 연구들의 효과 수준을 확인하기 위해 SMRS와 TERS의 결과를 종합해 보았다. 38개의 중재는 다음과 같은 증거 강도의 분류(Strength of Evidence Classification) 체계에 따라 분류되었다.

- *확실함(established)*: 충분한 증거가 있고, 효과적인 중재가 구축됨
- *조금 나타남(emerging)*: 한두 개 연구는 좋은 결과를 보이지만, 효과성을 일관적으로 입증하는 추가적인 양질의 연구가 필요함
- *확실하지 않음(unestablished)*: 중재의 효과성을 확증하는 증거가 거의 없음
- *비효율적임/해로운(ineffective/harmful)*: 중재가 비효율적이고 해롭다고 판단되는 증

거가 충분히 있음

국가 표준 보고서(National Standard Report)는 11개의 중재를 '확실함'에 포함시켰는데, 이들 중재의 대다수가 행동과학 학술지(예, 응용행동분석, 행동심리학, 긍정행동지원)에 실린 연구에 기반한 것이었다. 22개의 중재는 '조금 나타남'의 유형이었고, 5개의 중재는 '확실하지 않음'으로 평가되었고, "비효율적임/해로운"으로 분류된 중재는 없었다. 우리가 "친구에게 도움을 얻듯이", 증거기반 중재에 관한 정보를 제공하는 출처와 웹사이트의 목록은 표 4.2를 참고하기 바란다.

〈표 4.2〉 연구기반 중재에 관한 정보 출처

출처	사이트
What works Clearinghouse	www.whatworks.ed.gov
Florida Center for Reading Research	www.fcrr.org
Oregon Reading First Center	reading.uoregon.edu
Social Programs That Work	www.evidencebasedprograms.org
Collaborative for Academic, Social, and Emotional Learning(CASEL)	www.casel.org
Promising Practices Network	www.promisingpractices.net
Center for the Study and Prevention of Violence, University of Colorado	www.colorado.edu/cspv/blueprints
Big Ideas in Beginning Reading	reading.uoregon.edu/curricula
California Learning Resource Network	www.clrn.org
Campbell Collaboration	www.campbellcollaboration.org
Florida Center for Reading Research	fcrr.org/FCRRreports
National Center for Learning Disabilities	www.ncld.org
National Institute for Literacy	www.nifl.gov
National Reading Panel	www.nationalreadingpanel.org
National Registry of Evidence-Based Programs and Practices/Substance Abuse and Mental Health Sevices Administration	nrepp.samhsa.gov/index.asp
Oregon Reading First	oregonreadingfirst.uoregon.edu
Promising Practices Network	www.promisingpractices.net/programs.asp
Wing Institute	winginstitute.org

참고: Hunley & McNamara(2010), Twyman & Sota(2009).

학교 상황에서의 경험적 타당화

새로운 중재가 추천되는 상황(예, 문헌 연구를 철저히 해도 기존 중재의 효과성에 대한 연구기반 기록을 확인할 수 없을 때)에서, 학교기반 전문가들은 선택의 상황에 놓이게 된다. 기본적으로 이러한 상황에서는 두 가지 선택사항이 있다. 하나는 단순히 중재의 사용을 지지하는 적절한 실증적인 증거가 없기 때문에, 학생들에게 사용해서는 안 된다는 것이다. 다른 하나는 대안적으로 장점을 가진 것으로 보이는 중재를 선택하고 이것이 유익한 결과를 가질 것으로 가정하는 것이다. 이 경우에 제안할 수 있는 것은 "특별한 주장은 그만큼 엄청난 증거가 뒷받침되어야 한다"는 오랜 속담을 따르는 것이다. 짧게 말하면, 확실한 연구기반이 없다면 확실한 것을 만들어야 하고, 이는 결국 연구를 수행해야 함을 의미한다. 여러분은 아마 "말도 안 돼!"라고 할 것이다. "Rachel과 Mark는 또 다른 논문이나 학위논문을 쓰고 있는가?" 아마 반드시 그렇지는 않을 것이다. 여기서 제안하는 것은, 만약 실험적 실시의 절차를 따라가려면 중재의 효과를 객관적으로 조사하기 위한 기본적인 실험 연구 방법을 사용해야 한다는 것이다. 대부분의 실무가들은 무선할당된 큰 집단의 학생을 대상으로 집단간 실험 연구를 수행할 시간이나 자원이 없다. 그러나 경험적으로 볼 때, 새로운 중재의 적용에서는 보통 한 명 혹은 소집단의 학생을 포함한다. 이런 경우 단일대상 실험 설계 방법이 아주 적당하다. 다음 장에서 단일사례 설계를 논의하고 예를 제공할 것이다.

증거에 대한 유의사항

지금까지 중재의 효율성을 지지하는 증거를 밝혀내는 중요성에 대해 논의했다. 중재가 실증적으로 확실할 수 있는 반면에 모든 학생에게 적용 가능하지는 않을 것이다. 증거기반을 밝히는 것과 관련된 책임 중의 하나는 증거를 해석하는 방법을 아는 것이다. 특정한 중재의 효과를 보고하는 일관성 있는 일련의 확실한 연구는 한 학생 집단에서는 중재를 지지하는 기반을 입증할 수 있지만 다른 학생 집단에서는 그렇지 않을 수 있다. 따라서 그러한 연구는 확실한 *내적 타당도*(예, 오류를 최소화하고 잠재적인 외연변인을 통제하기)를 가지지만, *외적 타당도*(예, 여러 학생 집단에 걸친 일반화의 제한성)에는 제한이 있을 수 있다.

외적 타당도를 고려할 때 던지는 질문은 "연구의 범위 밖에서 이들 결과가 가지는 관련성은 무엇인가?"와 "어떤 모집단과 환경에서 이러한 결과에 대한 적용이 가능할 것인가?"이다. 이전에 언급했듯이, 포틀랜드와 메인 주의 학습장애 학생 집단에게 효과적이라는 것이 워터루와 아이오와 주의 학습장애 학생에게 *적용 가능하고 효과적*이라는 것을 의미하지는 않는다. 더욱이 발달장애 학생 3명을 대상으로 단일사례 실험 연구 방법을 사용한 연구의 결과가 정서장애학생을 위한 중재를 구축할 때도 적절한 증거의 기반이 되는 것은 아니다.

"집단간 설계의 한계는 개별 사례에 대한 일반화가능성이고, 단일대상 설계 방법의 한계는 개별 집단에 대한 일반화가능성이다"라는 연구에 관한 오랜 격언은 오늘날에도 적용된다. 집단간 설계 연구를 통해 나타난 통계적으로 유의한 결과는 성취에 대한 실험집단의 *평균 점수*가 통제집단에 비해 높다는 것을 말한다. 그러나 이 결과는 중재가 사용되었을 때 모든 개인에게 효과적이거나 도움이 된다고 보장하지는 않는다. 마찬가지로 단일대상 설계 연구도 그 개인에게는 처치 효과를 보이지만 그 중재가 제한된 대상을 넘어서 성공적일 것이라는 것을 보장하지는 않는다.

개인 또는 소집단 학생을 위한 중재를 규명하고자 할 때, 중요한 것은 중재의 선택 시 학생에 대한 중재의 적용가능성뿐만 아니라 실증적 기반 또한 고려할 필요가 있다는 것을 아는 것이다. 많은 경우 중재는 개인 특정적이고, 특정 학생의 독특한 특성에 근거하고, 특정 개인의 학습 이력 및 이전에 실시된 중재에 대한 반응을 잘 보여 준다. 서비스 제공에 대한 문제 해결 모델 내에서 수행하는 학교심리 실무가의 업무는 적절한 평가를 수행하고, 학생의 독특한 특성을 규명하며, 특정한 학생을 위한 학습 요구에 맞는 중재를 선정하는 것을 포함한다.

요약

적절하게 설계되고 엄격하게 실시한 실험 연구 분석의 사례에서 효과적이라고 밝혀질 때 중재는 증거기반이라고 일컫는다. 실무가들은 출판된 연구물의 현명한 소비자가 될 필요가 있다. 그들은 (1) 연구자가 확실한 연구 방법을 사용했는지의 여부, (2) 도입된 과정이 집단에게 적용 가능한지의 여부를 결정하기 위해 선행 연구 논문들을 비판적으로 읽을 필요가 있다. 대부분의 경우, 증거기반 중재를 도입하는 두 단계의 과정을 권장한다. 1단계는 특정한 중재를 지지하는 적절한 논문을 밝혀내는 문헌 연구의 수행이다. 이 단계에서는 비판적 시각을 가지고 문헌을 읽고, 문헌의 내적 및 외적 타당도를 검증한다. 2단계에서는 단일대상 연구 방법을 사용하여 중재에 대한 객관적 평가를 수행한다. 따라서 증거의 주요 내용은 (1) 중재를 지지하는 이전에 수행된 연구와 (2) 각 개별 사례에 따른 중재의 효과를 보여 주는 최근 연구의 근거로 구성된다. 다음 장에서는 특정 학생에 대한 중재의 효과를 기록하는 과정을 설명할 것이다.

제5장

단일대상 실험 설계

학교기반 실행가들은 효과적인 중재 설계로 이어질 수 있도록 의미 있는 평가를 수행해야 하며, 그 중재의 효과성을 객관적으로 평가해야 할 책임이 있다. 이 장에서 우리는 단일대상 실험 설계 방법론이 학생 행동 평가와 중재 효과성 평가를 위한 문제 해결 접근에서 어떤 식으로 사용되는지를 살펴볼 것이다. *단일대상(single-subject)*과 *단일사례(single-case)*라는 용어는 이러한 형식의 데이터 수집을 의미하며 이 방법론을 설명하는 동안 상호교환적으로 사용될 것이다.

단일대상 실험 설계 방법론은 RTI의 평가와 중재 단계 모두에서 중요한 요소이다. 이 방법들은 학교 상황에서 학생의 어려움을 다루는 문제 해결 모델에 기반을 두고 있다(Berg, Wacker, & Steege, 1995; Brown-Chidsey et al., 2008; Polaha & Allen, 1999; Steege, Brown-Chidsey, & Mace, 2002; Steege & Wacker, 1995). 단일대상 실험 설계 방법론은 특정 설계가 특정 가설을 검증하기 위해 사용되는 가설 검증 접근에 기반하고 있다. 예를 들어, 기능 분석 절차(functional analysis procedures)는 강화계획에 따른 사회적 주의 집중(contingent social attention), 교수적 자극 제거, 실재적 강화(예, 사탕이나 장난감 등)와 같은 변인의 영향을 비교하기 위해 주로 반전 설계(reversal design)나 교대중재 설계(alternating-treatments design)를 사용한다. 교대중재 설계는 두 개 이상 중재의 상대적 효과성을 비교할 때에도 사용되어, 사정과 평가의 기능을 모두 수행한다. 사례 연구(AB) 설계나 반전(ABA) 설계 또는 중다 기초선 설계(multiple-baseline designs) 등이 수준 1, 2(Tier 1, 2)에서의 중재 효과를 평가할 때 사용된다.

실험집단과 통제집단을 포함하는 집단간 설계(between-group designs)와는 달리, 단일대상 실험 설계는 중재 전, 중, 후에 실시하는 한 개인이나 소집단에 대한 평가를 말한다. 단일대상 실험 설계는 다음과 같은 과정을 통하여 연구의 내적 타당도 저해요인을 통제한다.

1. 학생의 행동이나 학업 수행의 기초선 측정(종속변인)
2. 중재 실행(독립변인)
3. 반복 측정을 통한 중재 결과 기록
4. 중재 철회 또는 재실행 후 효과 측정 또는 기초선 및 중재 단계 반복

중재의 실시와 철회가 행동 변화로 귀결될 때, 독립변인(중재)과 종속변인(행동/수행 측정) 사이의 기능적 관계가 나타난다. 중재 단계에서만 학생의 행동 변화가 관찰되면, 중재로 인해 학생 행동에 변화가 나타났다고 확신할 수 있다. 단일사례 실험 설계에서, 상황(예, 수학과 과학 수업; 가정과 학교), 행동(예, 수학 학습지와 과학 숙제), 교사(예, 특수교사, 일반교사)에 따라 학생마다 같은 결과가 나타난다(Steege et al., 2002).

Polaha와 Allen(1999), Steege와 동료들(2002)은 단일사례 실험 설계가 중재의 효과를 평가하는 가장 좋은 방법인 이유를 다음과 같이 설명했다.

1. 학생 진전에 대한 객관적인 기록이 나타난다.
2. 팀은 계속 진행되는 중재(ongoing interventions)를 통해 효과적인 요소와 그렇지 않은 요소를 확인하고 중재에 필요한 조정을 할 수 있다(즉, 데이터 기반 의사결정).
3. 실무자는 중재의 효과성과 단일대상 실험 설계를 평가할 윤리적 책임을 지닌다.
4. 연방, 주, 교육청의 규율로써 중재의 효과 기록을 의무화한다.
5. 그러한 중재는 개인 및 소집단에 적용할 수 있으며 사용하기 쉽다.

단일사례 설계는 "중재가 유용한가?"나 "효과가 있었나?"와 같은 질문에 확실히 대답할 수 있는 방법론을 제공한다. 덧붙여, 단일대상 실험 설계는 중재의 효과성을 비교할 수 있게 하여 팀이 가장 효과적인 중재를 선택할 수 있도록 해 주며, 결국 학생(들)의 필요를 직접

> **단일사례 설계는 "중재가 유용한가?"나 "효과가 있었나?"와 같은 질문에 확실히 대답할 수 있는 방법론을 제공한다.**

적으로 다루게 된다(Swanson & Sachse-Lee, 2000).

RTI의 일부로서의 단일대상 방법론

RTI 모형 안에서, 단일사례 실험 설계 방법은 전형적으로 (1) 중재의 상대적 효과성을 비교하거나, (2) 치료적 가능성을 확인하기 위해 중재를 "시험해 보거나", (3) 학생의 수행을 기록하기 위해 사용된다. 이러한 사용 목적 각각을 논하기에 앞서, 단일대상 실험 설계의 기본적 요소에 대해 검토해 보고자 한다.

단일대상 실험 설계의 기본 구성요소

데이터 기록 과정

정확하고 의미 있는 데이터를 모으는 것이 가장 핵심적인 일이다. 우리는 얼마든지 포괄적인 학생 기반의 경험기반 중재를 설계하고 정확하게 실행할 수 있지만, 만약 중재의 효과(즉, 종속변인 기록)를 정확하게 측정하거나 관계없는 변인(즉, 잘못된 결정)을 기록하지 못한다면, 학생에게 중재의 효과가 있었는지 알 수가 없게 된다. 학업적, 사회적 행동이나 방해 행동을 측정하기 위해 아주 많은 방법들이 사용되어 왔다. Steege와 동료들(2002), Watson과 Steege(2003)는 다음과 같은 기록 과정에 대한 설명과 예시를 제공한다.

- 빈도 기록 (어떤 행동이 발생한 경우의 수)
- 지속시간 기록 (어떤 행동이 지속된 시간)
- 강도 (행동의 상대적 크기)
- 전체적 간격 기록 (전체 시간 중 행동이 일어난 간격의 백분율)
- 부분적 간격 기록 (간격의 일부 중 행동이 일어난 간격의 백분율)
- 수행기반 기록 (행동의 상대적 발생을 측정하는 리커르트 척도)
- 영속적 결과 기록 (정확하게 쓴 단어의 개수와 같은 실재적 결과)
- 행동 연쇄(behavior chain)가 관찰될 때는 지원 없이 기록 과정이 완료됨

Daly, Chafouleas와 Skinner(2005)는 구체적으로 읽기 행동을 기록하는 과정을 설명했다. 예를 들어, 학생은 학년 수준 읽기자료를 소리 내어 읽고 관찰자는 1분 안에 정확하게 읽은 단어의 수(즉, 구어 읽기 유창성)와 다음과 같은 읽기 오류를 기록한다.

- 발음 오류
- 대치
- 생략(누락)
- 지연시간(3초 이상 지연)

기록 방법이 중재의 전반적 목적에 적합한지를 알아보기 위해서는, 행동 기록 과정을 선택할 때 다음과 같은 질문들을 고려해야 한다.

- 행동이 중재의 기대 효과로서 측정되고 있는가?
- 행동 기록 과정이 기대한 행동 변화를 측정하기에 충분히 민감한가?
- 행동 기록 과정이 행동의 강도를 포착할 수 있는가? 예를 들어, 빈도 기록 과정이 짜증 행동 발생을 측정할 때 사용될 수 있는 반면, 짜증의 지속시간이 매우 다양하다면(예, 15초에서 15분) 빈도 기록은 짜증 행동의 타당한 측정 방법이 되지 못할 수 있다(참고: 15초 짜증은 15분 짜증과 매우 상이하다).
- 데이터를 정확하게 모을 수 있는 적절한 자원(예, 시간, 인력, 자료)이 있는가? 예를 들어, 6초짜리 전체적 간격기록법(a 6-second whole-interval recording procedure)은 과제관련 행동을 측정하는 데는 “기준”이 될 수 있다. 그러나 전간 기록법을 사용하기에 자원이 충분하지 않아 대신 수행기반 과정을 선택할 수도 있다(수행기반 기록과정의 신뢰도와 정확성을 확인하려면 Steege, Davin, & Hathaway, 2001 참조).

그림 5.1은 단계별 그래프로 나타난 단일대상 데이터를 보여 준다. 첫 번째 중재에서 학생의 기술은 몇 점 올랐다가 그 수준에 머물렀다. 그렇기 때문에 두 번째 중재가 투입되었고, 수준과 기울기(진전도)가 극적으로 향상되었다.

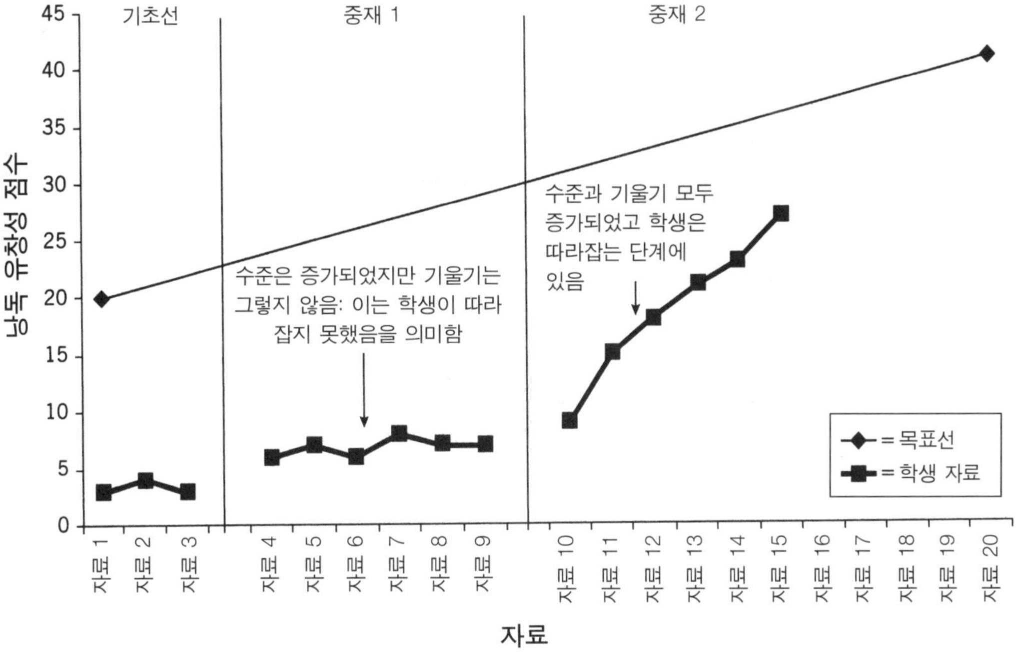

[그림 5.1] 수준과 기울기 이해하기

부정확한 측정: 잘못된 결정의 오류

실행가들은 가끔 학생 행동을 측정하려고 하지만 의도치 않게 *자신의* 행동을 기록하는 데서 그치고 만다. 예를 들어, 최근의 상담 중 우리는 IEP 실행팀이 행동 중재 과정의 사용빈도에 비해 목표행동 발생빈도를 추적함으로써 중재의 효과성을 측정한 경우가 있었다. 이 사례에서 그 팀은 경도 발달지체 학생을 위한 유치원 프로그램에서 한 4학년 학생의 사회적으로 강화된 방해행동을 감소시키기 위하여 강화 과정에서 간단한 타임아웃(2분짜리)을 사용하기로 결정했다. 팀은 데이터 기록 과정을 설계했는데, 여기서 교사는 타임아웃의 수를 기록했고 외부 관찰자가 방해행동의 발생을 기록했다. 타임아웃 사용의 감소는 방해행동의 감소를 반영하게 될 것이다. 단, 방해행동의 발생이 타임아웃 사용으로 귀결된다는 가정하에서 말이다. 네 번의 두 시간짜리 관찰 중 첫 번째에서 학생은 6회의 방해행동을 보였다. 타임아웃이 사용되었으나, 데이터에 따르면 단 4회만 사용된 것으로 나타났다. 다음날 방해행동은 6회 발생한 것으로 관찰되었으나 역시 타임아웃은 3회만 사용되었다. 셋째 날의 관찰에서도 8회의 방해행동과 단 2회의 타임아웃이 기록되었다. 넷째 날은 7회의 목표행동에도 불구하고 타임아웃은 역시 2회만

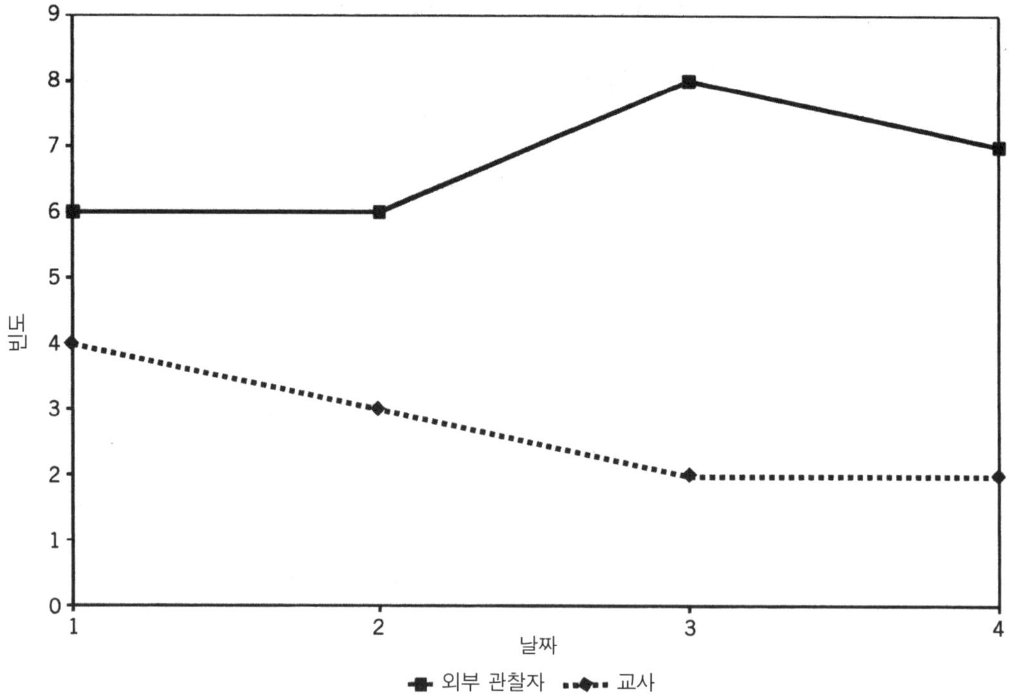

[그림 5.2] 교사와 외부 관찰자의 데이터 비교

사용된 것으로 관찰되었다.

그림 5.2의 그래프는 두 세트의 데이터를 보여 준다(즉, 교사가 기록한 데이터와 외부 관찰자가 기록한 데이터). 만약 팀이 교사의 데이터만 가지고 있었다면, 마치 중재가 "효과를 발휘한 것"처럼 보인다(즉, 타임아웃의 사용이 시간에 따라 감소했다). 그러나 외부 관찰자의 데이터를 활용한다면 오히려 시간에 따라 방해행동이 *증가했다고* 결론을 내려야 할 것이다. 이 사례에서 *부정확한 평가 방법*(즉, 타임아웃 기록하기)을 사용함으로써, 실행 프로토콜이 관찰되지 않기 때문에 명백하게 방해행동의 발생을 과소평가할 수 있음을 확인할 수 있다. Box 5.1에서 행동을 기록할 때의 직접관찰과 자기점검에 대하여 간단히 확인할 수 있다.

기초선 단계

정확한 측정은 기초선에서 시작한다. 기초선 단계는 중재 전의 목표행동(즉, 종속변인) 발생 수준에 대한 정보를 준다. 기초선 데이터는 또한 중재 효과를 평가하는 데 기준이 된다(Box 5.2 참조).

BOX 5.1

직접관찰과 자기점검

이 장은 행동에 대한 직접관찰과 기록에 초점을 맞추고 있다. 행동에 대한 직접적 측정은 전형적으로 학생의 행동을 관찰하고 기록하는 외부적 인물(예, 학부모, 교사, 학교심리학자)과 관련되어 있다. 자기점검은 스스로 자신의 드러나는(관찰 가능한) 행동이나 내재적인 행동(예, 생각, 느낌)을 점검하고 기록하는 형태이다.

BOX 5.2

기초선 자료

기준점 사정(benchmark assessments)을 수행했다면 이미 시작점을 넘은 것이다. 이 데이터들이 기초선을 구성할 수도 있으며, 아니면 추가적인 사정(즉, 설문 수준 사정)을 수행할 수도 있다. 읽기곤란을 겪고 있는 학생의 경우를 상정해 보자. 만약 학생이 가을의 기준점 사정에서 "0"점을 얻었다면, 학생의 수행에 대한 추가적 정보, 예를 들어 글자 읽기 유창성, 음운 분리, 비단어 유창성 등이 필요할 것이다. 일반적으로 *각 기술에 대한 세 번의 사정*을 수행에 대한 기초선 수준을 설정하기 위해 필요한 최소한의 조건으로 본다. 기초선에서의 안정성이 획득되고 나면, 중재를 실행할 수 있다.

기초선 데이터는 다음과 같은 두 가지 중요한 기능을 한다.

1. 기초선은 학생의 "문제"를 객관적으로 정의함으로써 학생의 수행 수준 또는 행동의 현재 상태를 보여 준다.
2. 기초선은 중재를 투입하지 않았을 때 어떤 행동이나 수행이 나타날지 예측할 수 있는 기반이 된다(Shernoff, Kratochwill, & Stoiber, 2002).

Hayes, Barlow와 Nelson-Grey(1999)는 행동이나 수행에 대한 기초선 수준을 설정할 때 다음의 다섯 가지 가이드라인이 적용되어야 한다고 주장했다.

1. *기초선의 길이.* 행동이나 수행에 대한 기초선 수준을 설정하기 위해서는 적어도 세 번의 데이터 점수가 필요하다.
2. *기초선의 안정성.* 안정성은 시간에 따른 학생 행동의 변동과 다양성을 의미한다. 행동의 변화가 커서 중재 효과 관찰을 어렵게 할 때 기초선이 불안정한 것으로 간주한다.
3. *기초선과 중재 데이터의 중복.* 기초선과 중재 데이터에 상당한 중복이 있을 때(즉, 기초선의 극단값이 중재 데이터와 같거나 그를 초과함), 중재가 효과적이라는 결론은 약화된다.
4. *데이터의 수준.* 기초선 행동의 수준은 중재를 꼭 필요로 할 만큼 심각해야 하며 그래야 치료 효과를 보이기 쉽다. 기초선은 중재 투입 전의 상황을 보여 준다.
5. *데이터의 양상.* 기초선 기간 동안의 양상이 바람직한 방향을 띠지 않아야 한다(즉, 기능을 향상시키고 싶을 때 증가 양상).

기초선은 중재 실시 이전의 위치를 말해 준다.

그림 5.3은 기초선 기간 동안의 안정적인 양상과 그렇지 않은 양상을 보여 준다.

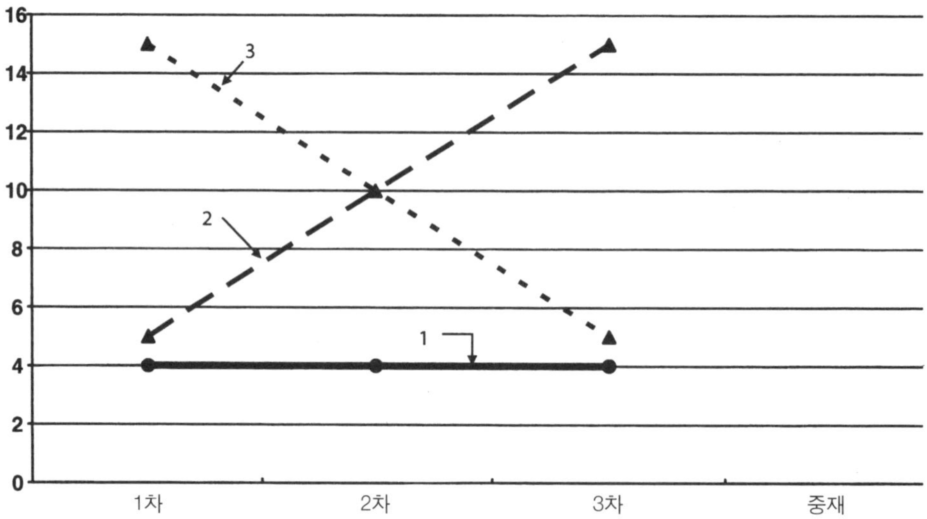

[그림 5.3] 기초선 설명. 1 = 안정적인 기초선. 2 = 중재 동안 감소하기를 기대하는 행동에 대한 안정적 기초선, 중재 동안 증가하기를 기대하는 행동에 대한 불안정적 기초선. 3 = 중재 동안 증가할 것으로 기대하는 행동에 대한 안정적 기초선, 중재 동안 감소할 것으로 기대하는 행동에 대한 불안정적 기초선

중재 단계

안정적 기초선이 확인되고 나면, 중재를 시작할 수 있다. 이 단계에서 중재와 관련된 구체적 과정을 실행하게 된다. 이때 기초선 단계에서 측정했던 것과 같은 결과지표(종속변인)를 사용하여 학생의 행동을 기록한다. 이 단계에서 다음과 같은 요소가 중요하다.

1. 중재는 꾸준히 정확하게 실행되어야 한다.
2. 중재 패키지(즉, 복합적 요소를 포함한 중재)가 선택되면, 전체 패키지를 실행해야 한다.
3. 기초선 단계에서 행동을 기록하는 과정은 중재 단계에서 같은 행동을 기록할 때 사용하는 것과 같아야 한다(우리는 제대로 된 비교를 해야 한다).
4. 기초선과 중재 단계를 구분하기 위해 단계 변동선이 포함되어야 한다(그림 5.4).

중재 비교하기

우리는 많은 학교에서 학생지원팀이 둘 이상의 중재 가운데 선택해야 하는 상황에 직면하는 장면을 목도해 왔다. 독자 대부분은 다음과 같은 시나리오에 익숙할 것이다. 선별평가가 수행되고 결과가 검토된 후, 몇 가지 추천된 중재들이 논의되고 해당 학생에게

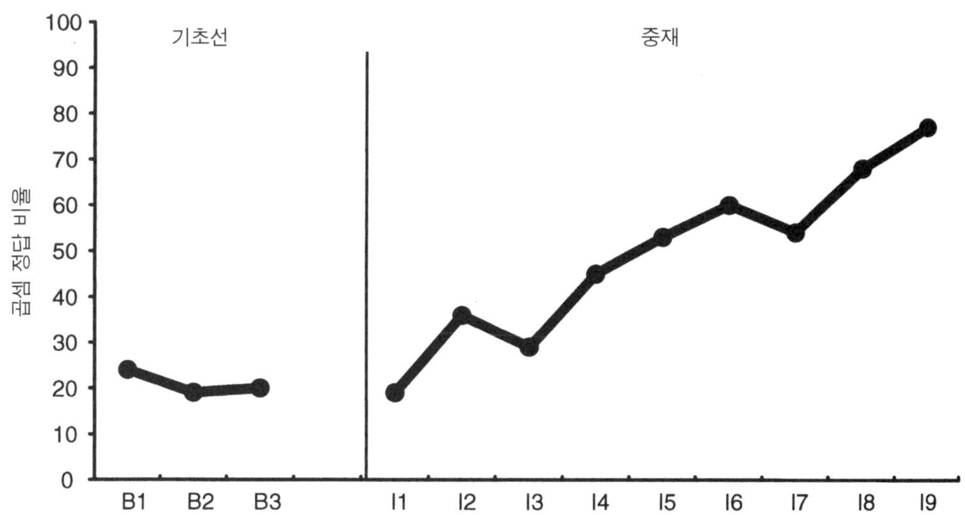

[그림 5.4] 사례 연구(AB) 설계

시도할 하나의 중재를 선택하고자 노력한다.

또는, 진행되고 있는 중재의 대안으로 한 중재가 제안되는 상황을 생각해 보자. SAT가 나누어지고, 팀 구성원들은 각 중재의 장단점을 논의하는 데 과도한 시간을 투자한다. 팀이 데이터 기반 의사결정을 내리는 데 실패하면, 미결 상태로 마비된 채 결국 아무 것도 하지 않게 된다. 또는 팀원들은 좌절하고 누군가가 "행정적 결정"을 내리면 충동적으로 특정 중재를 선택한다. 중재 선택은 종종 다음과 같은 불충분한 증거나 주관적인 요소에 기반한다.

1. 중재를 지지하는 연구("미시간의 캘러마주에 있는 학급에서 학습장애 학생집단을 대상으로 이 중재의 효과를 보여 준 연구가 최근 출판되었어요.").
2. 일화적 증거("조니라는 학생의 경우 효과가 있었어요. 아마 질도 효과를 볼 거예요.").
3. 친숙도("저는 수년간 학생들에게 이 전략을 적용해 왔어요.").
4. 직관적 호소("이건 효과가 *있어야만 해.*").

어떤 중재를 사용할 것인가에 대해 팀원들의 입장이 나뉠 때, 단일대상 실험 설계 방법론은 제안된 중재들을 객관적으로 비교할 수 있는 좋은 도구가 된다(두 중재가 어떻게 비교되는지 Box 5.3 참조).

중재 시범 적용하기

당신이 새 차를 사기로 결정했다고 가정해 보자. 신중한 소비자로서, 우선 가능한 선택지들을 선별하는 과정으로 시작한다. 이러한 초기선별에 기반해서 당신은 세 제조사의 다섯 모델로 선택지를 좁힌다. 그리고 평가 단계로 진입한다. 대리점에 가서 자동차들을 확인하고 브로슈어를 요청한다. 그리고 집에 가서 브로슈어를 잘 살펴보고 여러 차원과 요인들을 기반으로 자동차들을 비교한다. 그 다음은 각종 문헌(예, 자동차 잡지, 온라인 자동차 리뷰)으로 주의를 돌려 해당 차종의 다양한 수행테스트 결과와 핸들링, 승차감, 안전 등의 요인에 대한 평정 결과를 확인한다. 이제부터 정말 재미있는 부분, 바로 시승이다. 모든 자료들을 검토한 이 시점에서 당신은 정말 자동차를 타고 싶어진다.

BOX 5.3

시험 적용 가설: 노트북 대 연필과 종이

Steege와 동료들(2002)은 뇌성마비와 읽기 이해, 쓰기 영역의 학습장애를 가지고 있는 학생이 연필과 종이를 사용하여 쓰기 과제를 완수해야 하는 사례에 대해 설명했다. 학교심리학자와 특수교사는 그 학생이 쓰기 과제를 완성하기 위해서는 노트북을 제공받아 사용해야 한다고 제안했다. 그들의 가설은, 그 학생이 노트북을 사용하게 되면 쓰기 과제의 효율성, 양과 질 면에서 상당한 향상을 보일 것이라는 것이었다. 이전에 장애학생들을 위한 노트북 요구가 학교 행정가들에 의해 거부된 사례가 있었기 때문에, 그들은 단일대상 실험을 통해 그 가설을 시험해 보기로 했다. 학교심리학자와 특수교사는 교대중재 설계를 사용하여 그 학생의 쓰기 수행 향상을 위한 노트북과 연필, 종이의 상대적 효과성을 비교했다.

평가 결과, 손글씨 쓰기와 직접적으로 비교할 때 노트북 전략에서 꾸준히 높은 수준의 쓰기 수행을 보였다(Steege et al., 2002). 이러한 결과에 따라 학교구가 이전의 정책을 수정하게 되었고, 다른 학생들을 비롯한 해당 학생의 노트북 구입이 정당화되었다. 이 사례에서, "데이터가 보여 주었으며(data did the talking)" 팀으로 하여금 학생을 위한 데이터 기반 의사결정을 할 수 있도록 도와주었다.

전형적으로, 이 자동차가 당신의 필요와 기대에 맞는지 결정하는 것이 시승이다. 대리점에 들어가서 시승도 해 보지 않고 "이건 바로 나를 위한 차야"라며 그 자리에서 자동차를 구매할 사람이 몇이나 되겠는가? 많지는 않을 것이다. 그러나 학교 상황에서는 철저한 수요 분석이나 관련된 문헌 검토, 그리고 "시승" 없이 중재를 적용해 보라고 요구하거나 요구받는 경우가 얼마나 많은가? 우리 경험에 비추어 볼 때, 이러한 일은 너무 자주 일어난다. 협력적 문제 해결 모형에서, 우리는 전형적으로 중재에 대한 포괄적 사정과 설계를 따라 "중재를 하고 싶어지도록" 간단한 "시승"을 해 보기를 추천한다. 구체적으로 우리는 다음과 같은 질문에 답함으로써 중재를 시험 적용해 볼 수 있다.

1. 중재가 효과적인가(즉, 기대한 행동 변화나 수행으로 귀결되는가)?
2. 중재가 할 만하며, 우리는 중재를 설계한 대로 실행하기에 충분한 자원(예, 시간,

자료 등)을 가지고 있는가?

3. 실행가들이 중재를 정확하게 실행하고 있는가(즉, 중재 충실도 관찰), 만약 아니라면 어떤 종류의 훈련이 얼마나 필요한가?
4. 데이터 기록 과정이 타당한가(즉, 행동의 범주와 의미 있는 행동 변화를 기록하기에 적합함)?
5. 실행가들은 데이터를 정확하게 수집할 수 있는가?
6. 중재에 수정되어야 하는 면이 있는가?

"시험 적용" 접근의 이점은, 앞의 질문 중 어느 하나에라도 "아마도" 또는 "아니오"라는 대답이 나올 때 중재 실행과 데이터 기록의 효과를 향상시키기 위해 필요한 수정을 너무 많은 시간이 지나 학생이 위험에 처하기 전에 적용할 수 있다는 점이다.

시간에 따른 학생 수행 기록하기

성공적인 시험 적용을 마치고 나면 중재를 실행할 준비가 다 된 것이다. 이제 중재를 실행한 후 시간에 따른 학생의 중재 반응을 기록하고 분석한다. 지속적인 데이터 수집에는 세 가지 중요한 목적이 존재한다. 첫째, 행동적 결과에 대한 지속적 기록은 특정 목표에 대한 학생 진전도를 객관적으로 확인할 수 있게 해 준다. 둘째, 데이터 분석은 팀 구성원들이 중재 수정 여부에 대한 데이터 기반 의사결정을 내릴 수 있도록 해 준다. 이러한 데이터 기록은 우리가 얼마나 잘, 그리고 얼마나 빨리 목표를 성취하고 있는지 보여 준다. 셋째, 지속적 측정은 중재의 효과성을 객관적으로 확인할 수 있게 해 준다.

> 자료 기록은 성공적인 성취를 얼마나 잘 그리고 어느 정도로 빨리 하는지를 보여 준다.

사례 예시

> 구체적인 단일대상 설계는 측정된 행동 변화가 또 다른 변인이 아닌 중재의 결과임을 확실하게 결론 내리게 한다.

구체적인 단일대상 설계는 측정된 행동 변화가 또 다른 변인이 아닌 중재의 결과임을 확실하게 결론 내리게 한다. 다음의 사례들은 학교기반 실행의 문제 해결 모형에서 단일대상 실험 설계 방법의 적용을 보여 준다.

사례 연구(AB 설계)

다음의 사례 연구에서, 설계(두 단계: 기초선과 중재)는 수학 중재의 "시험 적용" 단계에서 중재의 효과성을 기록하기 위해 사용되었다. 노렌은 곱셈을 아직 학습하지 못한 4학년 학생이다. 그녀의 선생님은 이것이 걱정되어 노렌과 따로 연습할 개별 지도를 진행하기로 결정했다. 노렌의 기초선 곱셈 기능을 설정하기 위해, 선생님은 한 페이지에 25문제가 실린 곱셈 문제지를 주었다(수학 중재 변인의 조작적 정의는 표 5.1 참조). 노렌은 한 페이지를 2분 안에 풀어야 했고, 정답률이 그래프에 기록되었다. 이 사례 연구의 기초선과 중재 단계 데이터는 그림 5.3에서 확인할 수 있다. 기초선 단계에서, 노렌은 20에서 25% 정도의 문제를 맞추었다. 선생님과의 개별 지도 후에는 곱셈 정확도가 80%로 증가했다.

해석

이 중재는 성공적인 것으로 드러났는데, 데이터에 따르면 노렌의 곱셈 기능이 의도한 만큼 향상된 것으로 나타났기 때문이다.

사례 연구 단일대상 설계의 약점은 긴 시간 동안 수집한 데이터 또는 목표기능이 다른 상황에 사용되었을 때에 대한 검토를 포함하고 있지 않다는 것이다. 노렌의 사례에서 선생님과의 개별 지도가 기능 향상으로 귀결되었다는 점에서, 수집된 데이터는 좋은 "시험 적용"의 역할을 했다. 그러나 노렌이 새로 획득한 곱셈 기능이 교사와의 개별 지도 시간에만 사용된다면 매우 제한적인 것이다. 이러한 기능의 일반화를 보기 위해서는, 자율학습이나 시험 등 또 다른 상황에서 노렌의 곱셈 정확성을 볼 수 있는, 적어도 추가적인 하나의 중재 단계가 필요할 것이다. 다음의 사례는 중다 단일대상 설계 단계의 적용이 교육적으로 더 적절하며 더 많은 데이터를 제공함을 보여 준다.

〈표 5.1〉 노렌의 수학 중재 변인에 대한 조작적 정의

목표 행동(들)	기록 과정(들)	종속변인
무작위로 선택된 곱셈 문제를 정확하게 세로셈하기	학생은 2분 안에 곱셈 문제를 완수한다	정확히 계산한 곱셈의 비율

일반화 단계를 포함한 행동간 중다 기초선 설계

이번 사례에서, 테디는 매주 있는 철자시험을 매우 어려워하는 3학년 학생이다. 테디의 철자 정확성에 대한 기초선 데이터를 보면 꾸준히 25%의 정확성을 보임을 알 수 있다(그림 5.5 참조). 테디의 선생님은 그의 철자 정확성을 향상시키기 위해 설계된 새로운 철자 중재를 실행했다. 표 5.2는 철자중재 변인의 조작적 정의를 보여 주고 있다. 이 중재는 테디가 특정 단어의 정확한 철자를 학습하는 것을 돕기 위해 단어의 소리를 직접 교수한다. 테디가 따로 배우지 않은 다른 단어도 일반화하여 정확하게 철자를 파악할 수 있도록, 그의 선생님은 두 세트의 단어들, (1) 배운 단어, (2) 배우지 않은 단어에 대한 진전도를 평가했다. 테디의 진전도는 양 세트의 단어들이 같은 수만큼 포함된 주별 철자시험지를 통해 점검했다. 테디의 각 단어 세트별 철자에 대한 프로그램의 효과성을 평가하기 위하여, 각 단어 세트별로 따로 정확도를 그래프화했다. 그림 5.4에서 볼 수 있듯이, 테디의 철자 정확성은 향상되었고, 중재 13주 말에는 각 단어 세트별 65% 정도를 정확하게 맞추었다.

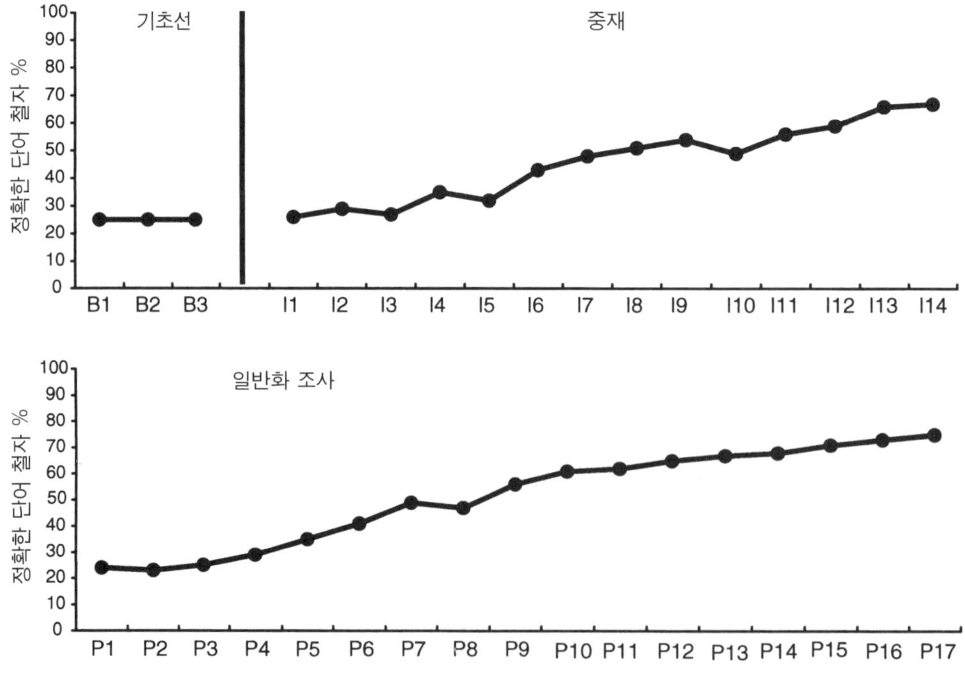

[그림 5.5] 일반화 단계를 포함한 행동간 중다 기초선 설계

〈표 5.2〉 철자 중재 변인의 조작적 정의

목표 행동	기록 과정	종속변인
주별 철자시험에서 단어의 철자를 정확하게 대기	학생은 교사가 불러주는 단어의 철자를 받아쓴다	철자가 정확히 쓰인 단어의 비율

해석

이 데이터는 글자-소리 대응에 대한 직접교수가 단어 세트 1의 철자 정확성을 향상시킨다는 가설을 지지한다. 단어 세트 1 중재 동안 습득한 기능은 단어 세트 2에도 일반화되었다. 그러므로 추가적인 단어 예시에 대한 직접교수는 필요하지 않은 것으로 판단된다.

일반화 단계를 포함하지 않은 행동간 중다 기초선 설계

다음 예시는 이전 사례(테디)와 매우 비슷하다. 이는 행동간 중다 기초선 설계가 두 단어 세트에서의 기능의 일반화를 평가하는 데 어떻게 사용될 수 있는지를 보여 주고 있으나, 시차를 둔 중재 실행과 나중에 두 번의 유지 단계를 포함하고 있다. 이번 사례에서, 테디의 학급 친구 중 한 명인 맥스는 같은 철자 중재를 시작했으나, 약간 다른 기록 과정이 사용되었다. 맥스의 사례에서, 그는 배우지 않은 단어의 철자를 맞추는 데까지 일반화하지 못한 것으로 나타났다. 이러한 결과는 그림 5.6에서 볼 수 있으며, 그래프의 위쪽은 배운 단어에 대한 수행을 나타내며 아래쪽은 배우지 않은 단어에 대한 수행을 묘사한다. 맥스가 배우지 않은 단어에 대해서는 고작 20% 정도의 정확도를 보였기 때문에, 철자 중재 종료 2주 후에 그의 선생님은 같은 명시적 절차를 사용하여 두 단어 세트를 가르치기 시작했다. 2주 동안의 명시적 철자 중재를 받는 동안 맥스의 철자 수행은 40% 정도로 향상되었다. 10 세션 후 그는 80% 정도의 철자 정확도를 보였다. 중재 초기에 맥스가 배우지 않은 단어에 대한 일반화 효과를 보이지 않았기 때문에, 선생님은 후속 기능 유지 단계를 진행하기로 했다. 중재 종료 후 몇 주가 지나고, 선생님은 1주 간격으로 두 개의 철자 시험을 맥스에게 내주었다. 맥스는 유지 단계 철자 시험에서 80% 정도의 정확도를 보였고, 중재 기간 동안 학습한 철자 기능을 유지하고 있는 것으로 판단할 수 있다.

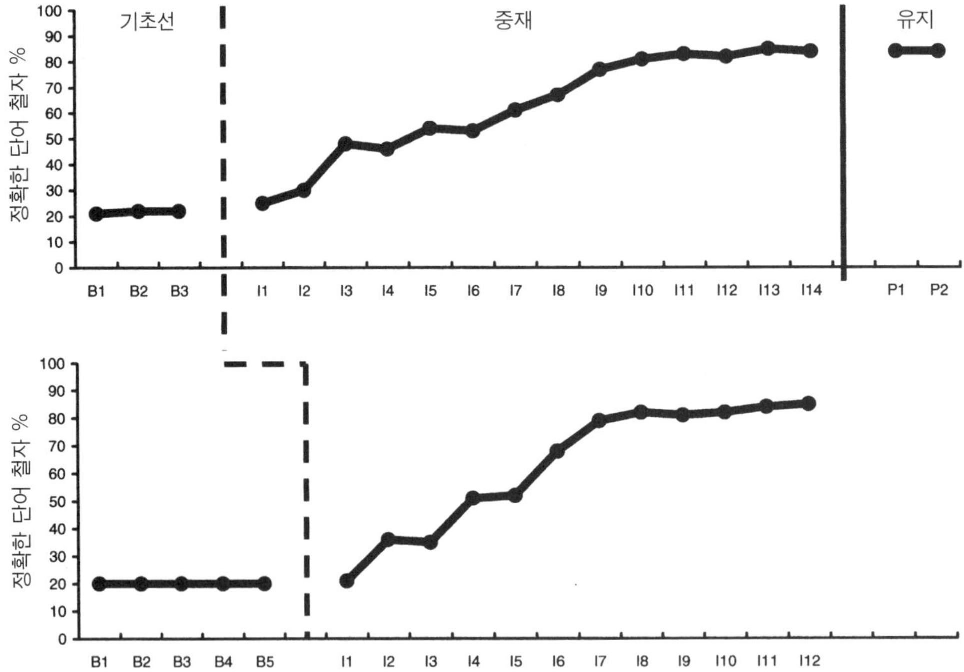

[그림 5.6] 일반화 단계를 포함하지 않은 행동간 중다 기초선 설계

해석

이 데이터는 단어 세트 1에서 직접적이고 체계적인 철자 중재가 주별 철자 시험의 정확도를 높인다는 가설을 지지한다. 단어 목록 2에 대한 일반화 효과는 나타나지 않았다. 단어 세트 2에 대한 중재 실행은 관련 지식의 습득으로 귀결되었다. 따라서 중재가 실행될 때만 학생 행동의 향상이 발생했다.

중재 교대

다음 예시에서는 5학년 학생인 메간을 위한 두 가지 서로 다른 중재의 상대적 효과성을 비교하기 위해 교대-처치 설계가 사용되었다. 학년 초 메간의 철자 정확성은 매우 낮았다. 3주가 넘도록 정확도가 20%에 미치지 못했다. 철자법이 5학년 주 성취도 검사의 하위 영역 중 하나이기 때문에 그녀를 가르치는 선생님은 매우 걱정스러워했다. 두 가지 이상의 하위 영역에서 낙제하는 학생들은 5학년을 다시 다녀야 하기 때문이다. 메간의 선생님은 문식 코치(literacy coach)에게 메간의 철자에 대한 걱정을 이야기했다. 코치는 파닉스 기반 철자 프로그램을 사용해 볼 것을 권했다. 메간의 선생님이 이 방법을 사용할 준비를 마쳤을 때, 교무실에서 다른 선생님들이 copy-cover-say 철자교수법이 최고라고 이야기하는 것을 우연히 듣게 되었다. 그녀는 동료 교사들에게 왜 그 방법이 좋다고 생각하는지 물었고 "수년간" 효과를 보았다는 대답을 들었다. 메간의 선생님은 어떤 종류의 철자교수법을 사용해야 할지 알 수 없어서 둘 다 사용하면서 메간이 두 중재에 어떻게 반응하는지 보기로 결정했다.

메간의 선생님은 두 중재를 균형적으로 실시하여 두 개의 서로 다른 교수법의 효과를 비교할 수 있도록 했다. 먼저, 발음이 규칙적인 100개의 단어를 각각 50단어씩 두 세트로 나누었다. 50단어로 이루어진 한 세트는 각각 두 개의 철자교수법, (1) 체계적 파닉스와 (2) copy-cover-say에 사용되었다. 체계적 파닉스 철자교수법에서 교사는 단어 속의 소리를 글자나 글자조합(철자 단위)에 연결시킴으로써 학생에게 발음이 규칙적인 단어를 쓰는 법을 가르쳤다. 예를 들어, 학생들은 단어 속의 소리 각각-/h/a/t/-을 구분하고 그 소리에 대응하는 글자를 써 봄으로써 *hat*이라는 단어를 쓰는 법을 배웠다. copy-cover-say 철자교수법은 학생들에게 매주 10개의 새로운 단어를 주고 한 단어당 다섯 번씩 베껴 쓰도록 했다. 한 단어를 다섯 번 쓰고 나면 그 종이를 반으로 접어서 단어가 보이지 않도록 한 후 철자를 소리 내어 반복했다. 두 가지 교수방식은 매일 번갈아 시행되었다.

이 각각의 방법에 따른 학생의 진전도는 매주 말에 20단어 철자 시험을 통해 점검되었는데, 20단어의 절반은 파닉스 수업에서, 다른 절반은 copy-cover-say 교수법에서 추출한 것이었다. 메간의 결과는 그림 5.7에 제시되어 있다. 메간이 바르게 쓴 단어의 비율이 Y축에 나타나 있다. 그래프에서 실선은 메간이 파닉스 수업에서 맞힌 단어의 비율을 나타내고, 점선은 copy-cover-say 단어의 비율을 나타낸다. 그래프를 보면 메간이 파닉스 수업에서 배운 단어는 80%의 정확도를 보인 반면, copy-cover-say 단어는 20%의 정확도밖에 보이지 못한 것을 알 수 있다.

해석

이 데이터는 중재 1(즉, 체계적 파닉스 기반 철자교수법)이 중재 2(즉, copy-cover-say)에 비해 메간의 철자 정확도를 향상시키는 데 더 효과적이라는 가설을 지지한다.

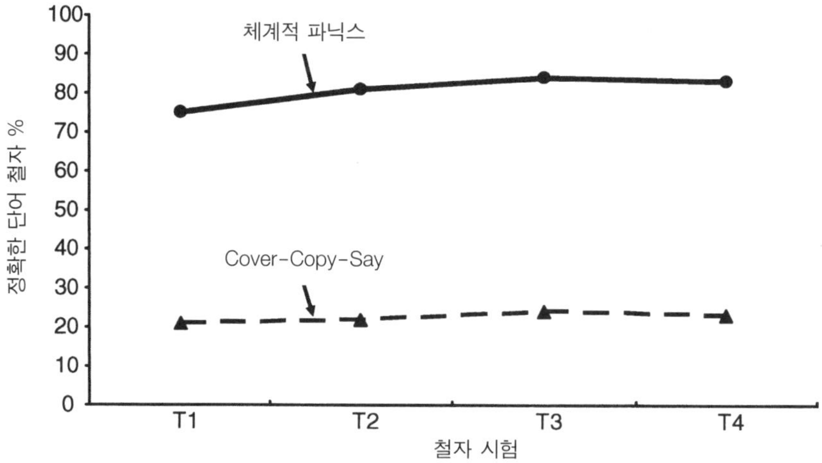

[그림 5.7] 중재 교대

여러 개의 독립변인에 따른 수행 비교하기

이전의 사례 연구 예시는 세 가지 독립변인(예를 들어, 카드단어, 유창성, 이해)에 대한 수행을 향상시키는 읽기 유창성 교수법의 효과성을 기록하기 위해 사용되었다. 이 방법은 특정한 읽기 유창성 중재가 읽기 유창성뿐만 아니라 카드단어 읽기와 이해에서도 향상을 이끌어 내는지를 알아내기 위해 사용되었다. 이 설계는 읽기곤란을 겪고 있는 7학년 학생인 게빈에게 적용되었다. 게빈은 7학년을 시작하면서부터 언어 선생님에게 그가 "읽기를 싫어한다."고 이야기했다. 선생님은 게빈에게 왜 읽기를 싫어하느냐고 물었고, 게빈은 이렇게 대답했다. "너무 오래 걸려요. 누군가에게 물어보는 게 훨씬 빠르잖아요." 게빈의 선생님은 그의 읽기기술에 대해 더 알아보는 것이 좋겠다고 생각했다. 그래서 그녀는 게빈에게 세 가지 묵독 유창성(SRF) 교육과정기반 검사를 치르도록 했다. CBM-SRF 검사는 maze 읽기검사로도 알려져 있으며, 일곱 번째 단어마다 세 개의 선택지 중 피검사자가 단어를 선택하도록 하는 읽기수준 통제 검사이다. 세 개의 선택지 중 하나만이 올바른 답이다. 학생들은 제한시간 안에 이 검사를 수행해야 한다. 이 사례에서 게빈의 선생님은 같은 검사를 게빈과 같은 반 학생들 모두에게 풀도록 했고, 그들은 검사 완료에 3분을 소요했다.

게빈은 세 검사에서 각각 1, 1, 0점을 얻었다. 학급 평균 점수는 15점이었다. 게빈의 읽기 속도가 다른 학생들에 비해 굉장히 느렸기 때문에, 그의 선생님은 다른 두 가지 평가를 통해 그의 읽기기술을 측정하기로 했다. 첫째, 그녀는 게빈에게 세 가지 CBM 구어 읽기 유창성(ORF) 검사지를 주었다. 이 검사에서 게빈은 1분 동안 소리 내어 글을 읽었고 그 동안 선생님은 복사본에 오류를 기록했다. 게빈은 세 가지 ORF 검사에서 총 21점을 획득했다. 7학년 가을 ORF의 국가적 규준은 1분에 110단어였다. 선생님은 게빈에게 3″×5″ 색인 카드에 있는 단어 하나씩을 읽도록 했다. 단어는 가장 많이 쓰이는 500개 영단어 중에서 선택했다. 총 20개 단어 중 게빈은 18개 단어를 정확하게 읽을 수 있었다. 이렇게 수집된 세 가지 읽기 데이터세트에 기반하여, 게빈의 선생님은 그가 대부분의 단어를 읽을(해독할) 수 있으나 매우 느리게 읽는다고 결론지었다. 게빈의 읽기 유창성 결함이 읽기 이해를 방해하는 것으로 보였다.

게빈의 선생님은 그의 읽기기술을 향상시키기 위하여 읽기 유창성 중재를 시도해 보기로 했다. 이 중재는 게빈이 카드단어와 연결된 텍스트 모두를 매일 20분씩 연습하도록 하는 것이었다. 중재 내 각 활동에 대한 조작적 정의는 표 5.3과 같다. 먼저 그는 20개의 카드단어를 선생님 앞에서 소리 내어 읽었다. 그녀는 그의 정확도를 기록했다. 다음으로 게빈은 수준이 통제된 텍스트를 다섯 번 묵독했다. 마지막으로 그는 텍스트를 읽고 알게 된 점을 보여 주기 위해 그 내용을 요약했다. 매주 말에는 게빈이 읽기 향상을 평가하기 위한 세 가지 검사를 수행했다. 먼저 500개의 자주 사용되는 카드단어 중 무작위로 선택된 20개 단어를 읽었고 그 동안 선생님은 정확도를 기록했다. 다음으로 CBM-ORF 검사를 수행했고 진전도가 기록되었다. 마지막으로 게빈은 CBM-

〈표 5.3〉 읽기 중재 변인에 대한 조작적 정의

목표 행동(들)	기록 과정(들)	종속변인
카드단어 읽기	교사는 가르쳤던 단어가 써 있는 3″×5″ 색인 카드를 들고 있는다. 학생은 단어를 읽고 교사는 정확도 여부를 기록한다.	각각의 카드단어를 정확하게 읽은 수
읽기 유창성	학생은 읽기수준이 통제된 짧은 글을 1분 동안 소리 내어 읽는다. 교사는 학생이 읽는 동안 틀린 단어를 모두 기록한다.	1분 안에 정확하게 읽은 단어 수
읽기 이해	학생은 읽기수준이 통제된 짧은 글을 3분 동안 묵독한다. 글에는 일곱 번째 단어마다 빈칸이 들어가 있고 그 빈칸에 세 가지 선택지 중 한 단어를 선택하도록 되어 있다. 학생은 글을 읽는 동안 세 가지 선택지 중 한 단어를 골라 동그라미 친다.	3분 안에 정확하게 맞힌 단어 수

SRF(maze) 검사를 수행했고 정답 개수가 그래프에 기록되었다. 이 데이터들은 그림 5.8에서 확인할 수 있다. 데이터에 따르면 게빈의 카드단어 읽기는 90~95% 정확도(즉, 20개 중 18~19개)에서 100%(20개 중 20개)로 약간 향상되었다. ORF 점수는 기초선에서 21점이었으나 12주 후에는 77개 단어로 향상되었다. 게빈의 SRF 점수는 1점에서 18점으로 올랐다.

해석

이 데이터는 읽기 유창성(속도) 중재가 세 가지 읽기기술 모두를 향상시키는 데 효과적이라는 가설을 지지한다. 이 사례에서 카드단어와 짧은 글을 매일 읽는 연습은 카드단어 정확도를 향상시켰을 뿐 아니라 읽기 유창성과 이해를 함께 향상시키는 결과를 가져왔다.

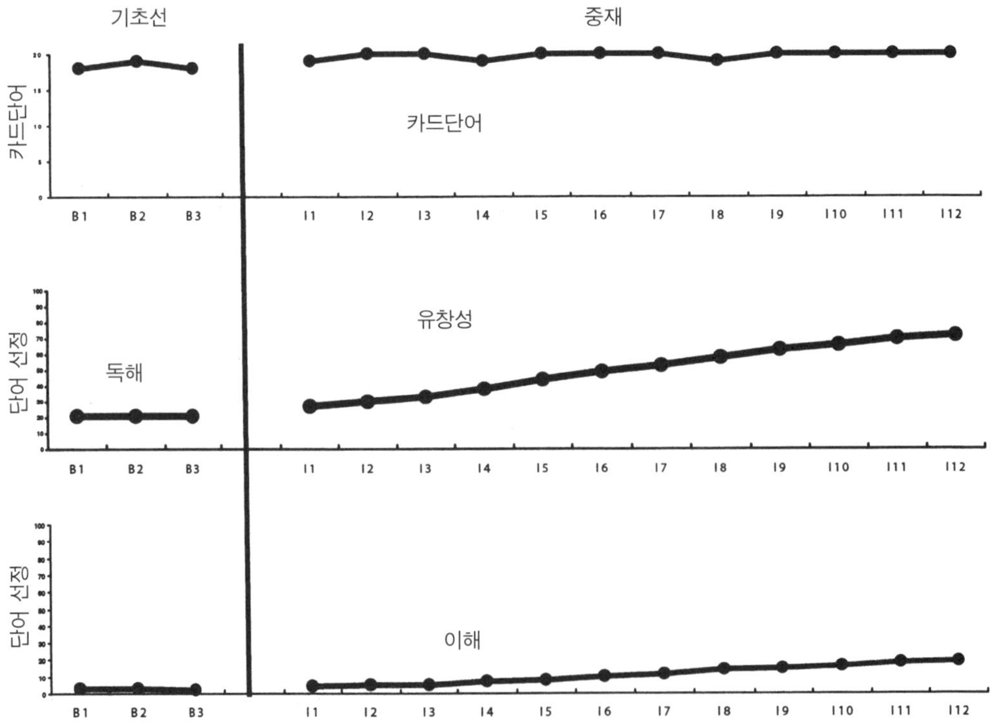

[그림 5.8] 여러 개의 독립변인에 대한 수행 비교하기

요약

이 챕터는 단일대상 연구 설계 방법이 학생들의 긍정적 학업 성취를 증진시키기 위해 어떻게 RTI 과정의 한 요소로 사용될 수 있는지에 대한 정보를 제공했다. 진전도 데이터를 해석하는 방법에 대한 추가적 정보는 「교실에서의 RTI(RTI in the Classroom)」(Brown-Chidsey, Bronaugh, & McGraw, 2009)라는 책에서 찾아볼 수 있다. 중재를 "시험 적용"해 보는 기본적 사례 연구 설계에서부터 일반화 및 유지, 교수방법 비교에 이르기까지 각종 학습영역에서 학생들이 더 나은 기술을 습득하도록 하는 데 사용할 수 있다. 다음에서는 RTI의 일부로 사용되기 위해 필요한 효과적인 교수법의 핵심적 특징들을 설명하도록 하겠다.

제6장

학생의 효과적 학습을 위한 교수방법

효과적인 수업과 평가의 핵심 구성요소

효과적인 교수방법으로서의 RTI

앞서 두 장에서는 과학적인 교수방법(scientifically based instruction method)과 사례 연구 데이터 수집(case study data collection) 방법의 중요성에 관하여 알아보았다. 이번 장에서는 중재에 대한 효과적인 반응을 이끌어 내기 위해 과학적인 교수방법이 어떻게 사례 연구 데이터 수집과 결합될 수 있는지에 관하여 논의한다. 여기서 다루는 이와 같은 교수방법과 데이터 수집 방법은 연방 및 주 정책들에서 찾아볼 수 있는 현재의 법적 기준들을 반영한다. 제2장과 제3장에서 언급했던 것과 같이, 이러한 교육 정책들은 일반교육과 특수교육을 하나로 합치기 위하여 노력함으로써 학생들의 교육적 과업의 바로 첫 단계에서부터 *모든* 학생들에게 효과적인 교수방법이 제공된다. 이번 장은 효과적인 교수방법의 특성에 대한 논의로 시작하여, 효과적인 데이터 수집과 분석 절차를 연결 짓는 것에 대한 논의로 이어진다. 이 모든 요소들이 RTI의 초석이다.

효과적인 교수방법

제4장에서는 과학적인 교수방법의 정의와 논의에 대해 알아보았다. 과학적인 교수방법은 *효과적인* 지도방법의 핵심이다. 어떤 교수적인 실행, 프로그램, 또는 중재가 앞으로 미래의 활용에 *효과적*이라고 고려되기 위해서는, 과거에 효과적으로 실시되었다는 자

료를 보여야만 한다. 또한 효과적인 교수방법은 과학적인 교수방법이라고 생각될 수 있어야만 하는데, 이는 얼마나 효과적이었는지를 증명해 주는 과학적으로 기반된 자료이기 때문이다. 과학에 기반하는 효과적인 교수방법은 수많은 조사 연구들이 유효했음을 확인한 실제(실행)들을 포함한다. 이러한 실제(실행)는 학업적인 부분과 행동적인 부분을 모두 포함하는 많은 기술(기법) 분야들의 교수방법으로 확인되었다(Fuchs et al., 2005; Gresham, 2004). 효과적으로 교수방법을 실행하는 것과 관련된 다양한 정보들을 이해하기 위해, 우리는 연구 결과들을 효과적인 교수방법과 실제(실행)에 관한 하나의 핵심 세트(core set)로 종합했다. Kame'enui와 Carnine(1998)에 따르면, 우리의 목록은 효과적인 교수방법에 관한 "큰 개념들(big ideas)"에 초점을 둘 것이다. 표 6.1은 과학에 기반한 *효과적인* 교수방법의 실제(실행)에 대한 핵심 요소들을 제시하고 있다. 다섯 가지의 핵심 특성들은 (1) 내용, (2) 전달, (3) 속도, (4) 반응, (5) 평가이다. 이러한 특성들과 관련된 (교수적) 실제들은 학습자들의 긍정적인 교육적 결과와 연관된 지도방법들이다(Foorman, 2003).

효과적인 교수적 실제에 대한 많은 문헌들이 존재하는 반면, 출판된 교수 자료에는 근본적인 핵심 원리들이 거의 수록되어 있지 않다.

〈표 6.1〉 과학적인 교수방법의 핵심 구성요소 및 실제

구성요소	실제
내용	1. 교육과정과 학교 프로그램을 진행하기 위해 학습자들이 배우기를 기대하는 것 또는 알 필요가 있는 것과 조화시키기 2. 학습자들이 이전에 알고 있는 내용 혹은 앞으로 이어지는 지도방법에서 학습하게 될 지식 그리고(/또는) 기술 사이를 맞추기
전달	1. 교사는 학습할 지식 그리고(/또는) 기술의 명시적인 묘사를 제공한다. 2. 학습자들은 새로운 지식 그리고(/또는) 기술을 시연할 기회를 많이 그리고 자주 부여받는다. 3. 수업시간 동안 모든 학습자들은 학습해야 할 지식 그리고(/또는) 기술에 적극적으로 몰두한다.
속도	1. 학습의 초기단계에서는 새로운 소재에 대한 강도 높은 "집중된" 연습이 제공된다. 2. 이전에 학습한 지식과 기술에 대한 사려 깊은 복습을 일정한 간격으로 포함한다.
반응	1. 교사들은 칭찬의 말 혹은 구체적인 강화요소로 학습자들의 올바른 반응을 강화한다. 2. 수업 동안 학습자들의 부적절한 반응에 대해 즉시 설명하며, 올바른 반응에 대한 학습자들의 실연(연습)이 이어진다.
평가	1. 수업 동안 학습자들은 계속적으로 평가를 받는다. 학습자들의 수행에 대한 자료가 매일 보고된다. 2. 학습자들의 진보와 관련된 누적된 자료는 교수적인 변화가 필요한지를 결정하기 위해 적어도 매주 재검토된다.

내용

효과적인 교수를 위한 첫 번째 핵심 구성요소는 적절한 내용(content)으로, 배워야 하는 것의 내용을 말하는 것이다. 예를 들어, 언어과목 수업에서는 여덟 부분의 담화 혹은 능동과 수동 문장구조 사이의 차이점에 대해 다룰 수 있다. 이때, 과학적으로 기반하며 효과적인 내용의 선택과 관련된 두 개의 주요한 교수의 실행이 존재한다. 첫 번째는 내용을 보다 큰 범주인 교육과정이나 학습 프로그램과 맞추는 것이다. 많은 연구들은 지도내용이 전반적인 학습 프로그램과 일치하고 보완될 때, 구체적인 수업과 활동이 더욱 효과적이라고 보고한다(Carnine, 1981, 1989; Carnine & Jitendra, 1997). 구체적으로, 한 수업이 학습자들이 학습하도록 기대되거나 혹은 교육과정과 학교 프로그램을 계속 진행하기 위해 알 필요가 있는 보다 큰 범주의 지식 및 기술과 조화될 때, 개인의 학습 내용은 학습자에 의해 더 잘 습득되는 것으로 보인다(Axtell et al., 2009; Gibb & Wilder, 2002; Fuchs et al., 2006).

두 번째로, 소재내용과 관련한 중요한 실제는 새로운 정보가 이전의 학습내용에 기반하는 순서로 각각의 수업들을 배열하는 것이다(Bransford, Brown, & Cocking, 2000; Cognition and Technology Group at Vanderbilt, 1997; Daly, Martens, Barnett, Witt, & Olson, 2007). 다양한 분야의 전문가들이 수행한 연구들은 교수방법이 논리적인 "실행의 순서"를 따를 때, 내용의 습득이 촉진됨을 보여 준다. 교수방법 순서의 또 다른 용어는 교수방법의 서열(instructional hierarchy)이다. 학령기 학습자들의 경우에, 교사들은 앞으로 계속되는 학년에서 가르쳐야 할 것뿐만 아니라 학습자들이 이전에 학습한 몇몇 개념에 대해서도 알 필요가 있다. 예를 들어, 초등학교 수학 지도에서, 교사가 어린아이들이 뺄셈 이전에 덧셈을 학습해야 하며, 나눗셈 이전에 곱셈을 학습해야 한다는 것을 아는 것은 중요하다. 교사가 확인된 기술 연속성(identified skill sequence)의 내용 안에서 지도를 할 때, 학습자들이 이전에 알고 있던 지식 그리고/혹은 기술과 앞으로 이어질 수업에서 학습하게 될 것 사이를 조화시키는 교수를 더 잘 제공할 수 있다(Bransford, 1979).

> **교수를 조직하는 데 있어 교수방법의 배열을 활용하는 것은 모든 학생들로 하여금 내용을 더욱 잘 이해하도록 돕는다.**

전달

효과적인 교수를 위한 두 번째 주요 구성요소는 전달(delivery)방법으로, 이는 교사가 정보를 제공하고 학생들의 학습을 이끌어 내기 위한 방법을 의미한다. 전달방법에는 강의, 토론, 탐구활동, 할당된 읽기(assigned reading)가 포함된다. 학습자들에게 가장 긍정적인 결과를 가져올 수 있는 교수 전달 실제(실행)로는 세 가지가 있다(Williams & Carnine, 1981). 첫째, 교사는 학습해야 할 지식 그리고/또는 기술에 대한 직접적이고 명시적인 묘사를 학생들에게 제공한다(Burns et al., 2009). 직접적이고 명시적인 지도의 예로는 학습자들에게 학습을 올바르게 수행하는 데 필요한 정확한 세부사항, 규칙 및 절차뿐만 아니라 포괄하는 일반적인 주제에 관해 설명하는 것이 있다(Carnine, Kame'enui, & Maggs, 1982; Engelmann, 1999; Gersten & Carnine, 1986; Stein, Carnine, & Dixon, 1989). 둘째, 학습자들에게 가장 긍정적인 결과를 가져올 수 있는 전달방법은 새로운 지

BOX 6.1

연습, 연습, 연습

새로운 기술을 배우기 위해 노력해 본 사람이라면 누구나 연습의 중요성을 알 것이다. 이는 이 기술이 피아노를 연주하는 것이든 야구공을 던지는 것이든 모두 해당된다. 연습에 많은 시간을 쏟은 사람은 연습을 하지 않은 사람보다 더 좋은 결과를 얻으며 보다 더 "완벽하게" 수행한다. 심지어 최고의 음악가들이나 운동선수들도 자신들의 기술을 향상시키기 위해 매일 많은 시간을 연습하는 데 보낸다. 한 유명한 바이올리니스트가 새로운 곡을 배우고자 할 때, 그 혹은 그녀는 각각의 음표를 보는 것으로부터 시작하여, 그 음표들을 올바른 순서(배열)로 연주하며, 그러고 나서 완벽하게 연주하기 위해 그 곡을 셀 수 없이 연습한다. 만약 한 경쟁적인 다이버가 새로운 다이빙을 배우고자 한다면, 그는 각 부분들을 연습하고, 그러고 나서 그 각 동작들을 하나의 매끄러운 형태로 만들어 그 동작이 부드럽게 보일 수 있게 연습한다. 완벽한 혹은 거의 완벽에 가까워지는 모습은 연습, 연습, 또 거듭되는 연습으로부터 나오는 것이다.

읽기, 쓰기, 수학과 같은 학문적인 기술에 있어서도 마찬가지이다. 각 하위 구성요소들을 습득하고, 그것들을 하나로 합치고, 그 기술들을 계속 사용하며 연습을 하는 사람들은 한 단어 혹은 숫자만을 잠깐 보고 연습을 절대 하지 않는 사람들보다 더 나은 독자, 작가, 수학을 활용하는 사람(math user)이 된다. 매 수업시간에서의 연습의 중요성은 많은 조사연구들을 통해 증명되었다(Axtell et al., 2009; Carnine, 1989). 이러한 연습은 학습자들로 하여금 우리가 기대하고 바라는 진보를 만들어 내기 위하여 모든 단계의 RTI 활동에 통합될 필요가 있다.

식 그리고/또는 기술을 시연할 수 있는 기회를 많이, 자주 제공하는 것이다(Box 6.1 참조). 예를 들어, 학습자들이 곱셈구구에 대해 배울 때, 다양한 능력수준의 학습자들은 곱셈구구 각각에 대해 시연(즉, 연습, 연습, 연습)할 기회가 많이 제공되었을 때 가장 잘 학습할 것이다(Carnine, 1997b; Kroeger & Kouche, 2006). 셋째, 중요한 전달방법은 학습자들에게 내용에 대한 계속적인 노출을 제공하며, 학습자들이 학습활동을 하는 동안 학습자료가 물리적으로 제공되고 이해하기 쉽도록 하는 수단을 제공하는 것이다. 곱셈구구를 배울 때, 각 학습자는 복습, 연습을 해야 하며, 또 복습하는 데 필요한 곱셈구구 카드를 가지고 있어야 한다. 높은 수준의 학습자 참여는 일관적으로 모든 학생들의 긍정적인 학습 결과를 나타냈다(Carnine, 1989).

속도

효과적인 교수의 세 번째 주요 구성요소는 속도(pace)이다(Box 6.2 참조). 학습자의 학습을 촉진하는 양질의 강의는 "Goldilocks" 원리를 따르는데, 즉 이는 너무 빠르거나 너무 느리지도 않은 "적절한(just right)" 속도를 따르는 것이다. 강의의 적절한 속도는 가르쳐야 할 내용과 교육과정 내에서 자료가 주어지는 장소와 관련이 있다. 학습 프로그램의 초기 부분에서의 지식과 기술은 보다 더 천천히 주어질 필요가 있으며, 프로그램의 후반부에 포함되는 정보들은 일반적으로 좀 더 빠른 속도로 주어져야 한다(Bransford et al., 2000; Carnine & Granzin, 2001). 속도에 대한 정보를 제공하고 속도를 정하는 두 개의 교수적 실제(실행)는 집중적인 연습과 사려 깊은 복습이다(Kame'enui & Carnine, 1998).

> **교수의 속도는 "Goldilocks" 원리를 따를 필요가 있다: 너무 빠르지도, 너무 느리지도 않은, 그러나 적당한 속도를 말한다.**

*집중적인 연습*은 수업에서 한 가지 항목에 초점을 맞추는 것을 말한다. 이러한 수업들은 분명한 하나의 초점을 가지며 학습자들이 구체적인 것을 학습하도록 돕는다. 집중적인 연습의 한 예로 학생들이 미국 대통령의 이름을 매우 정확하게 말할 때까지 배우고, 반복하고, 복습하는 것을 들 수 있다. 또 다른 중요한 교수적인 속도의 실제(실행)는 사려 깊은 복습이다. 이는 학습자들이 이전에 배운 내용들을 정기적으로 떠올리고 사용하도록 하여 오랜 기간 동안 이것이 그들의 지식 혹은 기술의 장기기억에 남아 있도록 하는 것이다. 사려 깊은 복습의 한 예로 학습자들에게 정보를 완전히 내면화시키기 위하여 규칙적으로 특정한 대통령들의 이름을 상기시키는 것을 들 수 있다.

BOX 6.2

느린 학습자 아니면 빠른 교사?

만약 교수의 속도가 학생들이 자료를 다루는 속도와 적절하게 맞추어진다면, 학교에서 어려움을 느끼는 몇몇 학생들은 성공할 수 있을 것이다. 예를 들어, 학습장애를 가진 것으로 확인된 많은 학생들은 시험을 포함하여 과제를 완수할 여분의 시간을 허락받는다. 이러한 학생들의 요구를 알아보는 또 다른 방법은 "지금 너무 빠르게 수업하고 있니?"와 같은 질문을 하는 것이다. 이 질문은 학습자들이 학교에서 느끼는 어려움을 알아보는 방법을 급진적으로 변화시킨다. 학생이 자신이 가진 제한점—느린 학습자—때문에 학습을 잘 못하는 것이라는 기계적인 가정 대신에, 우리는 교수의 속도를 유용하게 조절할 수 있다. 학습자와 교수적 변수들에 대한 포괄적인 평가를 시행함으로써, 우리는 "느린" 학습자와 "빠른" 교사 사이의 불일치를 발견할 수 있을 것이다.

너무 빠른 속도의 교수(지도)는 실수들을 만들어 내고 잘못된 기술을 습득하는 결과를 가져오기 때문에, 교수 속도를 모니터하는 것은 중요하다. 이 문제는 RTI의 실행에 있어서도 중요한 암시를 주는데, 이는 학생들의 학교 수행에 대한 가설을 시험해 보는 하나의 방법이 환경적인 변수들을 평가하고 변화시키는 것이기 때문이다. 교수적 접근은 조절할 수 있는 환경적 변수이다. 사실, 교사가 교수방법과 자료를 바꿀 능력이 있을 때, 학생들의 지식과 기술은 그에 따라 극대화된다. 만약 교수의 속도가 학습의 결과에 영향을 준다는 풍부한 증거가 주어진다면, 중재 과정의 한 부분으로서 교사들은 학습활동의 속도를 조절하기 위한 자율성과 재원을 부여받을 필요가 있다. RTI 방법은 보다 의미 있고 지속적인 결과를 가져올 수 있는 학생 기반의 변화를 만들기 위한 데이터 기반 권고 제공(data-based recommendations)을 하도록 한다.

반응

효과적인 교수의 네 번째 핵심 구성요소는 수업시간 동안 이루어지는 학습자-교사 간의 상호작용과 관련이 있다. 구체적으로, 이는 효과적인 교수적 반응으로 특징지어지는 학습자들과 교사들 서로가 만들어 내는 반응(response)이다. 교사들은 학습자들이 언제 자신들이 맞혔는지 알기 위해서 학습자의 올바른 반응을 확인하고 칭찬할 필요가 있다.

학습자들의 학습에 따라 학습자에게 강화를 제공하는 것은 그들이 미래에 동일한 반응을 사용할 가능성을 증가시켜 준다(Fairbanks et al., 2007). 물론, 학습자들이 부정확한 대답이나 수행을 할 때, 교사들은 즉각적인 올바른 피드백을 제공할 필요가 있다. 이는 학습자들로 하여금 부정확한 정보를 학습할 기회를 막아 주기 때문에 이 단계는 중요하다. 수업시간 동안 교사들은 학생들의 부적절한 반응에 대해 즉각적으로 설명해 주어야 하며 올바른 반응에 대한 학습자들의 연습이 이어질 필요가 있다. 학습자들의 대답과 상관없이, 올바른 학습을 극대화시키기 위하여 교사들은 학생들에게 즉각적인 피드백을 제공해야 한다.

평가

효과적인 지도의 마지막 핵심 구성요소는 평가(assessment)이다. 효과적인 교수에서 중요한 두 개의 평가 활동이 존재하는데, 이는 형성평가와 총합평가로 요약될 수 있다(Kaminiski & Good, 1998). 효과적인 교수는 교수적인 고안의 한 부분으로서 형성평가를 포함한다. 형성평가들은 구체적인 학습 목표를 따라서 일정한 간격으로 이루어지는 평가이다. 이러한 평가들은 학생들과 교사가 학습자가 학습 목표에 도달했는지의 여부를 판단하는 것을 돕는다. 구체적으로, 효과적인 형성평가에서, 학생들은 수업시간 동안 지속적으로 평가를 받으며, 매일 학습자의 수행 자료가 학습자의 진보에 따라 기록된다. 이 접근은 효과적인 교수를 뒷받침하는데, 왜냐하면 만약 학생이 진보하고 있지 않다는 자료가 나타나면, 교사는 좀 더 어려운 내용으로 넘어가기 전에 학습자에게 즉시 재교수를 할 수 있기 때문이다. 중요한 것은, 만약 학습자가 좀 더 집중적인 혹은 보다 장기간의 지도를 계속적으로 필요로 할 때, 확보된 형성평가 자료는 이 학습자가 필요로 하는 특별한 보충지도가 무엇인지를 결정하는 데 도움을 줄 수 있는 것이다. 만약, 이와 달리, 수업의 모든 학생들이 평가에서 나쁜 점수를 받는다면, 대부분의 교수는 비효과적이었다는 것이며, 다른 교수방법이 필요하다는 뜻이다.

마지막 효과적인 교수 실제(실행)는 총합평가(summative assessment)의 사용이다. 비록 형성평가의 자료는 효과적인 교수의 초석이지만, 총합평가의 데이터 역시 중요한데, 왜냐하면 이 데이터들이 학습자와 교사가 학습자가 전반적인 교수 프로그램에서 출발하여 목표를 성

> 평가는 지도가 효과적이었는지를 보여 주기 때문에, RTI에 있어서 매우 중요하다. 모든 RTI 단계에 다양한 종류의 평가들이 포함된다.

취했는지를 알 수 있도록 도와주기 때문이다. 예를 들어, 의대생의 해부학, 생리학, 화학 지식에 대한 형성평가 자료가 핵심적인 건강관련 세부사항에 정통했음을 나타내는 지표로서 중요한 것처럼, 환자의 생명을 다루기 위해 각각의 개별 요소들을 얼마나 잘 종합하는지에 관한 부가적인 정보 역시 중요하다. 학령기 아동들은 총합평가로도 많은 정보를 얻을 수 있는데, 이는 그들이 다음 단계의 학습으로 이동하는 데 필요한 핵심 기술들을 얼마나 잘 습득했는지를 보여 주는 방법이기 때문이다. 형성평가와 총합평가 자료가 결합될 때, 그것은 학습자의 학습의 진전에 대한 포괄적이고 강력한 지표가 된다. 이 평가들은 효과적인 교수에 있어 필수적인 요소로서, 교사에 의해 시행되는 다양한 교수적 실제가 학습자의 성공과 관련된 필수적인 목표를 달성하는지를 나타내 준다.

위에서 언급한 효과적인 교수의 핵심 구성요소들 외에, 학생들의 성공을 촉진시키는 또 다른 방법은 초기에 시작하는 것이다. 수많은 연구들은 유치원 혹은 1학년 때 시작한 중재 반응(responsive intervention)은 고학년에서 제공된 지도보다 더욱 효과가 높았으며 경제적이었다고 보고한다(Chard et al., 2008; Koutsoftas, Harmon, & Gray, 2009; Menzies, Mahdavi, & Lewis, 2008; Mesmer & Mesmer, 2008). 중요한 것은, 위에서 언급한 초기 학년에서(예, K-1; Kame'enui & Simmons, 2002) 제공된 지도가 가장 좋은 결과를 나타냈다는 것이다(Simmons et al., 2008). 물론 학생들은 보다 높은 학년의 지도에서도 효과를 보았지만, 좀 더 강도 높은 지도를 통해서 효과를 보았다는 사실을 발견했다(Eber et al., 2008; McComas et al., 2009). 이 모든 자료는 모든 학생의 교육적 요구를 만족시키기 위한 최선의 방법으로서 학교의 첫날부터 연구기반 지도(research-based instruction)를 사용할 것을 뒷받침한다.

자료 수집과 분석의 핵심 구성요소

제1장에서 묘사한 것과 같이, 자료기반의 의사결정은 RTI의 요체이다. RTI 결정에 기초가 되는 성취 자료가 유용하게 사용되기 위해, 성취 자료는 신뢰롭고 유효해야 한다. 제5장에서 지적한 것과 같이, 구체적인 지도 절차의 효과성을 증명하기 위해 자료들을 활용하는 많은 연구 지원(research-backed)과 오랜 세월에 걸쳐 유효성이 증명된(time-tested) 방법들이 있다. 한 연구가 교수 프로그램의 효과성에 관해 알아보기 위해 집단대상 설계를 활용하든 단일대상 설계를 활용하든 간에, 효과적인 자료 수집과 분석의 특

〈표 6.2〉 자료 수집과 분석의 핵심 구성요소와 실제

구성요소	실제
목표 기술 혹은 행동	1. 요구되는 기술 혹은 행동은 조작적으로 명백한 언어로 정의되는데, 여기에는 형태, 빈도, 기간, 강도를 포함한다. 2. 구체적인 기술(들) 혹은 행동(들)의 코드(들)는 자료 수집기간 동안 사용되도록 발달된다.
환경(들)	1. 기술들 혹은 행동들이 관찰되고 기록되는 장소를 묘사된다. 2. 만약 하나 이상의 환경이 확인된다면, 구체적인 환경에 대한 코드가 발달된다.
자료 기록 체제	1. 자료 기록 절차들과 요소들은 구체적으로 명시된다. a. 누가 자료를 모을 것인가? b. 어디서 자료가 기록되는가? c. 언제 자료가 기록되는가? d. 어떻게 자료가 기록되는가? 2. 만약 필요하다면, 자료 기록에 필요한 재료들은 접근 가능한 위치에 수집, 저장된다.
분석과 해석	1. 일단 구체적인 자료의 양이 수집되면, 얻어진 정보들은 중재방법이 원하는 결과를 가져왔는지를 결정하는 데 활용된다. 2. 자료들은 중재의 수정, 증가, 감소, 또는 정지에 사용된다.

정 요구사항들은 얻어진 자료가 의미를 가지기 위해 고수되어야 한다(표 6.2 참조). 효과적인 자료 수집과 분석의 네 가지 주요 구성요소가 있는데, 이는 RTI 절차가 학습자들의 긍정적인 결과를 산출할 수 있는 가능성을 향상시키는 것이다. 이것은 (1) 목표 기술 혹은 행동을 정의하는 것, (2) 자료가 수집되는 환경을 구체화하는 것, (3) 정확한 자료 기록 체제를 사용하는 것, (4) 자료를 면밀히 분석하고 해석하는 것으로 구성된다.

목표 기술 혹은 행동

RTI 결정을 위해 정확한 자료를 수집하는 첫 번째 단계는 평가될 필요가 있는 목표 기술 혹은 행동을 정의하는 것이다. 학습해야 할 기술 혹은 행동의 정확하고 명백한 개념을 가짐으로써, 행동에 대해 수집된 자료가 보다 연관성 있고 따라서 유용하게 된다 (Steege et al., 2002; Steege & Watson, 2009). 중요한 것은, 요구되는 기술 혹은 행동은 조작적으로 명백한 언어, 즉 형태, 빈도, 기간, 강도를 포함하는 언어로 정의될 필요가 있다는 것이다. *형태(topography)*는 행동의 표면적인 특성 혹은 "보이는" 특성을 말하는 것이다. *빈도(frequency)*는 얼마나 자주 행동이 발생하는지를 나타내는 것이다. 몇몇 경우에서 행동의 *지속성(기간, duration)*은 정의에 있어 중요한 부분이다. 마지막으로 행동의 *강도*

*(intensity)*는 행동이 문제적이고 극대화되는 정도를 나타낸다. 예를 들어, 특정한 자해행동은 그들의 목숨을 위협할 수 있기 때문에 매우 "극심"하다고 할 수 있다. 이러한 행동들(예를 들어, 머리 흔들기)은 다른 행동들보다 즉시 수정될 필요가 있는데, 이러한 행동들은 되돌릴 수 없는 심각한 결과를 수반할 수 있기 때문이다(Steege & Watson, 2009).

목표 기술 혹은 행동과 관련된 두 번째 실제(실행)는 자료가 수집되는 동안 행동(들)을 확인할 수 있도록 코드를 생성함으로써, 자료 기록을 보다 빠르고 정확하게 하는 것이다. 예를 들어, 수업 내 과제 상황에서의 행동의 경우, 조작적인 정의가 이루어질 수 있다.

> *학생은 할당된 과제와 관련된 자극을 보고, 과제에 수반하는 시각적, 운동적, 구어적 과업을 수행하고 있다.*

이 정의와 관련된 코드들은 학습자들이 과제 행동인지, 위에서 언급한 대로, 과제 외 행동인지에 관해 양분될 필요가 있으며 이에 대해 기록되어야 한다. 즉, 학습자가 과제 행동 혹은 과제 외 행동의 경우가 기호화될 수 있다—그러나 두 수행이 동시에 일어날 수는 없다. 정의는 할당된 과제에 수반되는 시각적, 구어적, 혹은 운동적 행동을 포함하기 때문에, 이것은 학습자가 시각적인 과제 외 행동(OVi), 구어적인 과제 외 행동(OVe), 운동적인 과제 외 행동(OM)을 할 때를 기호화할 뿐만 아니라, 목표 행동(OT)의 기호 식별자를 포함하는 데 도움을 줄 수 있다. 모두, 이러한 기호들은 학습자를 관찰할 때 각 휴지기 동안 학습자가 하는 행동을 기록하는 하나의 방법을 제공한다. 중요한 것은, 목표 행동(들)을 관찰하는 모든 사람들은 모든 사람들이 코드들을 일정한 방법으로 적용할 수 있도록 트레이닝 세션에서 연습할 필요가 있다는 것이다.

환경

행동에 대한 세부적인 묘사와 이에 사용될 코드들과 더불어, 관찰이 수행될 환경장면을 미리 결정하는 것이 중요하다. 구체적으로, 목표 행동(들)과 관련된 환경적인 상황과 선례들이 묘사될 필요가 있다. 이러한 묘사는 중요한데, 이는 환경이 확보된 자료에 중요한 방식으로 기여하기 때문이다. 만약 동일한 혹은 다른 관찰자가 자료가 수집되는 환경(들)에 대한 명시나 설명 없이 정보를 수집한다면, 얻어진 정보의 특성은 다양할 수 있다. 중요한 것은, RTI의 경우, 변수들 사이의 상호작용과 그 효과를 알아보기 위하여, 자료들이 구체적인 환경에서 수집되어야 한다는 것이다. 만약 자료가 하나의 환경장면 이상에서 수집된다면, 각 환경에 대한 코드 역시 각각 필요하다.

자료 기록 절차

효과적으로 자료를 수집하고 분석하는 세 번째의 중요한 구성요소는 자료 기록 절차들과 요소들을 발달시키는 것으로, 이는 누가 자료를 수집하며, 어디서 자료가 기록되며, 언제 자료가 기록되며, 어떻게 자료가 기록되는지를 구체화하는 것이다. 사전에 포장된(prepackaged) 자료 보고 형식들이 이용 가능할 경우, 각각의 교사들과 다른 사람들은 각 상황에서 새로운 형태의 형식은 필요하지 않다. 몇몇의 형식들은 Steege와 Watson(2009) 그리고 Shapiro(2005)에서 찾을 수 있다. 추가적인 또 다른 요소들의 도구는 웹사이트 www.interventioncentral.org(Intervention Cental, 2010)에서 찾을 수 있다. 효과적인 자료 수집 요소들을 촉진하는 데 중요한 관련된 실제들은 자료 수집자가 필요할 때 빠르게 접근할 수 있는 위치에서 수집되고 조직화될 것이다.

분석과 해석

자료기반 의사결정의 마지막 중요한 요소는 자료를 분석하고 해석하는 것이다. 이 구성요소에 바탕을 두는 두 개의 실제(실행)가 있다. 첫째, 일단 충분한 양의 자료가 확보되면, 얻어진 정보들은 중재방법이 원하는 결과를 나타냈는지를 결정하기 위해 검토된다. 이 검토는 각 학생들의 점수와 그 학생들을 위한 목표점수와 비교하는 것이다. 자료의 두 주요한 측면, 즉 단계와 기울기가 고려되어야 한다. 단계는 측정에서 학생들에 의해 얻어진 점수값을 말한다. 예를 들어, 수학에서 학생의 원점수가 학생의 수학 단계의 지표로서 제공된다. 한 단계 점수는 한 학습자가 다른 학습자들에 비해 얼마나 수학을 잘했는지를 나타내는 데 사용될 수 있다. 학습자의 자료를 검토하는 두 번째 방법은 기울기를 보는 것이다. *기울기*는 학습자가 성취한 진전의 정도를 말하는 것이다. 예를 들어, 학습자가 매주 정확하게 읽은 새로운 단어의 수가 학습자의 진전도를 반영한다. 기울기 자료는 학습

> 자료 수집과 분석의 계획을 세우는 것은 매우 중요한데, 이는 오직 자료들이 즉시 검토 가능할 때 효과적으로 사용될 수 있기 때문이다.

자가 얼마나 빠르게 사전에 설정한 목표에 다가갔는지를 나타내며, 학습자가 필수 이수 시간 동안 목표에 도달할 수 있는지를 예측하는 데 사용될 수 있다.

단계와 기울기 자료 모두가 중요하다. 만약 오직 단계 자료만 사용된다면, 학생들에 대한 진전은 볼 수 있으나, 진전도가 학습목표를 만족시킬 만큼 충분한지를 결정할 수는 없다. 유사하게, 만약 기울기 자료만 사용된다면, 학생이 좋은 진전을 보인다는 것을 관찰할 수는 있으나, 다른 동료들과 비교했을 때 학생의 능력에 대한 상대적인 서열은 알 수 없다. 따라서, 자료를 분석하는 첫 단계는 학생의 현재의 서열과 진전도를 확인하기 위해 단계와 기울기 자료를 모두 검토하는 것이다. 첫 번째 실행은 곧바로 두 번째 실행으로 이어지는데, 이는 수집된 자료들을 중재에 대한 수정, 증가, 감소 혹은 정지를 하는 데 사용하는 것이다. 학습자의 지도 프로그램을 진행하는 방법에 관한 결정은 학습자의 단계와 기울기 자료가 구체적인 목표에 대해 진전을 나타내는지에 기초하여 이루어진다. 학습자 자료를 해석하는 유용한 방법은 제5장에 제시된 사례 연구에 잘 나타나 있다.

요약

과학적(증거) 기반 교수가 규칙적인 자료 수집과 함께 활용될 때, RTI 방법은 자연스러운 결과를 나타낸다. 비과학적인 방법에 기반한 교수에 의해 자료 수집이 된다면, 이러한 교육 실제로 모든 학생들이 측정 가능한 교육적 진전을 나타낼 것이라고 확신할 수 없을 것이다. 그러나 과학적(증거) 기반 교수가 사용될 때, 교수가 진행되는 동안 수집된 자료들은 교사들로 하여금 모든 학생들에게 긍정적인 결과를 가져오도록 하는 교육을 진행하고 교수방법을 수정하는 것을 가능하게 한다. 어떻게 RTI가 학습자들을 위해 긍정적인 결과를 촉진하는지를 설명하기 위해, 다음 장에서 RTI 절차의 각 단계에 대한 논의를 이어가겠다.

제7장

RTI 절차

학습 및 행동 장애를 해결하기 위한 10단계

학생들의 요구를 충족하기 위한 RTI의 활용

1장에서 설명한 대로, RTI는 모든 학생들을 지원하기 위한 일반교육 체계이다. 각 단계의 특정 활동은 학습과 행동 장애를 가진 학생을 위한 더욱 강력한 지원을 제공한다. 이 장에서는 RTI가 모든 학생과 소규모 학생, 그리고 개개인 학생들에게 초점이 맞추어진 단계를 포함하는 학교와 교육구 기준에 적용될 때 무엇"처럼" 보이는지 예들을 보여준다. RTI의 절차를 구현하는 데 필요한 단계의 설명을 돕기 위해, 우리는 10개 항목의 RTI 구현 체크리스트를 개발했다(양식 7.1 참조). 이 체크리스트는 RTI를 구현하는 데 필요한 주요 단계에 대한 개요를 제공한다. 단계 중 일부는 소수의 다른 활동을 포함하며, 각 단계별 계획과 구현을 제공하기 위해 특정 RTI 단계에 대한 워크시트를 포함한다(양식 7.2~7.11 참조). RTI 10단계에 대한 설명을 포함하며, 특정 단계에서 예시들을 제시한다.

1단계: 과학적 근거가 있는 일반교육 핵심 도구의 실행

RTI 절차를 사용하는 첫 번째 단계는 과학적 근거가 있는 일반교육 방법을 선택하고 구현하는 것이다. 이 단계의 요구사항은 모든 학년의 교사들은 모든 학생들과 함께 체계적으로 사용할 수 있는 과학적 근거가 있는 학습자료를 확보할 필요가 있다는 것을 의미한다. 2장에서 언급한 것처럼, Reading First에서는 일반교육 독서 과정을 "핵심" 프로그램이라고 불렸는데, 핵심이라는 용어는 종종 1단계 RTI 학습 자료와 이론들을 기술하고 있다. 과학적으로 검증된 교육 자료와 방법이 학생들의 학습에 차이를 가져오는 것으로 선행연구에서 밝혀진 바 있다(Carnine & Carnine, 2004; Stanovich & Stanovich, 2003).

많은 교사뿐만 아니라 일반 대중은 게시된 모든 교육 자료와 방법이 과학적으로 검증되었다고 생각한다. 안타깝게도, 이것은 사실이 아니다. 교재에 대해서는 "일반인에 대한 외과 의사의 주의"나 식품의약청의 허가 과정이 없다(Stein, Stuen, Carnine, & Long, 2001). 과학적 근거가 있는 교육과 관계된 표준이 교수법의 과학적 증거에 대한 높은 인식을 가져왔던 Reading First와 NCLB 규정에 근거하지만 현재 교사들에게는 최선의 학습 성과를 가져올 학습 자료와 이론에 대한 선택의 책임이 있다. 이 책임은 교사, 교장, 교육과정 수립자가 학습 자료와 이론에 대한 증거 자료를 어떻게 확인하고 증명하는지를 알아야 함을 의미한다.

효과적인 교육 도구 선택하기

교육자들이 질적으로 우수한 과학적 근거 교육 도구들을 선택하는 것을 도와줄 수 있는 몇 가지 활동이 있다. 이는 (1) 전문성 개발, (2) 현장 조사, (3) 전문가의 자문 세 가지 범주로 구분된다. 전문성 개발 활동은 발령 전후 연수를 포함한다. 발령 전 단계에서, 모든 교수, 관리자 및 전문 학생들은 최소한 효과적인 교육 실습을 위한 학급 및 연구 이론을 적용할 학급을 담당할 필요가 있다. 교육심리학의 근거는 교육자들에게 어떤 특정 교육 이론이 대부분의 학생들에게 가장 효과적인지에 대한 폭넓은 지식을 제공한다. 연구 이론의 지식은 교육자들에게 주어진 교수 도구에 대한 근거의 효과를 평가하는 기술을 제공한다. 연구 이론 과정은 기초 통계 자료, 연구 설계, 신뢰도, 타당도, 결과가 밝혀진 통제집단의 모형과 연관된 연구 이론 적용의 중요성을 포함해야 한다(Carnine & Gersten, 2000).

일단 교육자들은 지식과 효과적인 교육 방법 및 연구의 원칙을 구현하는 능력을 가지고, 자신이 속한 분야의 연구 활동에 참여할 수 있다. 이러한 연구는 사용할 수 있는 학습 자료에 대한 습득과 이를 비판적으로 평가하는 것을 포함한다(U.S. Department of Education, 2004). 현장 연구는 '출판사의 색인목록 및 웹사이트에 있는 운영 가능한 교육과정을 찾는 위치', '교육과정 적용을 통한 연구 결과들에 대한 비평', '교육과정이 운영되고 있는 학교 방문', '지역 학습 목표 달성을 위해 제안된 교육과정과의 연결'과 같은 몇 가지 단계를 포함한다(Stein et al., 2001). 많은 경우에, 교육자들은 몇 가지 혹은 모든 "연구" 활동들을 할 것이나, 그것을 지역이나 모든 관련 지역과 연계해서 체계적으로 실시하지는 않을 것이다. 효과적인 핵심 프로그램은 RTI 결과에서 유의미한 차이를 낼 것이다. 1장의 RTI 삼각형(그림 1.1)을 기억하라. RTI는 모든 학생들에 대한 핵심 프로그램으로 시작된다. 80%의 학생들은 단지 수준 1 학습에서 성공할 것이지만, 이 목표의 범위는 수준 1에서 사용한 자료와 이론들의 수준에 크게 의존한 것임을 주지해야 한다.

> 수준 1은 RTI에서 가장 중요한 부분이다. 수준 1은 각 교육과정 영역에서의 '핵심' 교수를 포함한다. 수준 1에서의 교수는 80% 정도의 학생들에게 반드시 효과적이어야 하며, 만약 해당 수준에서의 교수가 80%보다 낮은 비율의 학생들에게 효과적이었다면, 수준 1에서 제공한 핵심 교수는 반드시 향상될 필요성이 있다.

체계적인 교육과정 현장 연구를 촉진하기 위해, 양식 7.2는 교육과정 연구에 사용할 수 있는 재사용이 가능한 워크시트를 제공한다. 완성된 워크시트 양식은 그림 7.1에서 찾을 수 있다. 이 예에서는 1학년 독서 교육과정에 대한 세 가지 특정 일반교육이 검토되었다. 자료는 과학적으로 평가된 셋 중 두 가지를 나타내었다. 두 Open Court와 Read Well은 그것들이 교수와 독서에 효과적임을 나타내는 자료를 가지고 있다. 학군에서 어느 것을 선택할지 결정하기 위해, 교직원은 어떤 교육과정이 지역 학습 목표와 관련해서 최적인지 결정해야 한다.

중재 충실도

하나의 일반 교육과정이 선택되면, 모든 교실에서 일관성 있게 구현되어야 한다(Telzrow, McNamara, & Hollinger, 2000). 학습 자료 및 이론들이 설계되어 사용되지 않는다면, 효과가 있을 가능성이 없다(Dykeman, 2006). 이상적인 세계에서, 모든 교육과정은 과학적 근거가 있을 뿐만 아니라 이를 구현할 수 있는 체크리스트도 포함할 것이다. 이러한 체크리스트들은 정확성과 일관성이 높은 단계의 자료와 이론의 한 세트를 사용하는 데 필요한 모든 단계의 단계적 목록이다. 절차의 이행을 확인하는 과정은 처치 충실도로 알려져 있고, 원하는 결과를 얻기 위한 중요한 역할을 보여 왔다(Sanetti & Kratochwill, 2005). 구현 체크리스트가 교육과정에 제공되지 않는 경우, 교수법을 구현하는 데 필요한 필수 요소들을 분석함으로써 만들 수 있다. 중재 충실도에 대한 사용 가능한 체크리스트는 이 장의 마지막에 있는 양식 7.3에서 찾을 수 있다. 이 체크리스트는 중재 충실도에 대한 자기-평가가 필요한 담임교사나 수업을 마쳤을 때 모든 단계가 정확이 이루어졌는지를 기록하는 관찰자도 사용할 수 있다.

완료된 중재 충실도 체크리스트의 예는 그림 7.2에서 찾을 수 있다. 이 예에서 존스

프로그램	출판사(연도)	연구 근거	지역 목표와 연관성	관찰
Open Court	SRA(2005)	Foorman, B., Francis, D., Fletcher, J., Schatschneider, C., & Mehta, P. (1998). 읽기 학습 지도의 역할: 부진 아이들의 읽기 실패를 막는 것. 교육심리학회지, 90, 37-55. 학급 독서 프로그램의 3가지 형태로 비교되는 285명의 1, 2학년 학생들의 연구: (1) 소리-철자 대응에 관한 직접 지도(Open Court Reading); (2) 소리-철자 대응에 관한 부분 직접 지도; (3) 문장 읽기 지도의 한 부분으로서의 알파벳 규칙에 관한 암시적 지도. 결과는 Open Court 그룹의 아이들에게서 더 나은 성과를 보여 줬다.	우리 지역의 목표는 일반 학급에서 직접적이며 발음 기반 어학 교수법의 체계적인 지도를 포함한다.	우리는 Wedge-wood 초등학교에서 Open Court 수업을 관찰했는데, 학생들은 적극적으로 참가하고 학습했다.
Read Well	Sopris West (2002)	Jitendra, A. K., Edwards, L. L., Starosta, K., Sacks, G., Jacobson, L. A., & Choutka, C. M. (2004). 학습 장애 학술지, 37, 421-440. 학생 특성과 (2~7주) 받은 Read Well 지도의 차이점은 수행의 차이로 간주되는 것처럼 보인다. 전반적으로, 1학년과 2학년의 연구에서 발견점은 Read Well의 교육적 긴장과 새로운 읽기 기술을 배우기 위해 애쓰는 학생들에 대한 지속의 유용성을 나타낸다.	Read Well은 발음 기반 어학 교수법의 반복 연습과 우리 지역 목표를 강조하는 지역에 크게 초점을 맞춘다.	Read Well 학급의 학생들에 대한 관찰은 학생들 각자가 그들의 자료를 갖고 있었고 자발적으로 연습하고 있음을 보여 줬다.
Houghton Mifflin Reading	Houghton Mifflin (2005)	관련 연구를 찾을 수 없다.	이 새로운 프로그램은 연구 논문에 근거한 발음 기반 어학 교수법의 통합으로 알려졌다.	1학년 학급 학생들에 대한 관찰은 학생들이 그들의 학습장보다 소프트웨어를 사용하기를 열망했다는 것을 보여 줬다.

[그림 7.1] 완료된 학습 자료의 검토 워크시트의 예

중재에 대한 반응

교사 이름: Mary Jones 날짜: 2009. 10. 12 시간: 9:15~10:00

과목/수업: 읽기: 글자 "B" 평가자: X 본인/기타: 본인

지침: 중재를 실행하는 개인은 매일의 활동 마지막에 다음의 중재를 어떻게 실행했는지에 관해 해당 양식을 작성해야 한다.

중재 실행자: X 담임 교사: ______ 기타: ______

중재 요소	수행 여부		코멘트
	예	아니오	
1. 학생들에게 읽기 자료를 제공한다	X		
2. 모든 학생들은 검토할 단어들을 읽는다		X	Peg는 지각하여 단어를 검토할 시간을 놓침
3. 학생들에게 즉각적인 피드백을 제공한다	X		
4. 교사용 지침서를 활용하여 학생들에게 새로운 글자와 소리를 설명한다	X		
5. 모든 학생들은 새로운 글자의 소리를 반복한다		X	Alex는 새로운 글자의 소리를 연습하기 전에 교무실로 호출됨
6. 학생들에게 즉각적인 피드백을 제공한다	X		
7. 모든 학생들은 읽기 자료를 소리 내어 읽는다	X		
8. 각 학생들은 읽은 내용에 관한 하나의 질문에 바르게 대답한다		X	Mark와 Lynn에게 질문해야 한다는 것을 잊음
9. 모든 학생들은 새로 배운 소리와 동일한 세 개의 다른 글자를 만든다	X		
10. 학생들에게 즉각적인 피드백을 제공한다		X	학생들에게 피드백을 주는 사이 손님이 방문하여 셋째 줄의 학생들에게는 피드백을 주지 못함

[그림 7.2] 처치 충실도 체크리스트 예시

양은 문자 B를 도입할 때 특정 독서 학습에 대한 그녀의 올바른 수행을 완성했다. 그녀는 각 단계를 완료했는지 나타내기 위해 날짜, 시간, 수업의 주제를 쓰고 "예" 또는 "아니오"로 표시했다. 그녀가 완료하지 않았던 단계를 위해, 존스 양은 그런 단계들의 정확한 수행을 방해하는 어떤 것이 있었는지 적어 두었다. 이런 체크리스트들은 일관성의 범위와 모든 RTI 단계에서의 교수법의 수행에 대한 정확도를 검토하는 데 사용될 수 있다. 중재 충실도 체크리스트는 학생들이 매우 일관성 있는 교육과정의 혜택을 받을 수 있도록 특정 교육과정을 사용하는 모든 교사가 같은 방식으로 사용할 수 있는 방법을 제공한다.

2단계: 모든 학생들의 수행에 대한 3년의 전반적 선별검사의 실시

일단 과학적 근거가 있는 교육 프로그램이 수행되었다면, RTI의 다음 단계는 효과적인 숙달을 배우는 모든 학생들의 자료를 모으는 것이다.

어떤 것들은 추가 지원이 필요하다. 검사 데이터를 수집하기 위한 권장 시간 프레임이 개발되었다.

- 가을학기(9월 15일~10월 15일)
- 겨울학기(1월 1일~31일)
- 봄학기(5월 1일~31일)

특별히 계획된 몇 가지 활동들이 범용 검사 데이터가 정확하고 유효한지 확인하기 위해 필요하다. 이러한 계획을 지원하기 위해, 사용 가능한 보편적인 심사 워크시트 양식 7.4 및 7.5를 포함한다. 그림 7.3과 7.4는 심사 과정의 세부사항을 계획하고 수행하는 데 사용되는 완성된 워크시트를 보여 준다. 이러한 세부사항들은 학생들과 관련된 자료를 선택하고 얻는 것, 학생 선별을 담당하는 사람들을 위한 자료를 구성하고 이들을 훈련시키는 것, 해당하는 날짜에 실제로 학생 선별을 실시하는 것, 학생들의 데이터베이스를 다루는 것, 그리고 추가적인 교수가 필요한 학생들을 확인하는 것을 모두 포함한다(Burns, 2002; Burns & Gibbons, 2008).

학교/지역: 초등학교/Sunnyside 지역 연도: 2009~2010 학기: (가을) 겨울 봄

업무	책임자	마감기한	비용	완수	책임자 이름 약자
기준점을 위한 자료 선택	평가 위원회	3/2	없음	2/27	KPR
필요한 자료 구입 및 복사	Karen과 Maria	6/1	500달러	3/22	MRS
(필요하다면) 학생 이름표 만들기	필요 없음 - 교사가 수행	–	–	–	–
수집된 자료 분석	9/1	$150	9/1	DSS	
자료 구성 및 분배	Maria와 Peggy	10/15	없음	9/14	MRS
해당하는 날짜에 기준점 모으기	유치원~초등학교 2학년 학생과 교사	10/15	없음	9/9	MRS
결석 학생을 위한 보충 기준점 모으기	Maria와 Peggy	10/12	없음	9/12	MRS
컴퓨터에 학생 점수 입력	Peggy	10/20	없음	9/19	PHD
데이터 요약본 구성 및 분배	Maria와 Peggy	10/26	없음	9/23	PHD
추가적 교수가 필요한 학생 확인	교사와 교장	11/2	없음	9/30	PHD
RTI의 다음 단계 실행: 수준 2 교수					

참고: 겨울학기 기준점을 위해 더 많은 클립보드가 필요함.

[그림 7.3] 기준점 계획을 위한 워크시트 예시

무엇을	언제	누가	어디서	필요한 자료	데이터 준비
가을학기 기준	10/5,6,7 9:10~11:30	유치원~초등학교 2학년 학생과 교사 Title I(보충교육) 교사와 강사	유치원 - 도서관 1학년 - 체육관 2학년 - 식당	각 학생을 위한 교육과정중심측정(CBM) 모음집, 클립보드, 초시계	10/26
겨울학기 기준	1/11,12,13 9:10~11:30	유치원~초등학교 2학년 학생과 교사 Title I(보충교육) 교사와 강사	유치원 - 도서관 1학년 - 체육관 2학년 - 식당	각 학생을 위한 교육과정중심측정(CBM) 모음집, 클립보드, 초시계	1/1
봄학기 기준	5/5,6,7 9:10~11:30	유치원~초등학교 2학년 학생과 교사 Title I(보충교육) 교사와 강사	유치원 - 도서관 1학년 - 체육관 2학년 - 식당	각 학생을 위한 교육과정중심측정(CBM) 모음집, 클립보드, 초시계	3/26

[그림 7.4] 기준점 실행 워크시트 예시

선별검사 자료

늘어나는 출판 검사도구들은 위험학생 선별을 위해 사용될 수 있다. 학습과 행동 선별 평가의 요약은 표 7.1과 7.2에 제시되어 있다. 보편적인 심사 평가는 모든 학생들이 함께 사용하기 위해 표준화할 필요가 있고, 이러한 것은 신뢰롭고 유효해야 한다(Jenkins, Zumeta, Dupree, & Johnson, 2005). 사용 가능한 검사도구에 대한 자세한 내용은 훌륭한 리소스 '중재에 대한 응답을 위한 국립 센터'(NCRTI) 웹사이트 www.rti4success.org 의 Tools/Interventions section에서 찾을 수 있다. 학업 능력의 경우, 기본 초기 문해 기술(DIBELS)의 동적 표시 등 CBM은 학생들의 학업 능력을 문서화하는 연구 기반의 방법이다(Glover & Albers, 2006; Good & Kaminski, 2002; Shinn, 2005). 초창기 CBM의 모든 자료들은 지역수준 교육과정에서 직접 생성되었다. 그 이후로, 많은 수의 연구들은 일반적인 CBM 자료들이 지역수준 교육과정에서 생성된 자료들만큼이나 잘 적용될 수 있음을 보여 주었다(Fuchs & Deno, 1994).

〈표 7.1〉 출판된 교육과정 중심측정검사(CBM) 자료 요약

출판사	웹사이트	자료	학년
DIBELS[1]	dibels.uoregon.edu	초기 문해	유치원~1
		읽기: 음독	1~6
Intervention Central[1]	www.interventioncentral.org	읽기 소프트웨어: 음독과 묵독 수학 소프트웨어	1~12 1~6
Pearson	www.pearsonassessments.com	초기 문해 읽기: 음독 묵독(maze) 철자 초기 수개념 수학	유치원~1 1~8 1~8 1~8 유치원~1 1~8
Pro-Ed	www.pro-ed.com	기초기술 측정 프로그램(매킨토시 컴퓨터 프로그램): 읽기 수학	 1~6 1~6
Sporis West[2]	www.sopriswest.com	초기 문해 읽기: 음독	유치원~1 1~6

1) 해당 사이트의 모든 자료들은 무료로 내려받을 수 있으며 이용 가능하다.
2) Sopris West는 모든 DIBELS 자료 packaged 버전을 판매할 배타적 권리를 가진다.

선별검사 자료에서 가장 큰 게시 세트는 피어슨 에듀케이션(2008)에 의해 게시된 AIMSweb으로 알려져 있다. AIMSweb에서는 검진 자료 읽기, 철자, 쓰기 및 1~8학년을 위한 수학 프로브를 이용할 수 있다. 또한 AIMSweb은 조기 문해와 수리에 대한 학령 전기와 유치원 자료를 가지고 있다. AIMSweb 자료를 온라인으로 사용할 수 있으며, 사용자는 다운로드하고 필요한 자료를 인쇄할 수 있다. AIMSweb에는 시스템뿐만 아니라 온라인 데이터 관리 서비스가 포함된다. AIMSweb에는 음독과 묵독 방법이 모두 있다. Deno 등(2009)은 초등학교 고학년 학생들을 위한 신뢰로운 보편적 검사도구인 미로 작업으로 알려진 침묵 읽기 구절을 보여 준다. 초기 문학과 독서에 대한 미리 만들어진 CBM 재료의 또 다른 유형은 DIBELS이다. 특정 미리 읽는 기술을 위한 DIBELS는 유치원생부터 1학년까지 사용 가능하다. 구두 읽기의 측정 DIBELS는 1~6학년에게 사용 가능하다. DIBELS는 두 가지 방법으로 얻을 수 있다. 이 자료는 DIBELS 웹사이트(dibels.uoregon.edu)에서 무료로 다운로드할 수 있다. 또한 같은 DIBELS 항목은 Sopris west에서 패키지 세트로 구입할 수 있다. 두 가지 형태가 매우 유사하고 동일한 능력을 측정한다.

또한 표 7.1에 있는 CBM 도구의 목록에 포함된 자료는 온라인에서 도구를 무료로 다운로드할 수 있는 인터넷 사이트이거나 무료 온라인 소프트웨어를 사용하여 만들

〈표 7.2〉 출판된 행동 선별 검사 요약

선별도구	웹사이트	자료	나이
코너스 평정척도-개정판 (Conner's Rating Scale-Revised)	psychcorp.pearsonassessments.com	부모, 교사 그리고 청소년 자기보고	3~17세
드럼몬드의 위험학생 선별척도 (Drummond's Student Risk Screening Scale)	sch-psych.net/word-notes/SRSS.doc	부모/교사 조사	5~18세
아이버그 아동 행동목록 (Eyberg Child Behavior Inventory)	www3.parinc.com	부모/교사 조사	2~17세
개정된 행동 문제 체크리스트 (Revised Behavior Problem Checklist)	www3.parinc.com	부모/교사 조사	5~18세
학교전체 정보 시스템 (School-Wide Information System)	www.swis.org	참고자료를 위한 웹기반 데이터 도구	5~18세
행동장애 체계적 선별 (Systematic Screening for Behavior Disorders: SSBD)	store.cambiumlearning.com	부모/교사 조사, 녹음 및 녹화	5~12세

어진 것이다. 더 많은 사용자 정의 CBM 아이템을 필요로 하는 학교는 웹사이트(www.interventioncentral.org)에서 무료로 자신의 자료를 만들 수 있다. 이 사이트는 시러큐스(뉴욕) 공립학교에서 제공하는 서비스이다. 그 사이트에는 읽기와 수학 CBM 아이템들을 만들 수 있는 소프트웨어 응용 프로그램을 포함한 여러 가지 CBM 도구들이 있다. 읽기 프로브 발생기는 사용자가 입력한 텍스트의 낭독 유창 프로브를 생성한다. 프로브는 문학이나 해설 텍스트에서 생성할 수 있다. 독서 소프트웨어는 또한 생성된 각 프로브의 가독성 수준을 계산한다. 중앙 중재(Intervention Central)는 수학 프로브 생성기를 포함하고 있다. 이 소프트웨어는 사용자가 뺄셈, 곱셈, 나눗셈, 덧셈을 위한 수학 계산 프로브를 만들 수 있다. 사용자는 문제를 측정할 기술의 종류, 얼마나 많은 문제를 각 페이지에 둘 것인지, 글자 크기는 얼마나 크게 할 것인지 등을 선택할 수 있다. 읽기 스프트웨어와 수학 소프트웨어는 모두 매일 만들어지는 프로브를 위한 학생과 교사의 복사본을 생성한다. Intervention Central 사이트는 다른 많은 CBM 도구들과의 연결을 포함하며, 4-6학년 학생들의 무료 문헌 기반 묵독 읽기 프로브와 교사용 CBM 매뉴얼, 그리고 학생의 수행을 그래프화할 수 있는 도구들을 포함한다.

웹사이트 EasyCBM.com은 CBM 도구에 대한 새로운 자원이다. 이 사이트는 읽기와 수학의 무료 CBM 아이템을 제공한다. 몇몇의 평가는 반드시 인쇄해서 사용해야 하지만, 나머지는 인쇄하거나 온라인 양식으로 사용할 수 있다. EasyCBM은 학생의 진전을 보여 주는 무료 데이터 관리 도구를 제공한다. Pro-Ed 출판사는 읽기와 수학을 위한 매킨토시 컴퓨터 CBM 소프트웨어를 판매하고 있다.

이 소프트웨어는 오직 컴퓨터 기반의 테스트를 위한 것으로, 학생들이 사용하기 위해서는 개인 컴퓨터 스테이션에 있어야 한다. 이 소프트웨어는 1~6학년 학생들의 수학 및 읽기 능력을 다루며, 시간이 지남에 따른 학생의 학습 진도 그래프를 포함하는 즉각적인 수정 피드백을 학생들에게 제공한다. 학생들의 점수는 어느 학생이 진전을 보이고 어느 학생이 그렇지 않은지 보여 주는 교사 보고서에 요약되어 있다.

사회적 기술과 행동 장애에 대한 체계적인 심사를 포함하는 몇 가지 검사도구가 있다(표 7.2 참조). 코너스 평정척도-개정판(Conners' Rating Scales-Revised, CRS-R)은 다른 조건에서 특정한 행동을 하는 학생들을 식별하는 데 몇 년 동안 사용되었다. CRS-R의 간단한 양식은 각 학년 초에 학생들이 그러한 행동을 나타내는 것을 알 수 있는 검사도구로 사용할 수 있다. 드럼몬드의 위험학생 선별척도(Drummond's Student Risk Screening Scale)은 K-12학년 학생들의 특별한 문제 행동을 식별하는 데 사용할 수 있는 무료 측정

(웹사이트 참조) 도구이다. 이 측정에 대한 기준은 없으며, 그래서 데이터는 초기 비공식적인 심사에만 사용된다. 아이버그 아동 행동목록(Eyberg Child Behavior Inventory)는 유치원생부터 고등학생에 이르는 문제 학생들을 식별하기 위한 포맷을 완료하는 빠르고 쉬운 방법을 제공한다. 개정된 행동 문제 체크리스트(Revised Behavior Problem Checklist)는 학령기 학생들을 위한 좀 더 자세한 검사 조사이다.

학교전체 정보 시스템(School-Wide Information System, SWIS)은 징계 전담기구(ODRs)의 녹음을 쉽게 하도록 허용하거나 학교에서의 다른 행동 사건들에 대한 온라인 데이터를 수집하는 도구이다. SWIS에서는 교사와 관리자가 학교 건물의 어느 곳에서 주요 문제 행동이 발생하는지 위치를 확인할 뿐만 아니라 오피스에서 학생들이 가장 많이 하는 문제 행동을 즉시 식별할 수 있다.

이러한 데이터는 건물의 어느 위치에 보호자 감독이 더 필요하고, 어느 학생들이 수준 2 사회적 기술의 중재로부터 혜택을 누릴 수 있는지 식별하는 데 도움이 된다. 마지막으로, 행동장애에 대한 체계적인 심사(Systematic Screening for Behavior Disorders, SSBD)는 행동 문제에 대한 위험 학생을 식별하는 복합적 접근 방식이다. 그것은 매우 간단한 교사 평가로 시작하고, 교사에 의해 식별된 학생들에 대한 더 많은 데이터 수집을 포함한다(Severson, Walker, Hope-Doolittle, Kratochwill, & Gresham, 2007). 추가적인 선별검사들은 모든 학생들에 대한 선별을 가능하게 하도록 개발 중에 있다. 학업능력과 다른 지표들을 결합한 하나의 선별검사는 간단한 학업능력 평가 척도(Brief Academic Competence Evaluation Scales [BACESS]; Elliott, Huai, & Roach, 2007)라고 할 수 있다.

데이터 관리

검사 과정의 또 다른 중요한 측면은 데이터 관리이다. 최대한 유용하게 하기 위해, 벤치마크에서 수집된 데이터는 체계적인 방법으로 조직하고 공유해야 한다. 최소한 학생들의 점수는 데이터베이스의 몇 가지 유형으로 입력해야 한다. 이러한 데이터베이스의 가장 간단한 형태는 종이 기반이다. 학생 데이터는 간단히 자신의 점수에 따라 순위를 매겨 정리할 수 있다. RTI 방법을 이용하는 대부분의 학교는 검사 점수를 여러 종류의 컴퓨터 데이터베이스로 입력하는 시스템을 갖고 있다. 학교가 RTI 데이터를 관리하는 데 사용할 수 있는 유용한 하드웨어나 소프트웨어는 다양하다. 이러한 제품들의 제조업체는 많지만, 그들은 독립형과 네트워크 기반형, 두 가지 유형으로 분류할 수 있다.

독립형 데이터 관리

RTI 데이터는 하나의 독립형 워크스테이션 컴퓨터에 입력할 수 있다. 선택한 컴퓨터가 애플(매킨토시), 윈도우, 유닉스, 또는 다른 운영체제를 포함한 모든 유형의 운영체제를 실행할 수 있다. 컴퓨터의 중요한 요구사항은 그 컴퓨터에 설치된 데이터 관리 소프트웨어에 있다. 이러한 소프트웨어의 예로는 마이크로소프트 엑셀, 오픈 오피스 등이 있다. 학교가 출석, 성적 및 평가와 같은 학생의 정보를 위한 전문화된 데이터 관리 소프트웨어를 갖고 있는 경우에, 벤치마크 데이터는 별도의 파일 대신에 해당 데이터 세트에 들어갈 수 있을 것이다. 학생들의 정보를 중앙 집약화하고 중요한 관련 데이터를 동시에 검색할 수 있도록 하나의 공통된 곳에 모든 학생 데이터를 모으는 것은 이상적이다. 벤치마크 데이터가 하나의 컴퓨터에 보관되는 경우, 데이터 파일을 정기적으로 디스크에 백업하는 것은 필수적이다. 한 대의 컴퓨터 워크스테이션만 사용하여 데이터를 저장하는 일의 단점은 컴퓨터 또는 파일이 손상을 입었을 때 데이터를 손실할 수 있다는 것이다. 이러한 이유로, 가능하다면 컴퓨터 네트워크에서 데이터를 저장하고 관리하는 것이 더 나을 수 있다.

네트워크 데이터 관리

하나의 컴퓨터를 이용하여 RTI 데이터를 저장하는 방법 대신 어떤 데이터가 하나의 중앙 서버에 저장되어 있지만 네트워크에 있는 컴퓨터를 통해 많은 사람들이 접근할 수 있는 컴퓨터 네트워크를 이용하는 방법이 있다. 컴퓨터 네트워크에서 RTI 데이터를 관리하는 것의 장점은 여러 가지가 있다.

첫째, 컴퓨터 네트워크를 설정하고 관리하는 방법은 정기적으로 데이터 백업과 여러 저장 위치를 포함하는데, 이는 컴퓨터가 손상된 경우 데이터의 영구적 손실에 덜 취약하다는 의미이다. 둘째, 여러 위치에서 데이터에 접근해야 할 경우, 데이터에 접근이 필요한 많은 사람들은 빠르고 쉽게 교육적 의사결정을 위한 데이터를 얻을 수 있다. 마지막으로, 사용되는 네트워크의 유형은 검사 보고서의 본질을 강화하고 데이터를 표현하는 다양한 방법을 제공할 수 있다. 예를 들어, 데이터는 전체 등급이나 반 또는 개별 학생을 위해 방식을 달리하여 표현할 수 있다.

학생 정보를 관리하는 유연한 방법들을 제공하는 여러 가지 인터넷 기반 RTI 데이터 서비스들이 있다. 이러한 모든 데이터 서비스는 학교나 교육구에서 반드시 구입을 해야 하며, 요금은 서비스 업체가 조정하고 서비스 업체에 따라 다르다. DIBELS와 함께 특히 모든 DIBELS 측정을 위한 그룹 및 개별 점수 보고서를 제공하도록 설정되어 있는 데이터 서비스가 있다. 이 서비스는 오직 DIBELS 데이터와 함께 사용해야 하지만 빠르고 대부분의 다른 서비스 제공업체보다 저렴하다. AIMSweb은 모든 AIMSweb에서 측정한 것뿐만 아니라 DIBELS에서 입력하고 저장한 모든 데이터를 허용하는 데이터 관리 서비스 시스템을 갖고 있다. 또한, AIMSweb은 학생들이 RTI의 각 단계 사이를 이동하는 학생들의 점수를 관리할 수 있는 특별 RTI 데이터 관리 도구를 갖고 있다. RTI 활동을 지원하는 데이터 관리 시스템의 결정적인 특징은 필요한 데이터의 유형에 맞게 오랫동안 지속할 수 있다는 것이다. EasyCBM은 온라인 데이터 관리도 포함한다. 미리 만들어 둔 사용 가능한 컴퓨터 데이터 도구가 없는 상황에서, Box 7.1은 학생 데이터 그래프를 생성하는 방법을 알려 준다.

3단계: 위험학생의 식별

선별검사의 데이터가 구성되면, 이러한 데이터들은 학년 수준의 학습목표를 달성하지 못한 학생들을 식별하는 데 사용될 수 있다. 몇몇 학생들이 다양한 영역에서 기술상의 결함을 보일 수 있음을 확인하는 과정은 매우 중요하다(Fletcher, 2005). 학생들의 데이터를 검토하는 방법으로 다음과 같은 두 가지 과정이 추천된다. 첫 번째 과정은 모든 학생들의 수행에 대한 점수를 외적 수행 기준과 비교하는 것이다. 수행에 대한 기준은 준거기반과 규준기반으로 나누어 볼 수 있는데, 먼저 준거기반이란 향후 학업적 성공을 예언하는 구체적인 수행목표를 말한다. 예를 들어, 1학년 봄학기에 DIBELS 음독 읽기 유창성 점수가 40점 이상인 경우, 이는 향후 학년에서 읽기에 대한 성공을 강력하게 예측한다는 것이다. 그러므로 1학년의 마지막 시기에 40점 이상의 점수를 얻은 모든 학생들은 적어도 향후 읽기문제에 있어 위험을 보일 가능성이 낮으며, 40점 이하의 점수를 받은 학생들은 읽기상에 어려움을 나타낼 수 있다.

> 보편적인 선별검사 데이터는 추가적인 교수가 필요한 학생들을 나타낸다. 선별검사 데이터는 진단의 기능은 없지만, 추가적인 교수의 시작을 위한 정보들을 제공한다.

선별검사 데이터 비교를 위한 다른 기준은 규준기반이다. 규준 데이터는 동일한 평가를 수행한 같은 학년의 많은 학생들의 점수를 포함한다. 예를 들어, 3학년 음독 읽기 유창성 규준은 3학년 읽기 수행의 일반적인 유형을 보여 준다. 여기에는 지역 또는 국가

BOX 7.1

멋진 '학생 데이터 그래프' 만들기

이 책에 나온 학생 데이터의 모든 그래프는 마이크로소프트 오피스 소프트웨어 제품군의 일부인 Microsoft Graph를 사용하여 만들어졌다. 아래는 그래프 작성방법의 절차를 제시한 것이다.

1. Microsoft(MS) Word를 실행한다.
2. "Insert" 메뉴를 클릭한다.
3. "Object…"가 하이라이트되면 클릭한다.
4. 삽입할 것을 선택할 수 있는 대화상자가 나타날 것이다.
5. 상자 오른쪽에서 아래로 스크롤하여 "Microsoft Graph Chart"를 찾는다.
6. "Microsoft Graph Chart"를 클릭하고 "OK"를 클릭한다.
7. 새 창이 화면에 뜰 것이다. 하나는 그래프를 만드는 것이고, 다른 하나는 그래프 값이 들어갈 데이터시트이다.
8. 데이터시트의 첫 번째 열을 클릭하여, 당신의 데이터를 반영할 수 있도록 한다. 만약 그래프화할 데이터에 하나 이상의 종속변수가 포함되어 있다면, 다음 행으로 바꾸어 데이터 값을 입력하고, 모든 데이터 값이 입력될 때까지 이를 계속한다.
9. 데이터시트의 오른쪽 상단 "go away" 상자를 클릭한다.
10. 그래프의 흰 부분을 한 번 클릭하고, 명령 상자를 열기 위해 마우스 오른쪽 버튼을 클릭한다. 이 상자에서 "Chart Type…"이 하이라이트되면 클릭한다.
11. 새 대화상자가 열릴 것이다. 상자의 왼쪽에서 원하는 차트 유형을 클릭한다(아마 "line").
12. 차트 유형을 선택한 후, 대화상자의 오른쪽에 있는 상자에서 차트 하위 유형을 선택한다. 우리는 가운데 열에 있는, "각 데이터 값의 표시선"처럼 되어 있는 첫 유형을 사용한다.
13. 이 차트 유형을 선택하기 위해 "OK"를 클릭한다. 대화상자를 닫기 전에 이 상자를 클릭하여 기본 차트 유형으로 이 형식을 설정할 수 있다.
14. 당신의 데이터로 차트가 나타날 것이다. 모서리/변 화살표를 클릭하고 드래그하여 문서에 있는 차트의 크기를 변경할 수 있다.
15. 차트에서 마우스 오른쪽 버튼을 클릭하고 해당 기능의 대화상자에 새 값을 입력하여 차트의 모든 부분을 편집할 수 있다.

의 두 가지 유형의 규준이 사용될 수 있다. 지역 규준이란 같은 학교 혹은 같은 지역의 모든 학생들의 점수로 구성된다. 국가 규준은 미국 각지 학생들의 샘플을 포함하는데, 모든 기술에 대해 사용할 수 있는 것은 아니다. 그러나 국가 규준은 학교의 수행 수준이 국가의 추세에 부합한지의 여부를 보여 줄 수 있기 때문에 비교의 중요한 기반이 된다. DIBEL와 AIMSweb 웹사이트는 그들의 척도를 국가 규준으로 지속적으로 갱신해 왔다. 표 7.3은 2학년 음독 읽기 유창성에 대한 국가 규준을 보여 준다. 이 점수들을 표 7.4의 몇몇의 2학년 학생들의 음독 읽기 유창성 점수와 비교해 보라. 낮은 점수를 보이는 이러한 학생들은 읽기 문제에 어려움이 있다고 간주되어야 할 것이다.

개별 학생의 수행과 같은 학년의 모든 학생들의 평균 수행을 비교하기 위해 표준 데이터가 사용될 때, 어떤 학생들이 어려움에 있는지에 대해 아는 것으로 판단이 이루어져야 한다. 이 과정은 학생들의 점수가 백분위로 구성되었을 때 쉽게 이루어지고 특정 백분위 이하로 득점하는 학생들은 세부사항에서 검토된다. 연구자들은 외적 수행 수준이 유효하지 않을 때의 개별 학생들의 점수의 시작점에 따라 다양한 준거(절단점)나 특정 백분위 순위를 살펴보았다. 일반적으로 학생들의 점수를 검토하기 위한 시작점을 지정해 주는 특정 백분위 순위는 16위에서 25위이다. 25위의 백분위수는 점수의 평균 범위의 낮은 결과에 아주 근접하고 데이터 검토에 대한 포괄적 시작점을 제공한다. 16위의 백분위수는 전체 평균 점수에서 표준편차의 하단 끝을 다시 나타낸다. 어떤 특정 백분위

〈표 7.3〉 2학년 학생들의 음독 유창성 국가 표준

백분위	가을학기	겨울학기	봄학기
90	110	136	152
75	85	111	128
50	60	85	102
25	31	61	76
10	15	32	53

참고: Pearson Education, Inc.(2008). 허가 후 재인용.

〈표 7.4〉 가을학기 음독 유창성 점수와 2학년 학생의 백분위 순위

학생	음독 유창성 점수	백분위 근사값
Brown, Ben	84	75
Martin, Steve	12	8
Reynolds, Gail	51	40
Wilson, Martha	16	11

순위가 학생 검토를 위한 시작점으로 선택되어야 하는지는 그렇게 중요하지 않다. 이는 오히려 특정 순위 아래에 해당하는 부진 학생들에 대한 데이터를 체계적으로 검토하기 위한 확실성을 나타내는 것으로 볼 수 있다.

특정 수준 이하의 점수에 해당하는 학생들을 검토하는 과정은 교사들로 하여금 해당 학생이 어려움을 보이는 영역의 전반적인 능력(기술)의 발달을 고려하도록 한다. 이러한 과정은 교수계획 워크시트를 사용하여 이루어질 수 있다. 교수계획 워크시트의 양식은 그림 7.6에 제시되어 있으며, 완성된 교수계획 워크시트 예시는 그림 7.5에서 확인할 수 있다. 교수계획 워크시트는 학생에게 제공되어야 할 교육의 구체적인 특성뿐만 아니라 부진한 학생들의 이름을 기입할 수 있는 공간을 제공한다. 이는 모든 부진 학생들이 같은 교육적 요구를 가지지 않을 것이라는 점에서 중요하다고 볼 수 있다. 예를 들어, 읽기영역에서 어떤 학생들은 유창하게 읽는 활동이 필요한 반면, 몇몇 학생들은 발음-기호 대응에 관한 학습을 더욱 필요로 할 수 있다. 이처럼 교사는 부진 학생들을 목록화함으로써, 해당 학생들에게 필요한 정확한 교육적 요구가 무엇인지 파악하고 이러한 요구에 맞춰 교육적 중재를 제공할 수 있게 된다.

학생의 현재 교육적 요구가 검사나 교실에서 관찰할 수 있는 모습을 통해 드러나지 않을 경우를 대비해 다른 방법을 사용할 수 있다. 오류 분석은 학생의 오류 패턴과 학습에 어떤 기술이 필요한지 확인할 수 있는 방법이다. 예를 들어 학생이 검사나 수업 과정에서 어떤 형식의 문제를 다 맞고 다른 어떤 형식의 문제를 다 틀린다면 이는 학생에게 적합한 교수 방법을 제공하는 데 도움이 된다. 명확한 오류가 발견될 때 교사는 더 확실하게 학생의 교육적 요구를 충족시킬 수 있다.

그림 7.6에서는 3학년 학생이 음독 읽기를 수행하는 동안 보이는 많은 오류들에 대한 분석 예시를 나타내고 있다. 그림 7.7에는 오류분석의 빈 양식이 제시되어 있다. 오류분석을 수행하는 과정에서 교사는 학생이 맞힌 문제의 수(31), 틀린 문제의 수(11), 그리고 학생이 보인 오류의 구체적인 내용들을 기록하게 된다. 일반적으로, 교사는 학생이 보인 오류의 유형을 구체화하는 과정을 통해 학생에게 필요한 추가적인 교수의 내용을 보다 쉽게 파악할 수 있게 된다.

몇몇의 경우에는 학생의 오류에 대한 검토를 통해서 학생에게 필요한 교육적 필요를 찾지 못할 수도 있다. 이런 경우에는 BEA(실험적 분석 요약)와 학생의 기능과 수행 결함의 정의와 같은 두 가지 유용한 방법이 있을 수 있다(Day, Persampieri, McCurdy, & Gortmaker, 2000). BEA는 학생의 교육적 요구를 확인하는 단계적인 방법이다. 이것은 학

학생	교수적 요구	시도된 교수방법	진전도 점검 측정	중재 시작일	진전도 검토일	책임자 이름 약자
Smith, Mary	분절음 소리 내기	조기 읽기 중재 (Early Reading Intervention: ERI)	PSF	11/3	11/30	PHD
Gray, Billy	뒤섞은 단어 읽기	읽기 프로젝트	NWF	10/29	11/30	MRS
Cohen, Nick	좀 더 빠르게 읽기	빠르게 읽기	ORF	11/5	11/30	MRS
White, Polly	분절음 소리 내기	조기 읽기 중재	PSF	11/4	11/30	PHD
O'Reilly, Mark	문자-소리 대응	소리 대응	NWF	11/5	11/30	PHD
Webber, Karl	문자-소리 대응	소리 대응	NWF	11/3	11/30	KPT
Gage, Robin	숫자 식별	터치매스(Touch Math)*	CBM-M-100	11/4	12/1	KPT
Plummer, Max	숫자 식별	터치매스	CBM-M-100	1030	12/1	EBC
Silver, Duane	받아올림이 없는 덧셈	반복연습	CBM-M	11/2	12/1	EBC
Black, Melissa	받아올림이 있는 덧셈	반복연습	CBM-M	11/5	12/1	EBC
Boxer, Fred	받아올림이 없는 덧셈	반복연습	CBM-M	11/4	12/1	EBC

* 구체물을 활용한 수학적 개념 교수방법

[그림 7.5] 수준 2 교수계획 워크시트

학생 이름: John Smith 학년: 3

선별검사 데이터 분석

읽기:

_____ 머리글자 소리 유창성(ISF)
_____ 문자 읽기 유창성(LNF)
_____ 문자 소리 유창성(LSF)
_____ 음운 분절 유창성(PSF)
_____ 무의미 단어 유창성(NWF)
__X__ 음독 읽기 유창성(ORF)
_____ 빈칸 채우기 검사
_____ 기타: _____

수학:

_____ 소리 내어 세기(OC)
_____ 숫자 식별(NI)
_____ 양 식별(QD)
_____ 빠진 수 찾기(MN)
_____ 단일 능력 유형: _____
_____ 혼합 능력 유형: _____
_____ 수학적 개념과 적용(MCAP)
_____ 기타: _____

쓰기:

_____ 알맞게 쓴 연속된 글자 수(CLS)
_____ 쓰여진 전체 글자 수(TWW)
_____ 알맞게 쓴 연속된 단어 수(CWS)
_____ 기타: _____

행동(걱정되는 행동에 관한 목록):

_____ 행동장애를 위한 체계적 선별
_____ 사회기술 향상 시스템
_____ 기타: _____
_____ 기타: _____

선별검사 데이터에 기초하여, 다음의 질문에 답하시오.

1. 학생이 맞힌 문제는 몇 개인가? 31
2. 학생이 틀린 문제는 몇 개인가? 11
3. 구체적인 오류 내용: on, part, at, said, last, made, from, today, with, keep, dawn
4. 가장 주요한 오류는 무엇인가? 많은 단어들을 생략하고 단어의 첫 글자만을 말함.
5. 학생의 수행에 대한 기타 의견: _____

[그림 7.6] 오류분석 워크시트의 예시

생에게 여러 가지 교육적 방법을 제공하고 어느 것이 가장 훌륭한 성취를 이끌어 낼 수 있는지 확인하는 데 유용하다. 이 방법은 읽기, 수학, 행동 중재에 사용되어 왔다. BEA와 관련된 방법은 능력과 성과의 분석에서 나온다. 또한 할 수 없는 것/안 하는 것에 대한 평가로 알려진 이 방법은 확실한 조건 속에서 목표를 성취할 능력에 대한 질문을 포함한다.

확실한 보상 조건이 주어지고 유사한 대체 문제를 제시했을 때 해결할 수 있다면 이것은 안 한 것이다. 위와 같은 조건 속에서도 해낼 수 없다면 못 한 것이다. 이는 학생에게 어떤 요구가 필요한지를 말해 준다. Box 7.2는 기술 부족 대 수행 부족에 대해 더 많은 정보를 보여 준다.

4단계: 과학적 기반의 소그룹 지도 제공

어떤 학생에게 추가적인 학습이 필요한지 확인하고 나면 교사는 RTI를 포함한 중재 절차를 제공할 수 있다. 앞서 말한 것처럼, 이 방법은 전형적으로 4명에서 6명의 소그룹에서 수행된다.

수학을 예로 들자면 어떤 학생들이 10 이하의 수를 더하는 것을 잘 해결하지 못했을 경우 반드시 1부터 10까지 수를 더하는 교육을 추가로 받아야 한다. 학생을 도울 수 있을 만한 수학자료는 수준 2에 나와 있다. 수준 1과 마찬가지로 수준 2 중재 방법도 그 효과를 확인해 봐야 한다.

경험적으로 유효한 두 가지 프로그램으로 나온 터치매스는 학생의 기본적인 수학 능력을 계발하는 데 도움이 되는 것으로 알려져 있고, 증가 시연은 학생이 수학적으로 계산 불가능한 것을 알 수 있도록 도움을 준다.

어떤 경우에는 학생의 학습 요구를 지도할 수 있는 수학 자료모음집이 없을 수도 있다. 그러나 교사가 사용할 수 있는 뛰어난 수학 향상 방법은 종종 이미 그들의 교실에 있기도 하다. 그림 7.7에 나타난 증가 시연에서는 확실한 지도 방법만 있다면 수학 플래시 카드만 있으면 된다.

소그룹 학생들을 위해 미리 준비된 중재 방법을 표준 프로토콜(standard protocol)이라고 부른다. 표준 프로토콜은 많은 학생에게 동시에 투입할 수 있는 방법이다. Box 7.3은 수준 2와 3 중재 과정에 추가할 수 있는 것이다. 지도 프로그램이 선택되기만 하면 두 가지 결과가 드러날 때까지 유지되는데, 학생이 교수 목적을 달성하고 더 이상 보충 지도가 필요하지 않은 경우와 중재 방법이 작동하지 않아 다른 프로그램이 필요할 때이다.

BOX 7.2

기술 부족 vs 수행 부족

학교심리학자로서 우리는 개별화교육지원팀이 학생의 교육적 수행 부족의 원인을 개인의 동기로 볼 것인지 실제적인 기술의 부족으로 볼 것인지에 관한 문제에 수없이 부딪혀 왔음을 알고 있다. 이처럼 학생의 기술 부족과 수행 부족이라는 둘 사이의 딜레마는 늘 존재한다. 이는 대개 학생의 학업과 사회적 성장의 지연에 관한 토론에서 시작되며, 이어서 학생이 수행을 위한 필수적인 기술들이 부족하다는 입장과 과제(예: 읽기 유창성, 읽기 이해, 수학 계산, 쓰기 과제)를 수행하기 위한 충분한 동기가 없다는 것에 대한 논쟁으로 자연스럽게 이어지게 된다. 이러한 논쟁이 과열되면 학생이 '못하는 것이다'와 '안하는 것이다'라는 두 가지 입장으로 나타나게 되고, 결국 서로의 주장에 지쳐 분명한 해결책이나 동의가 드러나지 않은 채 논쟁은 끝나 버리게 된다.

이러한 논쟁에 있어서 가장 곤란한 입장으로는 학생의 수행 부족이 "낮은 동기", "낮은 열망", "부적절한 귀인", "자기충족 예언의 실패"와 같은 다양한 내적 요인에 근거한다는 것이다. 이러한 가정과 함께 깔끔하지만 수용되지 못하는 가정으로는, 학생이 변화를 할 만큼 교육적 중재가 효과적이지 않더라도 팀원들에게 학생의 행동에 대한 어떠한 책임도 지게 하지 않는다는 것이다.

우리는 학생의 기술 부족과 수행 부족에 대한 논쟁에 관한 가설에 있어서 즉각적인 평가적 접근을 옹호한다. 이러한 즉각적인 평가적 접근의 대표적인 예로는 VanDerHeyden과 Witt(2008)가 개발한 "할 수 없는 것/하지 않는 것"에 대한 평가절차이다. 간단히 요약하자면, 이들의 방법은 처음에는 학생들의 다양한 보상방법(예: 스티커나 숙제 면제, 교실 내 특권 등)을 확인하는 것이다. 다음으로는 교수자료 및 평가절차(예: 수학 워크시트, 맞힌 문제 비율)를 확인한다. 이러한 기초단계를 거친 뒤, 교사는 학생들에게 성적이 향상될 경우 보상을 받을 것이라는 것을 알려 준다(예: "오늘은 수학 워크시트를 풀어 보도록 할 거예요. 가장 마지막으로 수행한 수학 워크시트 활동에서 맞힌 문제의 비율이 55%였어요. 만약 오늘 지난번에 맞힌 문제의 비율보다 5%나 향상된다면 이러한 보상을 받을 수 있을 거예요."). 이와 같은 두 번째 단계는 "보상조건"이라고 불린다. 이러한 모델 안에서, 학생들의 수행이 두 번째 단계를 진행하는 동안 향상되었다면, 학생은 강화가 따르는 중재에 반응한 것이고 결국 낮은 수행은 낮은 동기에 영향을 받는다는 가정을 확인하게 되는 것이다. 반면에, 두 번째 단계의 보상조건하에서 학생의 수행이 전혀 향상되지 않았다면, 이는 기술 부족에 대한 가설을 지지하는 것이 되는 것이다. 참고: 10장에 "할 수 없는 것/하지 않는 것" 평가 모델을 묘사한 구체적인 사례 예시가 소개되어 있다.

프로그램	프로그램에서 다루는 지식과 기능	프로그램 해당 연령/학년	연구기반 지원 프로그램	학생의 진전도 점검방법	비용
Touch Math(Innovative Learning Concepts, 2004)	숫자 식별, 양, 기본적인 조작능력	유치원 ~2학년	Scott, K. S. (1993). 경도 장애아동들을 위한 다감각 수학교수법 Multisensory mathematics for children with mild disabilities, Exceptionality, 4(2), 97-111.	확정되지 않음	719달러 (1학년 세트)
Incremental Rehearsal	계산 유창성	유치원 ~4학년	Burns, M. K. (2005). 수학 계산상에 어려움을 보이는 아동의 한자릿수 곱셈 유창성 향상을 위한 반복 연습 Using incremental rehearsal to increase fluency of single-digit multiplication facts with children identified as learning disabled in mathematics computation. Education and Treatment of Children, 28, 237-249.	매주 CBM 수학 조사	무료
Schoolhouse Mathematics Laboratory (SRA, 2000)	숫자 식별, 계산 유창성, 적용 문제	1~3학년	연구기반 없음	프로그램에 내장된 기능 평가 실시	849.95달러

[그림 7.7] 수준 2 교수자료 검토 워크시트의 예시

BOX 7.3

수준 2와 3의 교수 자료

아래의 웹사이트에서는 RTI의 수준 2와 수준 3에서 적용 가능한 중재들을 나열하고 이를 구체적으로 설명하고 있다.

Intervention Central	www.interventioncentral.org
Florida Center for Reading Research	www.fcrr.org
Free Reading	www.free-reading.net
What Works Clearinghouse	ies.ed.gov/ncee/wwc
Doing What Works	dww.ed.gov

5단계: 학습 목표를 향한 학생의 진전도 점검

5장에서 나타내고자 하는 핵심 원리는 학생의 정보를 검토하는 것이다.

수준 2의 중재는 필요한 시간의 길이가 학생마다 다르다. 수준 2 지도는 적어도 세 가지 정보가 수집될 때까지 지속된다. 최소한 정보를 검토하기 위해선 그 정도가 필요하다. 그러나 많은 수준 2 중재는 세 가지 정보를 수집하는 데 필요한 시간보다 더 오래 지속된다. 명심해야 할 것은 진전도 점검 시 얼마나 빨리 세 가지 데이터를 모으는가에 초점을 맞추는 것이다. 수준 2의 경우 진전도 점검이 적어도 한 달에 한 번, 가능하면 2주에 한 번 할 것을 추천한다. 변수가 많은 학교 상황 속에서 학생이 아파서 안 오거나 하면 중재는 불가능하다. 이것은 어떤 중재 과정이라도 학생의 변화를 일으키는 데 많은 시간이 필요하므로 매우 중요하다. 어떻게 진전도 점검을 하는지에 대한 상세한 정보는 장소에 관계없이 유용하다.

진전도 점검을 확실하게 실시하는 방법은 중재를 시작하면서 함께 진전도 측정을 시작하는 것이다. 앞서 언급했듯이 수많은 측정 방법이 사용 가능하다. 특정 검사지를 출판할 때는 종종 진전도 측정 방법도 함께 출판한다. 최근의 연구는 RTI에서 진전도 점검의 중요성을 확증한다. 또한 여러 연구가 진전도 점검의 다양

> 진전도 점검은 RTI 작업에서 필수적이다. 비록 세상에서 가장 효과적인 중재들이 적재적소에 배치하는 것을, 진전도 정보 없이, 누가 하는지 모르게 하는 것이라고 해도 말이다.

한 선택과 측정 자료들의 세부 내용 확인까지 가능하게 한다. 행동 진전도 측정 또한 중요하다. 수준 2와 같은 중재가 적절하게 작동하는지 알아보기 위한 정보를 DBRC와 같은 도구가 제공할 수 있다.

정보 검토

그림 7.8은 닉의 정보로, 3주간의 일반적인 교육 교수와, 6주간의 수준 2 중재로 과학에 기반한 소그룹 프로그램 Sounds Sense를 활용했다. 주마다 DIBELS 측정에 의해 집계된 이 그래프는 닉이 엉뚱한 단어를 해독하는 데 비교적 적은 진전 과정을 보여 준다.

닉은 4주째에 3포인트 증가했다가 2주 지나자 다시 조금 떨어졌다. 이 자료는 초기에 사용한 중재 방법을 계속 사용할 경우 변화가 적을 것임을 알려 준다. 이런 중재 방법이 잘 작동하지 않는다는 정보를 얻었을 때 얼마나 더 유지해야 하는지 확정하는 것은 한계가 있다. 이번의 경우 닉은 일, 혹은 주마다 측정한 정보가 학생이 발전하고 있지 않음을 알려 주며 수준 2 중재 방법은 바뀌거나 다른 방법으로 대체되어야 한다. 새로운 중재 방법은 최소한 세 가지 정보가 수집될 때까지 유지되어야 하며, 검토를 통해 잘 작동하는지 확인해야 한다.

중재를 어느 정도의 기간 동안 사용하고 구성된 정보를 어떻게 해석하느냐는 RTI의 핵심 근본이다. Riley-Tillman과 Burns(2008)는 그들의 저서에서 어떻게 진전도 정보를 해석해야 할지 탁월한 방법을 제시한다. 여기에 정보를 검사하는 방법이 생산적으로 요약되어 있다. 대부분의 데이터는 (1) 무응답, (2) 적은 반응, (3) 충분한 반응, 이렇게 해석된다. 의학에서는 fMRI를 활용하여 실제 뇌의 변화를 흥미롭게 제시하지만(Odegard, Ring, Smith, Biggan, & Black, 2008) 공교육 환경에서는 FMRI와 같은 장비를 활용하기 힘든 실정이므로 다른 방법을 사용해야 한다. 다행히도 CBM과 같은 방법들이 믿을 만하고 정확하게 학생의 학문적, 행동적 변화를 나타내 준다(Silberglitt & Hintze, 2007; VanDerHeyden & Burns, 2009; Van DerHeyden et al., 2007; Walker, Carta, Greenwood, & Buzhardt, 2008).

우리는 교사와 팀들이 진전도 정보를 인지할 수 있도록 돕는 자료로서 진전도 점검 워크시트를 가지고 있다. 빈칸 버전이 양식 7.9, 그림 7.9의 형태로 완성되어 재탄생되었다. 이 워크시트는 데이터에 근거하여 학생의 진전도 상황에 대한 명확한 질문과 결정을 검토하도록 해 준다. 데이터 검토 시간은 효율적인 RTI의 실제를 위해서 필수적인 것으로 입증되어 왔다(Duhon, Mesmer, Gregerson, & Witt, 2009). 이번의 경우 닉의 6주

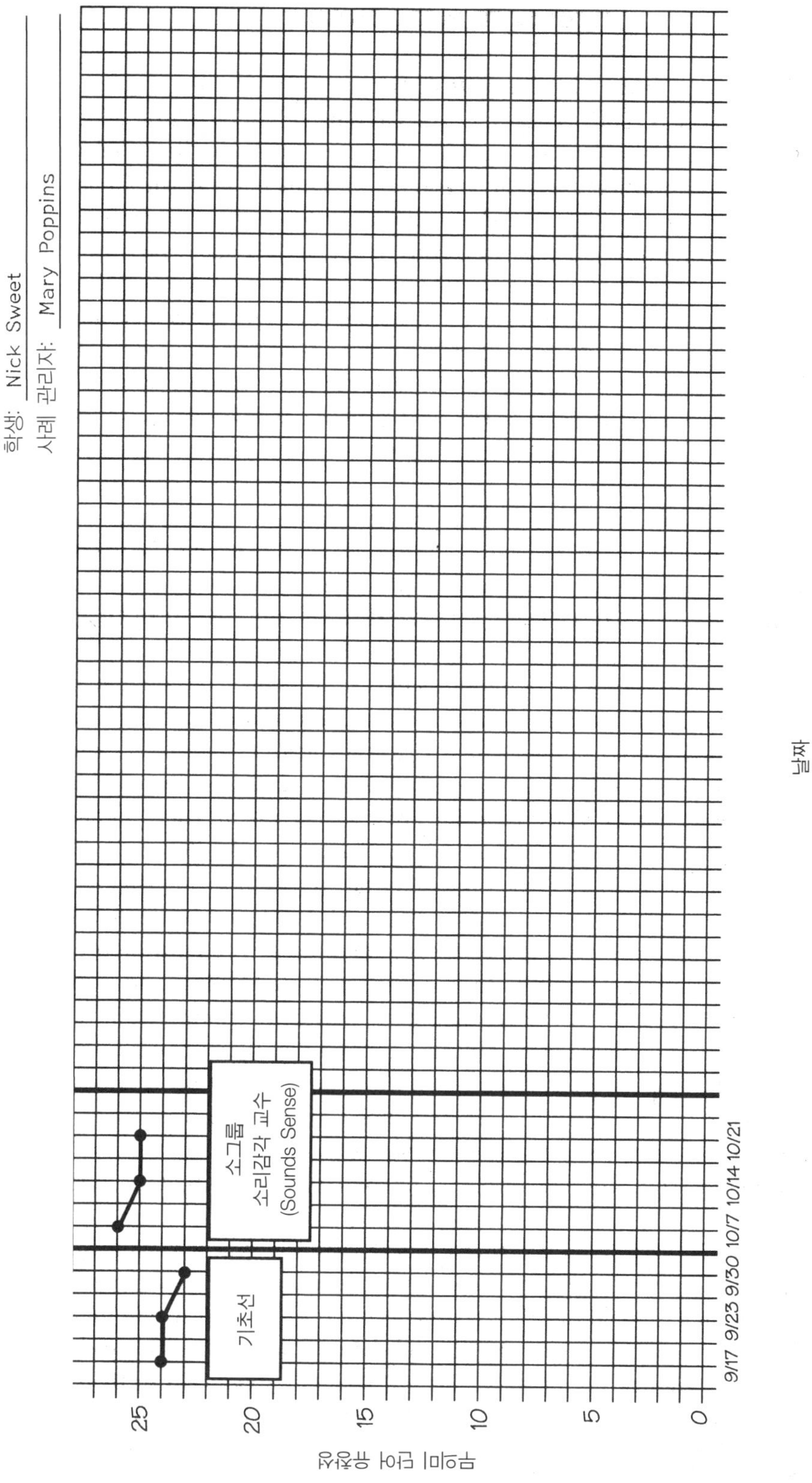

[그림 7.8] 진전도 모니터링 그래프의 예시

학생: Nick Sweet	학년: 1	교사: Mary Poppins
수준 2 교수 프로그램: 소리감각(Sounds Sense)		
교수자는 누구인가? Mary Poppins		
교수 그룹에 포함된 학생 수는 몇 명인가? 4명		
교수 회기는? 매일		
각 회기 시간은? 30분		
학생이 참여한 회기 수는? 30회 중 27회		
진전도 모니터링 데이터에서 학생의 기능 향상이 나타난 부분은 몇 개인가? 1개		
진전도 모니터링 데이터에서 학생의 기능 향상이 나타나지 않은 부분은 몇 개인가? 4개		
학생의 최근 능력을 일반적인 성취를 보이는 또래집단과 어떻게 비교할 것인가? Nick의 현재 점수인 25점은 1학년 학생의 중간고사 점수의 최소한의 기준점인 30점 이하에 해당한다.		
얻어진 데이터를 바탕으로, 현재 제공되는 프로그램에서 어떠한 수정을 할 수 있는가? Nich은 지난 2주 동안 소리감각 교수에서 충분한 진전을 보이지 못했다. 따라서 그의 읽기를 향상시키는 데 소규모 그룹 형태의 교수가 도움을 제공할 수 있는지 살펴보기 위해, Nick과 다른 학생들과 함께 매일 2:1 교수를 시작할 것이다.		
수정된 프로그램은 언제 시작될 수 있는가? 10/26, 월요일		
학생의 진전도 검토는 언제 다시 할 것인가? 11/13, 금요일		
모든 진전도 모니터링 데이터와 그래프들은 반드시 첨부하시오.		
작성자: Mary Poppins, MEd		날짜: 2009. 10. 21

[그림 7.9] 학생 진전도 검토 워크시트의 예시

이상의 교수 과정이 진전도 정보를 통해 효과가 미약함을 나타내었다. 세 가지 관점으로 변화하는 평가 과정의 데이터에서 말이다. 이 데이터에 기초하여 교사는 그의 프로그램을 바꾸기로 결정했다. 10월 26일을 기점으로 그녀는 Nick을 2명의 소그룹으로 전환시켰다. 새 그룹에서 닉의 발전 진행은 이 장의 뒷부분에서 검토하도록 할 것이다. 중요하게, 그의 선생님은 새 그룹 크기가 닉을 돕는지 확인하기 위해 명확한 검토 날짜를 설정했다.

닉의 사례에서 본 것처럼, 학생의 진행 정보는 RTI 실제의 핵심이다. 중요하게도, 수준 2 교수 과정에 참여한 학생들은 두 가지 이유에서 규칙적으로 평가받아야 한다. 첫째, 빈번한 피드백이 학생의 발전을 강화한다. 둘째, 규칙적인 정보를 수집해야만 추가적인 지도가 학생의 기능 발전에 필요한 진행 과정인지 아닌지 학생과 교사 모두 알 수 있기 때문이다. 언급했듯이, 진전도 정보는 중재가 시작될 때부터 수집되도록 해야 한다. 몇몇의 경우, 중재 프로그램은 진전도 평가 도구를 포함하고 있다. 예를 들면 읽기와 수학을 위한 Great Leaps의 경우 매일 평가할 수 있는 자료를 한 부분으로 할애하고 있다. 또, 진전도 점검 차트가 세트에 포함되어 있다. 중재 과정이 진전도 측정 자료를 갖고 있지 않은 경우, 별도로 출판된 것을 사용할 수 있다. 진전도 점검 평가 자료는 기초적인 읽기, 철자법, 수학 기능을 키우기 위해 발전해 왔다. DIBELS 시스템의 경우 모든 DIBELS 과제에 대한 모든 진전도 점검 양식, 소리 내어 읽기의 유창성을 영어와 스페인어 버전으로 가지고 있다. 쉬운 CBM의 경우 읽기와 수학에 대한 진전도 측정 자료를 가지고 있다. AIMS 웹 CBM 측정은 이를 구매할 경우, 읽기, 철자법, 쓰기, 수학에 대한 진전도 모니터링 자료들을 포함하고 있다(Pearson Education, 2008). 사용하고 있는 중재 방법에 대한 적절한 진전도 측정 방법이 없을 경우에는 웹사이트(www.interventioncenter.org)의 소프트웨어를 활용할 수 있다. 진전도 점검 평가가 통합적으로 사용되는 두 가지 특징적인 양상이 있다. 첫째, 중재 교수 과정에 정확하게 같은 기능들을 포함하도록 요구될 때이다. 둘째, 서로 다른 양식 사용을 위해서 적어도 20개 정도의 양식이 필요할 때이다.

진전도 점검 자료에 더하여 교사는 학생의 진전도 정보를 그래프로 나타낼 수 있는 방법을 원한다. 재사용 가능한 그래프 양식을 양식 7.10에서 볼 수 있다. 이 그래프는 X와 Y 사이에 일정한 간격을 갖고 있고 교사나 학생의 Y축에는 수치를, X축에는 날짜를 기입할 수 있다. 완성된 샘플이 그림 7.8과 7.10이다. 가장 이상적인 것은 학생이 직접 자신의 정보를 입력하는 것이다. 교사의 시간을 절약할 수 있고 학생 스스로가 기능 수

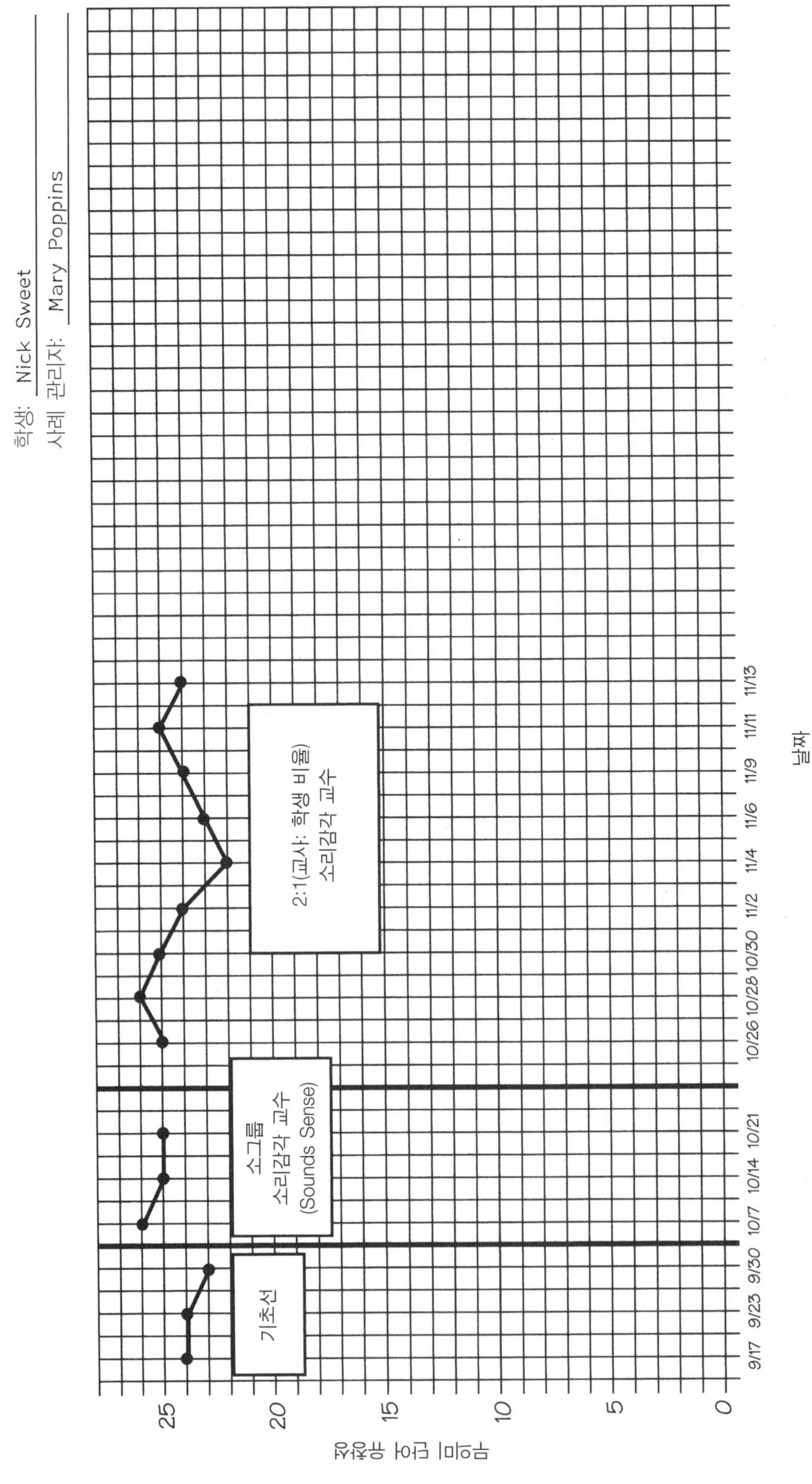

[그림 7.10] 추가적 교수를 활용한 진전도 모니터링 자료의 예시

행의 주체이기 때문이다. 수준 2에서 진전도 점검 정보는 적어도 한 달에 한 번 수집되어야 한다. 수준 2에서 많은 교사들이 매주 성취 정보를 얻고자 한다. 만약 진전도 정보가 학생이 매우 느린 발전을 보이고 있다고 알려 줄 때, 오류 분석은 학생이 정확히 어떤 부분에서 어려움을 겪는지 확인하도록 도울 수 있다.

6단계: 정보에 근거한 교수적 결정과 사용

학생의 진전 상황에 관해 적어도 세 가지 정도의 정보만 있으면 그래프를 통해 다음 단계에서 어떤 조치를 취하는 것이 좋을지 검토할 수 있다. 5장에서 논의했듯이, 이런 검토를 실시하는 가장 쉬운 방법은 단일 주제 연구 방법이다. 정보를 검토하기 위한 명확한 기준은 5장 88쪽에 있다. 이 과정의 첫 단계는 이전의 중재와 현재의 중재에서 학생이 어떤 수행 능력을 보이는지 비교하는 것이다. 기준치와 중재 후 사이에 의미 있는 정보가 없을 경우에도 의미 있는 정보가 만들어질 수 있다. 만약 중재 정보가 20% 이상 겹칠 경우, 기준치 정보와 유의미하게 다른 점이 없다는 걱정이 생기게 된다. 데이터가 너무 많이 겹칠 경우 중재 효과성 문제가 있는지 판단하는 데 중요하게 고려할 수 있다. 정보가 20% 이상 겹치지 않을 경우를 대비해서 중재 동향이 반드시 검토되어야 한다. 정보가 학생의 능력이 향상되고 있음을 보여 주면 중재는 작동하고 있는 것이다. 이런 상황에서 교사는 학생이 얼마나 빨리 목표 수준에 도달할 수 있을지 판단할 필요가 있다. 만약 정보의 동향을 봤을 때 학생의 학습 목표가 기대된 시간에 충족되었을 때 중재는 학생의 요구와 목표 이상을 위해 적어도 6주 동안 제공되어야 한다(Powers et al., 2007).

학생이 바람직한 능력을 만들어 가고 있는 과정이라도 교사는 언제 중재를 줄이거나 끝낼지 판단하기 위해 정보를 지속적으로 점검할 필요가 있다. 학생이 여섯 가지 이상의 학년 수준의 능력을 보일 때 중재를 줄이거나 마칠 수 있다. 일반적으로 중재는 반드시 점진적으로 줄여야 한다. 예를 들어, 매일 중재를 받던 학생은 수준 2 중재를 끝내기 전 일주일에 2, 3번 정도의 진전도 점검을 받고 기능이 유지되는지 확인할 수 있다. 다음 단계나 행동을 취하기 전에 항상 정기 평가를 통해 학생의 진행 정보 전체를 획득해야 한다. 수준 2에서 좋은 결과를 보인 학생에게는 추가적인 RTI 단계가 필요 없다. 아직 성공적이지 않은 학생에게는 지원할 수 있는 단계가 남아 있고 제공될 수 있다.

7단계: 교수의 빈도, 시간, 강도의 증가

정보가 학생의 능력이 개선되지 않거나 충분하지 않음을 보여 줄 때 최근 사용된 중재는 수정되거나 바뀔 수 있다. 몇몇의 경우, 중재 변화는 중재 회기 시간을 늘리거나, 참가 학생을 줄이거나, 목표 기능을 연습하는 횟수를 늘리는 것을 포함할 수 있다. 만약 이와 같은 중재 변화가 학생의 기능을 향상시키지 못하거나 충분하지 않은 경우, 새로운 중재가 시작되어야 한다. 중요하게도, 첫 중재에서 반응이 없던 학생들이 두 번째 중재에서는 반응을 보인다. 종종 학생이 필요로 하는 중재의 변화는 *강도*와 관련 있다. 학생에게 제공하는 더 효과적인 교수의 실제는 6장에 설명되어 있다(Barnett, Daly, Jones, & Lentz, 2004; Bryant, Bryant, Gersten, Scammacca, & Chavez, 2008; Clements, Bolt, Hoyt, & Kratochwill, 2007; Daly, Johnson, & LeClair, 2009). 닉의 경우, 그의 선생님은 닉의 반을 더 자세히, 자주 살피기 위해 지도 회기에서 적응 학생만을 관찰하기로 결정했다. 이 새로운 중재의 진전도 정보는 그림 7.10에 나타나 있다.

> **교사는 RTI 작동을 위해 진전도 정보를 어떻게 해석하는지 반드시 이해하고 있어야 한다. 학생의 학습 요구 반응에 따른 교사의 교수 조정이 이루어질 때 진정한 반응 교수가 제공된다.**

새로운 중재가 시작하면 교수 형식의 변화는 진전도 점검 그래프에 기록될 필요가 있는데 그래프에 수직선을 그어 이것을 나타낼 수 있다. 새 중재 과정에서 같은 진전도 측정 방법이 사용된다면 새 진전도 점검 정보는 전에 쓰던 같은 그래프에 기록될 수 있다. 어떤 중재의 변화라도 그래프에 수직선으로 표시될 필요가 있다. 비록 회기의 길이 변화 같은 적은 변화라도 중재 사이의 방법적인 차이를 쉽게 감지할 수 있도록 반드시 기록되어야 한다.

8단계: 소그룹 교수의 검토, 수정 또는 중지

그림 7.10에서 볼 수 있듯이 닉은 두 학생을 포함한 회기에서 어떤 것도 얻지 못했다. 새 조건 아래에서 실시한 엉뚱한 말 유창성 평가에서 닉의 점수는 향상되지 않았다. 이러한 정보의 결과로, 문제 해결팀은 닉에게 특수교육을 위한 평가에 대해 말하기로 결정했다. 우리의 RTI 모델에서, 수준 3은 특수교육 전문가에게 의뢰하기와 평가 과정을 포함하고 있지만, 이것 자체가 특수교육과정은 아니다. 수준 2에서 수집된 모든 정보는 평가 과정에 반드시 사용되어야 하고, 특수교육 전문 양식이 동반되어야 한다. 그림 7.11은 전용 빈칸 양식으로 이것은 완성된 예이다. 중요하게도, 이 양식은 학생을 돕기 위한

<table>
<tr><td>학생: Nick Sweet</td><td>학년: 1</td><td>교사: Mary Poppins</td></tr>
<tr><td colspan="3">학생의 교수적 요구가 어떻게 처음 발견되었는가?
Nick은 모든 기준점에서 얻은 유치원 DIBELS의 점수가 위험 범위에 속함</td></tr>
<tr><td colspan="3">수준 2에서 학생의 지식/기술을 향상시키기 위해 사용된 교수방법
3주 동안 4~5명의 학생과 함께 소그룹의 소리감각 훈련을 실시하고, 이어서 3주 동안 2명의 학생과 함께 소그룹의 소리감각 훈련을 실시함. 배운 소리와 무의미 단어들 그리고 배운 단어로 구성된 짧은 이야기들을 읽고 연습함</td></tr>
<tr><td colspan="3">수준 2 교수 프로그램 제공자는 누구인가?
Mary Poppins, 자격을 갖춘 특수교육 교사</td></tr>
<tr><td colspan="3">수준 2 교수를 진행하는 동안 학생의 진전도 점검을 위한 측정도구
DIBELS의 무의미단어 유창성</td></tr>
<tr><td>수준 2 프로그램 시작일: 10/7</td><td colspan="2">수준 2 프로그램 검토 날짜: 10/21, 11/11</td></tr>
<tr><td colspan="3">학생의 최근 교수적 요구들을 기술하시오.
Nick은 소리-기호 대응을 배워야 하며, 알파벳 원리를 숙달해야 한다. 그는 알파벳 원리를 이용하여 몇 가지 단어들을 해독할 수 있지만 여전히 단어의 모든 글자에 해당하는 소리를 파악하지는 못한다.</td></tr>
<tr><td colspan="3">현재 학생이 제공받고 있는 추가적인 교수는 무엇인가?
Nick은 종합적인 평가가 완수될 때까지 매일 30분 동안 2:1 교수를 통한 소리감각 교수를 제공받는다.</td></tr>
<tr><td colspan="3">위에서 언급된 모든 진전도 모니터링 데이터와 그래프들은 반드시 첨부하시오.</td></tr>
<tr><td colspan="2">양식을 완성한 사람: Mary Poppins, MEd</td><td>날짜: 2009. 10. 21</td></tr>
</table>

[그림 7.11] 수준 3으로의 이동을 위한 특수교육 워크시트의 예시

BOX 7.4

수준 2와 수준 3의 차이점은 무엇인가?

자료나 방법의 측면에서는 둘의 차이점이 정말 없다. 둘을 구분하는 차이점은 바로 적용 강도이다. 수준 2보다 수준 3의 강도가 세다. 예를 들어 수준 2는 일주일에 2~4번 30분씩 중재를 한다. 대개 4~6명이 수준 2의 그룹 학생 수이다. 수준 3에서는 더 긴 회기가 매일 열리고 그룹의 학생 수도 더 적다. 2의 경우 핵심 프로그램을 바꾸는 일이 절대 없지만 3는 핵심 교수를 가끔 바꾸기도 한다.

구분	수준 2	수준 3
형식	과학기반	과학기반
집단 크기	4~6명	1~3명
빈도	1주일에 2~4	1주일에 5번
시간	20~30분	30~90분
핵심을 바꿀 수 있는가	아니다.	그렇다.
진전도 점검을 하는가?	그렇다.	그렇다.

교수의 형식, 시간, 빈도, 강도에 대한 정보를 제공한다. 수준 2와 3의 차이점은 Box 7.4에 요약되어 있다.

3장에서 언급했듯이, IDEA 2004는 RTI 정보를 학생이 SLD를 가지고 있는지 아닌지 판명하는 결정 과정에 사용하도록 허용했다. 수준 3에 참여하는 학생들은 집단에 기초한 표준 중재 방식이 효과를 발휘하지 못한 경우이다. 이러한 이유로 수준 3은 다른 접근 방식으로 학생을 돕는데, 바로 개인적으로 문제를 해결하는 방식을 의지하는 것이다. 개인 문제 해결 방식은 표준 방식보다 많은 시간과 에너지가 필요하다. 하지만 수준 2에서 충분하게 반응하지 못한 학생에게는 매우 적합하다. 특수교육 전문가 의뢰와 평가 과정은 많은 시간이 걸린다. 어떤 평가가 이루어지는지, 언제 팀 미팅이 열리는지, 누가 참석할 것인지에 대한 명확한 규칙이 존재한다.

전문기관 의뢰 과정이 진행되더라도 학생은 여전히 도움이 필요하다. 수준 3 기간 동안 학생은 계속해서 강도 높은 중재 과정에 참여한다. 수준 3에 사용되는 중재는 진단의 교수라고 생각하면 된다. 특히 이 접근은 효과가 있는지 확인하기 위해 매우 강도 높은 교수를 일대일로 학생에게 실시한다. 수준 2와 마찬가지로 수준 3도 정보 수집이 가능하다.

보통 이런 정보는 일주일에 한 번, 심지어 하루에 한 번씩 빈번하게 수집된다. 이런 진전도 정보는 학생의 반응이 높은 강도의 교수에서 괜찮은지 아닌지 확인하기 위해 평가과정과 문서 작성에 사용된다. 평가를 포함하여 수준 3을 어떻게 실행할 것인지에 대한 책으로 Hunley와 McNamara(2010)의 「수준 3 of the RTI Model」을 추천한다.

9단계: 종합적인 평가

몇 가지의 입증된 중재 방법을 사용했음에도 학생의 발전이 없다면 어떻게 해야 하는가? 학생의 성공적인 학교생활을 돕는 데 최고라고 알려진 중재에서 필요한 것들을 얻지 못하고 학생이 원하는 발전을 못 이루고 있을 때, 학생은 전문기관이나 전문가로부터 특수교육 적격 종합 심사를 받아야 한다. 2장에서 언급했듯이 RTI 방법은 NCLB와 IDEA 2004 모두에 속해 있다.

다른 말로, 학교는 학생이 특수교육에 대한 의뢰를 하기 전에 학생의 교육적 요구를 충족시키기 위해 노력할 필요가 있다. 과학적 근거에 기반한 수준 1, 2 모델을 사용했음에도 학교생활에 성공적으로 적응하지 못하는 학생에게는 보다 전문화된 교육 서비스와의 만남이 상당히 필요하다. 2004년 IDEA 개요에서는 평가 과정에서 RTI 과정에서 수집된 정보만큼이나 학생이 표현한 요구를 고려할 것을 서술하고 있다. 평가 과정의 목표는 학생이 학교에서 겪는 어려움의 본질을 규명하는 것이다(Flanagan & Harrison, 2005). 학생이 정학이나 퇴학을 마주하는 상황에서 평가가 매우 빠르게 실시된다고 하더라도 RTI 데이터는 꼭 포함되어야 할 중요한 정보이다(Clopton & Etscheidt, 2009).

> 신중하게 설계된 중재 상황 속에서도 학생이 여전히 어려움 속에서 분투하고 있을 때 추가적인 정보와 자료가 필요하다. 포괄적인 평가는 학생이 학교에서 겪는 어려움에 대한 보다 상세한 정보를 제공한다. 이 정보는 대안적으로 가능한 교육적 해결책을 만드는 데 사용된다.

10단계: 특수교육 적격성

만약 포괄적 평가의 결과로 특수교육팀이 학생에게 특수교육이 필요하다고 결정한 경우, 팀은 학생의 요구를 충족하는 과학적 기반의 IEP 교수법을 개발해야 한다. 오직 특수교육팀만이 학생이 특수교육 적격자인지 아닌지 판단할 합법적 권리를 갖는다. 소수의 몇몇 학생들은 특수교육 대상자가 되어 모든 교수를 특수교육과정을 통해 받는 반면에 다른 많은 학생들은 특수와 일반을 오가는 통합교육을 받게 될 것이다. 모든 경우에 학생의 발전상 요구를 자주 점검하여 효과적인 교수 과정을 기록하고, 프로그램 변경 시 기반이 될 정보를 마련해야 한다. 수준 2, 3에 사용된 진전도 점검 단계는 IEP 진전도 점검에도 사용 가능하다.

요약

이 장에서는 RTI 실제 단계에 대해 포괄적으로 논의했다. 학교에서 RTI 과정을 실행할 때 교육자가 고려해야 할 10가지 단계가 있다. 모든 학생에게 10가지의 모든 단계가 필요하진 않다. 이 장에 포함된 워크시트는 교육자가 RTI 방법을 그들만의 방법으로 활용할 수 있도록 제공된다. 교사들은 학생에게 맞추어 워크시트나 절차를 선택할 것이다. 교수 방법이 과학적 근거에 의하여 학생의 진행 상황에 관해 정확하게 자주 수집되는 한 RTI의 적용은 모든 학생에게 균형적인 측면에서 이득이 될 것이다.

양식 7.1

RTI 실행 체크리스트

체크	RTI 단계
________	1. 과학적 기반의 일반 교수방법을 실행한다. _______ 통합평가를 통한 교수과정의 정확성 확인
________	2. 일 년 동안 최소한 세 번 이상 학생의 수행 기준 자료를 모은다.
________	3. 어떤 학생이 기준 목표에 도달하지 못했는지 확인한다.
________	4. 최소 3주 동안 기준점 아래의 점수를 나타낸 학생들에게 과학적 기반의 소그룹 교수를 제공한다. _______ 통합평가를 통한 교수과정의 충실도 확인
________	5. 학생의 목표 성취 정도 점검을 위해 매일 평가와 3주 동안의 정보 그래프를 사용한다.
________	6. 3주 후에 수정할지 소그룹 교수를 증가할지 학생의 능력과 진전을 보고 검토한다.
________	7. 첫 3주 후, 학생이 기준점에 도달하지 못했을 때, 강도, 시간, 빈도를 증가시키고 3주 더 지켜본다.
________	8. 3주 후에 학생의 수행 능력과 도달 정도(기준점에 비해)를 보고, 수정할지 소그룹 활동을 중지할지 검토한다.
________	9. 일 년이 지난 뒤에도 학생에게 기준점을 도달한 근거가 없을 때 학생이 특수교육 대상자인지 아닌지 결정하기 위한 종합평가를 실시한다.
________	10. IEP 팀이 학생에게 장애가 있고 특수교육 서비스를 받을 필요 조건을 충족한다고 판단할 때 IEP는 새로운 학생 교수 프로그램을 개방해야 한다.

양식 7.2

교수 자료 검토 학습지

프로그램	발행자(발행일)	조사 근거	지역 목표와의 관련	관찰자

양식 7.3

처치 충실도 체크리스트

교사 이름: ______________________ 날짜: ____________ 시간: ____________

과목/수업: ______________________ 평가자: ____________ 본인/기타: ____________

지침: 중재를 실행하는 개인은 매일의 활동 마지막에 다음의 중재를 어떻게 실행했는지에 관해 해당 양식을 작성해야 한다.

중재 실행자: ______________ 담임 교사: ______________ 기타: ______________

중재 요소	수행 여부		조건
	예	아니오	

양식 7.4

기준 도달 계획

학교/지역: ______________________ 연도: __________ 학기: 가을 겨울 봄

업무	책임자	마감기한	비용	완수	책임자 이름 약자
기준점을 위한 자료 선택					
필요한 자료 구입 및 복사					
(필요하다면) 학생 이름표 만들기					
수집된 자료 분석					
자료 구성 및 분배					
해당하는 날짜에 기준점 모으기					
결석 학생을 위한 보충 기준점 모으기					
컴퓨터에 학생 점수 입력					
데이터 요약본 구성 및 분배					
추가적 교수가 필요한 학생 확인					
RTI의 다음 단계 실행: 수준 2 교수					

참고:

양식 7.5

기준점 실행 워크시트

무엇을	언제	누가	어디서	필요한 자료	데이터 준비
가을학기 기준					
겨울학기 기준					
봄학기 기준					

양식 7.6

수준 2 교수 계획 위크시트

학생	교수적 요구	시도된 교수방법	진전도 점검 측정	중재 시작일	진전도 검토일	책임자 이름 약자

양식 7.7

오류 분석 워크시트

학생 이름: ______________________ 학년: ______________

선별검사 데이터 분석

읽기:

_____ 머리글자 소리 유창성(ISF)
_____ 문자 읽기 유창성(LNF)
_____ 문자 소리 유창성(LSF)
_____ 음운 분절 유창성(PSF)
_____ 무의미 단어 유창성(NWF)
_____ 음독 읽기 유창성(ORF)
_____ 빈칸 채우기 검사
_____ 기타: ______________

수학:

_____ 소리 내어 세기(OC)
_____ 숫자 식별(NI)
_____ 양 식별(QD)
_____ 빠진 수 찾기(MN)
_____ 단일 능력 유형: ______________
_____ 혼합 능력 유형: ______________
_____ 수학적 개념과 적용(MCAP)
_____ 기타: ______________

쓰기:

_____ 알맞게 쓴 연속된 글자 수(CLS)
_____ 쓰여진 전체 글자 수(TWW)
_____ 알맞게 쓴 연속된 단어 수(CWS)
_____ 기타: ______________

행동(걱정되는 행동에 관한 목록):

_____ 행동장애를 위한 체계적 선별
_____ 사회기술 향상 시스템
_____ 기타: ______________
_____ 기타: ______________

선별검사 데이터에 기초하여, 다음의 질문에 답하시오.

1. 학생이 맞힌 문제는 몇 개인가? ______________
2. 학생이 틀린 문제는 몇 개인가? ______________
3. 구체적인 오류 내용: ______________
4. 가장 주요한 오류는 무엇인가? ______________
5. 학생의 수행에 대한 기타 의견: ______________

양식 7.8

수준 2 교수자료 검토 워크시트

프로그램	프로그램에서 다루는 지식과 기능	프로그램 해당 연령/학년	연구기반 지원 프로그램	학생의 진전도 점검방법	비용

양식 7.9

학생 진전도 검토 워크시트

학생:	학년:	교사:
수준 2 교수 프로그램:		
교수자는 누구인가?		
교수 그룹에 포함된 학생 수는 몇 명인가?		
교수 회기는?		
각 회기 시간은?		
학생이 참여한 회기 수는?		
진전도 모니터링 데이터에서 학생의 기능 향상이 나타난 부분은 몇 개인가?		
진전도 모니터링 데이터에서 학생의 기능 향상이 나타나지 않은 부분은 몇 개인가?		
학생의 최근 능력을 일반적인 성취를 보이는 또래집단과 어떻게 비교할 것인가?		
얻어진 데이터를 바탕으로, 현재 제공되는 프로그램에서 어떠한 수정을 할 수 있는가?		
수정된 프로그램은 언제 시작될 수 있는가?		
학생의 진전도 검토는 언제 다시 할 것인가?		
모든 진전도 모니터링 데이터와 그래프들은 반드시 첨부하시오.		
작성자:		날짜:

양식 7.10

진전도 모니터링 그래프

학생: ____________________ 사례 관리자: ____________________

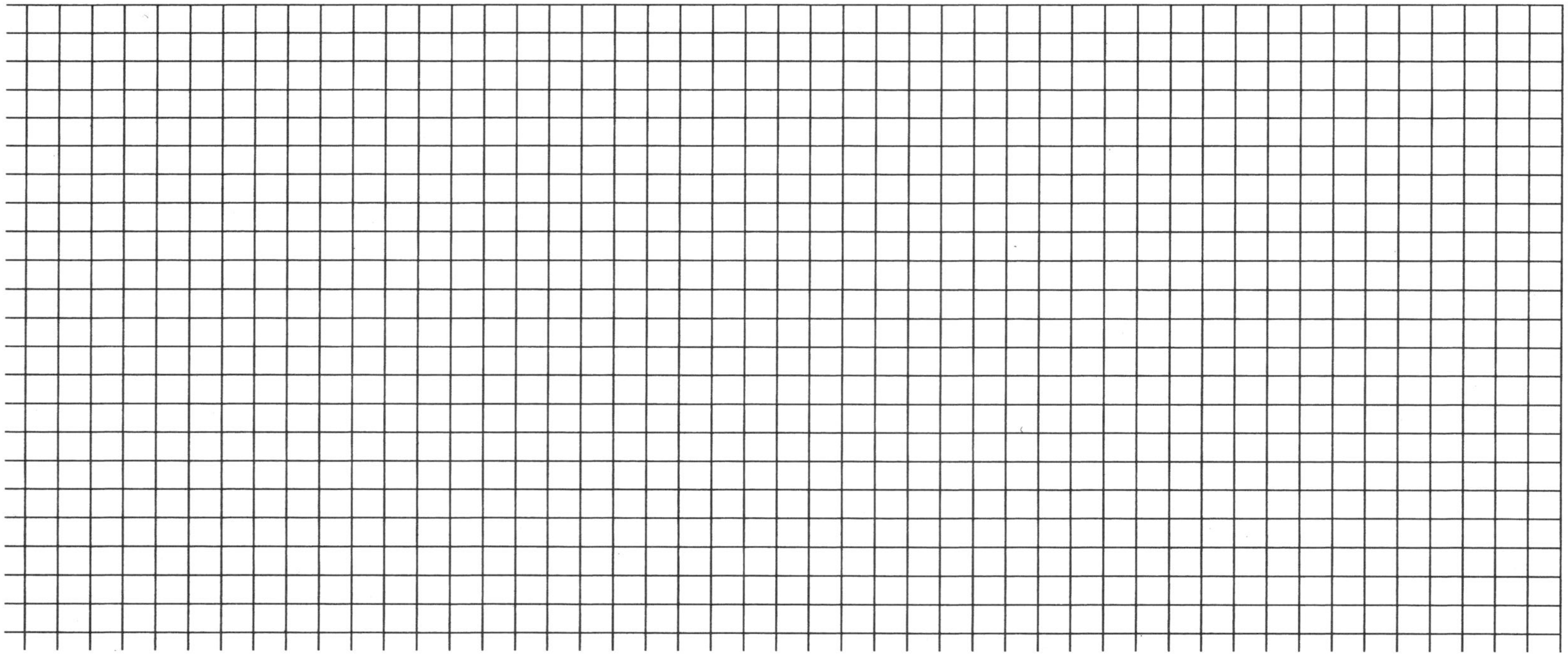

날짜

양식 7.11

수준 3으로의 이동을 위한 특수교육 워크시트

학생:	학년:	교사:
학생의 교수적 요구가 어떻게 처음 발견되었는가?		
수준 2에서 학생의 지식/기술을 향상시키기 위해 사용된 교수방법		
수준 2 교수 프로그램 제공자는 누구인가?		
수준 2 교수를 진행하는 동안 학생의 진전도 점검을 위한 측정도구		
수준 2 프로그램 시작일:	수준 2 프로그램 검토 날짜:	
학생의 최근 교수적 요구들을 기술하시오.		
현재 학생이 제공받고 있는 추가적인 교수는 무엇인가?		
위에서 언급된 모든 진전도 모니터링 데이터와 그래프들은 반드시 첨부하시오.		
양식을 완성한 사람:		날짜:

제8장

다양한 학생을 위한 RTI 적용

능력, 문화, 언어, 인종, 종교 고려하기

다양한 학생의 배경과 요구

미국 학교의 학생들은 배경이 아주 다양하다(National Center for Education Statistics, 2004). 미국의 어떤 지역에서는 대다수의 학생들이 스페인어를 말한다(혹은 다른 언어). 많은 학생들은 인종적, 문화적, 언어적 능력에 대한 독특성을 지니고, 지배적인 미국 전통과는 다른 종교적 정체감을 가진다. 이들 독특한 배경의 결과 일부 학생들은 그들의 교사와는 서로 다른 기대와 신념을 가지고 학교에 온다. 실제로 학교 학생집단이 점차 다양해지고 있지만, 미국 교사의 인구통계학적 프로파일은 주로 영어를 말하는 백인종이다(Jones, 2009; National Center for Education Statistics, 2004). 학생과 교사의 배경의 차이로 인한 결과 중의 하나는 학생들이 교사들로부터 오해를 받는다고 느끼는 점이다(Cartledge, 1996). RTI 과정은 다양한 배경과 경험을 가진 학생들에게 효과적인 것으로 나타났으므로 교육자들은 RTI의 방법을 사용할 때 학생들의 독특한 특성을 잘 고려할 필요가 있다(Brown & Doolittle, 2008; Haager, 2007). 불행히도 과거에는 다양한 배경을 가진 학생들이 장애를 가진 것으로 식별되어 왔다(Rinaldi & Samson, 2008). 이 장은 RTI 단계가 다양한 능력뿐만 아니라 문화, 언어, 인종, 종교적 입장을 가진 학생들에게 효과적으로 사용될 수 있는지에 대한 논의와 설명을 제시한다.

> 인종차별을 하지 않는다고 하지 말자. 다양성은 단순히 민족, 인종, 언어 그 이상이다. 또한 능력, 종교, 사회경제적 다양성은 학생들의 중요한 다른 측면이다.

미국의 가족들 사이에서 나타난 가장 주목할

만한 배경은 모든 학생들이 학교에서의 경험과 관련하여 같은 기대를 공유하지 않는다는 것이다.

능력

*능력(ability)*은 인간발달의 모든 영역과 관련된 것으로 개별 학생의 어린 시절의 지적 능력을 설명하는 데 사용하는 다소 부정확한 일반적인 용어이다. 능력의 반대말은 장애이다. *장애(disability)*라는 용어는 개인의 삶의 모든 측면에 영향을 미치는 발달성향을 말하는 데 널리 사용된다. 또한 장애라는 용어는 여실히 부정적 의미를 가지고 있어서 오히려 능력이라는 용어를 사용하기를 선호한다. 능력이란 개인 특유의 특성과 특징을 의미하고 이는 학교 경험과 수행에 영향을 미친다. 예를 들어 뇌성마비를 가진 학생은 근육이나 지체에 이상이 있을 수 있고 이것이 학교생활에 영향을 준다. 자폐증을 가진 학생도 개인 특유의 행동을 가지고 이는 대인간 소통에 영향을 미친다. 능력이라는 용어를 사용함으로써 학생들이 할 수 없는 것이 아닌, 학생이 할 수 있는 것을 강조할 수 있다. 학생이 학교에 입학할 때까지 획득한 특정 능력 경험이 학습 역사를 만들고 이들 경험은 학생과 가족의 학교 기대에도 영향을 미칠 것이다.

장애, 청각장애, 맹아, 자폐, 유전적 기형과 같은 조건을 가진 경우에 학생의 독특한 능력과 특정한 제한점은 학교에 입학하기 전의 긴 기간에 확인된다(Brown & Brown, 2005). 사실, 이러한 상태에 있는 학생들에게 조기 검사와 중재는 큰 도움이 될 수 있다(Bagnato & Neisworth, 1991). 예를 들어, 청각장애나 시각장애의 경우 학생의 가족(부모)이 바람직한 의사소통 교육에 대한 주요 결정을 이미 내렸을 가능성이 높다. 이 교육은 American Sign Language(ASL), Signed Exact English(SEE), 구어훈련, 보청기, 또는 이러한 모든 접근법의 조합을 사용한다. 청각을 잃은 학생에게 의사소통 교육은 유치원 이전에 잘 시작될 수 있지만, 이후의 학교교육에 지속적인 영향을 줄 것이다. 마찬가지로 생후 및 어린 시절에 장애가 발견된 학생은 이러한 점이 처음 학교에 입학할 때 고려될 것이다. 학생의 어린 시절 중재와 경험은 필연적으로 이후의 학업 수행에서 개인적인 기대와 목표에 영향을 준다.

> 다양성은 가정에서 시작한다. "우리는 각자 하나의 실험이다. 우리는 모두 독특하고 다시 반복되지 않는 사건이다"(Sheehan, 2009).

다른 학생들은 정규 학교에 입학할 때까지 장애의 특성을 가졌는지 확인되지 않을 것이다. 이것이 *어린이 검사(child find)*의 필요성과 활동에 대한 이유 중 하나이다. 어린이 검사는 모든 공립학교처럼 유치원을 다니기 이전 3~5세 아동의 발달상의 필요를 찾아주고 도와주는 유치원 중재 프로그램을 제공하는 계획이다. 어린이 검사의 목적은 조기 중재 서비스의 제공으로 도움을 받을 수 있는 학생에게 중재를 제공하고 확인해 주는 것이다. 유치원 검사 과정은 어린이 검사의 일부인데, 5세에 정규 학교에 입학할 때 모든 학생의 능력 특성을 관찰하는 방법이다. 발달장애를 가진 학생들 중 일부는 유치원 검사나 그 이후의 검사에서 장애가 발견되지 않는 경우가 있다. 다시 말하면, 학생의 특정한 장애 능력 특성이 정식으로 확인되는 시점은 학교에서 기대되는 수행에 대한 학생과 학부모의 기대가 의미 있게 구체화될 때이다.

예를 들어 한 학생이 유치원 검사에서 언어 중재 서비스가 필요한 것으로 확인되면 학생의 학습과 발달 특성에 관해서 다른 또래 학생들과 비교되는 차이점에 대해 학생과 가족이 알게 된 첫 번째 시기가 될 것이다. 만약 가족이 학생에게 드러난 차이점이 없이 유치원에 갈 준비가 되어 있다고 믿는 상태에서 검사를 받았다면, 이 소식은 큰 충격이 될 것이다. 교사들이 학생의 능력 특성에 관한 정보를 공유하는 방법은 매우 중요하다. 학생의 결핍된 능력을 지적하는 학교 제도와 가족의 첫 만남의 경험이 이후 학교 교사에 의해 이루어지는 만남에 대한 가족의 생각과 반응에 부정적인 영향을 줄 것이다. 가족과 학교의 관계를 좋게 만들기 위해서 학교 교사는 취학 전 학생에 대한 가족의 신념, 인식, 경험에 대해 고려해야만 한다(Boscardin, Brown-Chidsey, & Gonzalez-Martinez, 2002b).

문화

두 번째로 학교 교사가 고려해야 하는 중요한 배경은 학생의 문화이다. *문화(culture)*라는 용어는 포괄적이지만 학교 밖에서 학생의 일상적 삶에 대한 중요한 측면을 이해할 수 있는 방법을 제공하기 때문에 언급하기로 했다. 학생의 문화적인 배경은 우리가 논하는 다른 경험들과 중복될 수 있다. 그러나 문화적인 양식과 신념은 그들 자신의 설명을 구체적으로 정당화하기에 충분하다. 예를 들어 어떤 학생은 학교 교사에 의해 고려되어야만 하는 청각장애나 시각장애의 특성을 가지고 있다. 또한 그들은 자신들의 능력 특성과 겹치는 문화적인 경험을 가지고 있을 것이다. 미국에는 교육자들에 의해 이해되어야만 하는 확인 가능한 농문화가 있다. 농문화가 없으면 청력은 불필요하고, ASL이나 SEE를 이용한 시각적인 의사소통이 기준이 된다. 농문화의 존재에 대한 이해는 청각장애가 있는 학생과 함께 일하는 사람들에게 중요하다.

교육자가 이해해야 하는 다양한 문화들이 있다. 학업의 기대에 영향을 줄 수 있는 모든 문화적인 차이를 열거하는 것은 거의 불가능하다. 그러나 학생의 학교 경험에 영향을 미칠 수 있는 문화적인 양상을 논의하려고 한다. 한 가지 중요한 문화적인 양상은 가정과 학교 사이의 의사소통과 상호작용과 관련된 기대이다. 어떤 문화집단에서는 가정과 학교 사이에 매우 제한적인 의사소통이 이루어진다. 그런 경우에는 가족 구성원과 학생까지 가정의 일과 학교의 일이 같을 수 없다고 생각한다. 이와 비슷하게 어떤 문화적 전통은 특정한 의사소통과 의례방식이 특별하다. 어떤 문화에서는 아주 공식적인 상호작용이 일반적이다. 예를 들면 학교장, 교사와 기타 교직원들은 의사, 선생님과 같은 공식적인 명칭을 항상 사용해야 한다. 또 어떤 문화에서는 이런 기대가 상호적이고 부모와 가족 구성원들은 공식적인 이름으로 불리기를 기대한다. 만약 교사가 이런 문화적 기대를 오해하고, 성을 뺀 이름으로 가족 구성원을 부른다면 심각한 오해를 불러올 수 있다. 또 다른 문화에서 성을 뺀 이름으로 부르는 것은 부모나 교사일지라도 잘 수용된다. 모든 학교 직원은 이러한 문화적 다양성을 인식할 필요가 있다(Jones, 2009; Ortiz & Flanagan, 2002)

언어

앞선 예에서 보았듯이 언어는 문화와 밀접한 관련이 있다. 언어와 문화는 상호 연관되어 있고 학생의 학교 학습에 커다란 영향을 미친다(R. Lopez, 1997; Wright, 2004). 언어 수업에 대한 공교육 정책에 대해 다양한 관점이 있다. 어떤 정책입안자들은 영어로만 수업하는 학교를 옹호한다(Purdum, 1998). 또 다른 부류의 정책입안자들은 학생들이 자신들의 모국어를 유지하고 강화할 수 있도록 영어학습 시간에 이중언어 수업을 지지한다(Cummins, 1986, 1996). 연구 결과에 의하면 완전한 이중언어 수업은 학생들의 장기적인 교육 목표를 위해 최선인 것으로 알려져 있다(Willig, 1985). 수업 정책이나 학교에서 제공되는 프로그램과 상관없이 교육자들은 언어 유창성이 학교의 성취에 있어서 중요한 결과임을 인식해야 한다(E. Lopez, 1997). 영어로만 수업하는 학교에서 영어학습을 하는 학생들은 영어에 유창한 학생들과 비교했을 때 손해가 있을 것이다(August & Hakuta, 1997). 이는 부모와 가족 구성원들에게도 마찬가지다. 부모가 영어를 잘 알지 못하는데 학교에서 영어로 된 통지서를 배부한다면 부모는 자녀의 학교 경험에 충분히 참여하기가 어려울 것이다. 마찬가지로 학습자료나 의사소통이 모국어로 제공되지 않는다면 RTI 과정에서도 부모의 참여가 어려울 것이다.

때때로 학생이나 부모의 영어 유창성을 관찰에 의해서 정확하게 평가하기는 어렵다. 왜냐하면 두 가지의 언어발달 수준, 기본 대인관계 의사소통 기술(BICS), 인지적 · 학업적 언어 유창성(CALP) 이들 사이에 기본적인 차이가 있기 때문이다(Cummins, 1979). BICS는 CALP보다 훨씬 잘 발달된다. 일반적으로 학습자들은 2년 동안 영어로 BICS를 발달시킬 수 있지만, CALP가 발달하기 위해서는 적어도 5년이 걸린다(Cummins, 1979). 또래 관찰에 근거하면 학생과 부모는 제2외국어로 또래와 하는 구두소통이 공식적인 문어보다 빨리 발달하므로 영어로 학생과 부모가 효과적으로 의사소통할 수 있는 것 같다(Boscardin et al., 2002a).

일상의 주제에 대해 영어로 학생과 부모가 다른 사람과 이야기하는 것을 지켜보면 전반적인 영어 발달에 잘못된 인상을 제공할지도 모른다. 제스처와 눈 맞춤 같은 비언어적 의사소통이 영어 사용에 도움이 된다. 그러나 영어 회화는 형식적인 영어 사용과는 같지 않다. 또래와 교사와 간략하게 말하는 능력은 영어를 읽고 쓰는 것과는 같지 않다. 이런 이유로 교육자들은 학생이나 부모가 간단한 소통에 기초해서 영어가 유창하다고 가정해서는 안 된다. 그 대신 학교에서 일하는 모든 사람들은 영어 획득 단계를 잘 알아야 하고, 그런 학생과 부모에게 적절한 영어학습 지원을 제공해야 한다.

인종

미국은 인종에 대한 복잡한 역사를 가지고 있다. 비록 최근 수십 년간 법 앞에 모든 사람의 평등한 대우를 개선시키기 위한 정책과 실제가 있었음에도 불구하고, 오랫동안 내려온 인종 차별과 구분은 하루아침에 지워질 수 없었다. 미국헌법과 수정조항에 따라 모든 사람은 명목상의 평등권을 가지지만, 인종적 불평등에 대한 증거는 여전히 존재한다. 교육에 있어서도 아프리카계 미국인, 히스패닉, 아시아인 같은 유색 인종들은 특히 백인과는 다른 교육적 성취를 이룬다는 자료가 있다(국가교육통계센터, 2004). 학업 성취에 대한 모든 인종적 배경의 학생들이 비슷한 잠재력을 가진다는 증거에도 불구하고(Helms, 1992), 어떤 소수인종의 학생은 학업 성취 평가에서 낮은 점수를 받는다. 또 다른 증거에 의하면 소수인종의 학생이 적절한 자료와 효과적인 교수를 제공받을 때 다수인종의 학생보다 수행을 더 잘 했다(Chall, 2000). Carter, Helms, Juby(2004)와

Tatum(1997)이 지적한 것처럼, 인종 정체성은 학교생활을 포함한 개인생활 경험에서 중요한 요인이다. 인종 정체성은 피부색에 상관없이 모든 사람들에게 중요하게 영향을 미치므로, 교육자들은 인종과 인종 정체성이 학생의 학교 경험에 어떻게 영향을 미치는지 잘 알아야 할 필요가 있다.

Kenneth와 Mamie Clark(Klein, 2004)은 인종 정체성에 관한 일련의 세미나를 개최했다. 여기서 보여 준 것은 인종 정체성의 부정적인 영향이었으며, 1954년 *브라운 대 교육위원* 미국 연방대법원 판결사례의 기준이 되었다. 이 사례는 유색(주로 아프리카계 미국인) 학생과 백인 학생 사이에서 교육적 성취의 차이점에 관심을 갖게 했다. 브라운 판결사례는 평등교육에서 분리된 학교는 아프리카계 미국인 학생이 실제로 백인 학생의 학교에 비해 상당히 떨어진다는 사실 때문에 수용할 수 없음을 선언한 것이다. 유색 학생의 교육적 성취를 증대시키려는 수년간의 노력에도 불구하고, 교육 성취에 대한 인종적 구분은 여전히 존재한다(Carter et al., 2004). 특히 유색 인종의 학생들은 백인 학생에 비해 고등학교를 마치고 능력 있는 임금노동자가 될 가능성이 낮다(국가교육통계센터, 2004). 유색 인종의 학생들은 또한 백인 학생에 비해 특수학급에 훨씬 더 많이 배정된다.

미국 학교에서 인종차별에 대한 지식은 RTI 입안자들에게 중요하다. 왜냐하면 대부분의 학생들이 효과적인 교수와 수준 2 중재가 필요한 소수민족(인종)이기 때문이다. 학생의 인종 정체성이 자신의 학교와 개인적 목표에 어떻게 영향을 미치는지를 아는 것은 중요하다. 만약 어떤 인종의 학생이 학교에서 기대하는 공부를 할 수 없다고 결정했다면, 학교 성공을 위한 기대에 부가적인 장애물이 바로 나타날 것이다. 자아효능감이 낮은 학생들의 경우, 교사는 특정 목표 성취를 위해 잦은 강화물을 포함하는 수업 방법을 알아야 하고 사용할 필요가 있다. 학생의 기술이나 성취 부족을 식별하는 방법으로 "할 수 없음/하지 않음"의 평가 방법이 있다. 이 과정은 주어진 과제를 완성하는 데 필요한 기술을 가지고 있는지를 결정한다(VanDerHeyden, 2008). 게다가 교사들은 미국의 인종차별 역사에 대해 알아야 하고, 학교에서 인종차별이 일어났을 때 기꺼이 해결해야 한다. 그래서 중요한 것은 학교 상황의 인종집단에 대한 역사적 사건의 공정하고 대표적인 판례이다.

종교

종교와 종교적 실제는 미국 역사에서 중요한 역할을 했다. 모든 미국 원주민 문화는 강한 종교적 전통을 가지고 그들의 일상생활 실제에 스며들어 있다. 북아메리카에 정착한 유럽인들은 특정 종교적 신념으로 정착 초기부터 그들의 공동체를 규명했다. 일부 초기 탐험가와 정착민들은 주로 상업적 이유로 이동한 반면, 필그림, 청교도, 메릴랜드 로마 가톨릭 창시자와 태평양 연안 스페인 탐험대들은 이후 북아메리카의 가치를 형성한 다양한 기독교 전통을 가져왔다. 미국 수정헌법 입안자들은 개인의 종교적 신념을 실행하는 자유에 대해 아주 고심을 하여 미국 헌법수정조항 제1조에 포함시켰다.

종교적 실천에 대한 헌법적 보호에도 불구하고, 학교는 학생과 교사의 다양한 신념들 간의 갈등과 오해를 해결하지 못했다. 이런 문제는 학교 방학에 공휴일을 포함시키는 것에서 학교 합창단에 크리스마스 캐롤을 포함시키는 것에 이르며, 종교적 신념과 실제가 학교 실제에 영향을 미칠 수 있는 다양한 방법이 있다. 종교적 행사 때문에 학교를 결석하는 학생은 중요한 사건을 놓치거나 또래들에 의해 이방인으로 간주될 수 있다. 특정 종교 교리는 학교에서 논쟁거리가 되어 왔다. 예를 들어, 어떤 지역에서는 "창조론자" 관점의 교수를 널리 지지하는 반면, 교과서와 과학 교사들은 일반적으로 진화론적 원리를 따른다. 그러한 문제가 법정에서 다루어지더라도 판결난 이후에도 흔히 쉽게 끝나지 않는 대중적인 논쟁으로 이어지는 경향이 있다. 이런 이유로 교사들은 종교적 신념이 보편적이고 중요한 인간 특성이라는 점을 인식할 필요가 있다.

교육에서의 공정성과 평등

어떤 방식에서든 "다양성"을 해석하는 데에는 평등의 문제가 중요한 관건이다. 모든 배경과 문화를 존중하고 환영하는 것이 바람직한 목표인 만큼 공립학교는 학교에 오는 모든 학생에게 평등교육을 제공할 수 있는 구체적으로 규명된 과제를 가져야 한다. 이런 이유로 모든 교사는 능력, 문화, 언어, 인종 혹은 종교와 상관없이 다양한 학생들을 가르칠 준비를 해야 한다. 21세기 미국 대학에 등록한 아주 유동적이고 다국적인 학생들을 보면, 모든 교사가 학생들의 모든 측면에 조예가 깊을 수는 없다. 그러나 교사는 자신의 전문성과 한계를 인식할 필요가 있다. 일부 교사들은 이중언어 수업, 특수교육, 특정 문화에 대한 지식과 같은 전문적인 기술을 제공할 수 있을 것이다. 교사들이 알고 행해야 할 중요한 요소는 다양한 배경을 가진 학생들에 관한 평가 실제이다.

평가

양질의 신뢰롭고 타당한 평가는 RTI 실제의 초석이다. 정확한 기초선 자료 없이는 학생이 중재의 결과 진전을 이루었는지의 여부를 알 수가 없다(Brown-Chidsey et al., 2008; Shinn, Collins, & Gallagher, 1998). 타당한 평가의 열쇠는 정확성이다. 다수집단의 학생을 위해 설계된 평가 방법은 다양한 배경을 가진 학생에게도 적용된다(Boscardin et al., 2002a; Jones, 2009). 예를 들어, 미국에서 태어나서 자라나 불어와 영어를 말하고, 읽고, 쓸 수 있는 학생은 영어를 말하는 미국 학생을 위해 고안된 검사를 받을 수 있다. 대조적으로 최근에 외국에서 이민을 와서 영어가 BICS 수준인 학생은 영어와 문화에 익숙한 학생들을 위해 고안된 검사를 받아서는 안 된다. 이런 이유로 RTI 활동 동안에 따라야 할 다양한 배경을 가진 학생들을 위한 평가 규칙은 다음의 세 가지이다. (1) 학생들의 학교 수행에 영향을 미치는 능력, 문화, 언어, 인종, 종교적 다양성을 인식하기, (2) 먼저 모국 문화와 언어로 학생의 숙달 기술을 평가하기, (3) 개별 학생의 독특한 배경과 특성을 고려한 수업 목표 성취에 초점을 둔 RTI 활동을 계획하고 적용하기.

다양성의 인식

공정하고 평등한 RTI 실제 실행의 첫 번째 단계는 학생의 현재 특성을 식별하는 것이다. 이 단계는 아주 간단한 것 같지만, 상당한 활동력과 계획을 필요로 한다. 학생들의 배경을 알기 위해서, 교사는 가족이 공유하는 활동을 하며 학생 및 가족과 충분한 시간을 보낼 필요가 있다. 학교, 지역사회 모임, 학교에서의 가족행사, 교사와 가족 구성원의 비공식적 만남은 모두 학교 집단에 나타나는 다양성에 대한 이해를 증진시킬 것이다.

배경 특수성 평가

학생의 배경이 아주 독특한 경우 규준지향검사를 사용한 평가는 적절하지 않으며, 대안적인 평가 과정이 사용될 필요가 있다. 어떤 학생의 규준지향평가 실시 여부는 같은 배경의 학생들이 규준 표집에 포함되었는지에 달려 있다(Salvia & Ysseldyke, 2009). 학생의 배경 특성(언어, 인종, 문화, 능력)이 규준 표집에 나타나지 않는다면, 그 학생의 학업 수행에 관한 결정은 검사에 근거해서 내려지면 안 된다. 예를 들어, 아스퍼거 증후군을 가진 학생이 평가에서 규준 표집에 포함되지 않는다면, 장애를 가진 학생들이 그 검사를 받아서는 안 된다. 최근 이민자의 경우도 마찬가지이다. 이와 같이 중요한 원칙은 모든 학생을 가르치는 교사에게 배경에 상관없이 중요한 도전이 된다.

다양한 문화적 배경을 가진 학생들의 평가에 관한 가장 좋은 접근은 수업 목표와 관련된 각 학생의 기술을 평가하는 것에서 출발하는 것이다. 예를 들면 십의 자리에서 빌려와서 빼셈하기를 배우는 2학년 학생의 수업 목표를 진술하고, 그 다음 이 기술에 대한 기초선 평가가 적절하다. 특정한 평가의 경우, 언어적 다양성이 중요한 역할을 하게 될 것이다. 학생의 수학 기능을 평가할 때, 평가를 수행하기 위해 사용하는 언어가 무엇인지를 결정해야 한다. 일반적으로, RTI 수업 계획에서 첫 단계로 학생의 주된(주요) 언어를 확인하는 것이 가장 중요하다.

언어학습은 인간발달의 보편적 측면이다. 시각 및 청각장애를 가진 사람들도, 기능적 소통의 발달은 진단 시점에서부터 주요 목표인 것이다. 일단 학생의 주된(주요) 언어가 식별되면, 이어서 수업에 사용할 언어를 정해야 한다. 앞서 지적했듯이, 어떤 교육구와 주는 교사가 관찰할 때 영어수업에 관한 정책만 채택하고 있다. 이상적으로 학생에게서 관찰할 것이 문화적 혹은 종교적으로 가치 있는 목표라면 학생들에게 다국어로 형식적인 수업이 제공되어야 한다. 그러나 모든 수업이 학교에서 일어나야 되는 것은 아니며, 어떤 언어수업(히브리어나 아랍어)은 학교 밖에서 일어날 수 있다. 만약 학생의 가정이 충분히 이중언어를 사용하고 이중언어 수업이 바람직하고 가능하다면, 이것이 최적의 해결책이다(Willig, 1985).

단 한 가지 언어가 허용되는 수업 상황이나, 이중언어 수업 이행 시간 제한이 있을 경우, RTI 과정과 의사결정은 현재 영어 능력의 평가를 포함해 학생의 현재 언어 발달 수준을 고려할 필요가 있다. 많은 경우, 그러한 평가는 이중언어 평가 전문가를 필요로 한다. 그러한 전문가는 수가 부족하고 어떤 종교와 언어에는 없을 수도 있다. 이중언어 평가자가 없을 경우, 통역자가 할 수 있지만, 이는 모든 평가 보고서에 기록하여 관련된 한계점을 제시해야 한다.

> 공정한 것과 균등한 것은 서로 다르다. 어떤 학생들의 경우는 공교육에서 이득이 되려면 특별한 수업이 요구된다.

최소한 RTI 평가 방법은 수업에서 사용하는 언어에 대한 학생의 현재 기능의 평가를 포함해야 한다. 이 평가는 모든 RTI 과정 동안에 고려되어야 한다. 부가적으로 언어발달 목표에 대한 진전도 모든 RTI 목표와 진전도 점검에 포함시켜야 한다. 표준 영어 유창성은 모든 미국 교육 기준에서 명백한 목표이므로, 특히 RTI 활동에서 영어 진전도 점검은 아주 좋은 생각이다.

적절한 목표 설정

특정 언어 RTI 평가의 파생물은 목표 설정이다. 모든 RTI 과정은 표적 기능을 포함한 목표와 수업에 대한 학생의 진전을 평가하는 것을 포함한다. 어떤 경우 학생 목표의 성격은 학생의 독특한 특성에 따라 아주 다양하다. 이러한 상황은 장애를 가진 학생에게 현저하다. 어떤 장애와 조건은 예상되는 학업 결과에 영향을 미치고, 학생의 목표는 이들 기대를 반영해야 한다. 이와 같이 다양한 배경을 가진 학생의 경우도 마찬가지이다. 예를 들어, 어떤 문화에서는 남자와 여자에 대한 기대가 서로 다르다. 교사는 가정의 기대가 학생의 학업 성취에 어떻게 영향을 미치는지를 이해할 필요가 있는데, 이러한 요구는 미국 교육 정책이 남자와 여자에 대한 동등한 교육 기회에 초점을 두기 때문에 특히 도전적일 수 있다. 마찬가지로 어떤 문화에서는 아동의 양육과 교육 결정에 여러 세대의 입장을 고려해야 할 수도 있다. 그래서 어떤 가족 구성원을 모임에 초청해야 되는지를 아는 것은 중요하다.

RTI는 다양한 배경과 어떻게 관련되는가?

RTI 방법은 역동적이고 특정 학생과 요구에 맞게 설계된다. 각 단계에서 시도하는 중재의 선택은 학교나 교육구에서 교육과정 결정을 내리는 사람에게 달려 있다. 특정 중재를 선택할 때 따라야 할 유일한 규칙은 연구기반이어야 한다는 것이다. 또한 RTI의 핵심은 중재를 사용하여 학생 결과의 증진을 자료에 근거해서 결정하는 것이다. RTI는 특정 능력, 문화, 언어, 인종 및 종교적 신념에 연관된 방법을 필요로 하지 않는다. 이런 이유로, 중재는 학생의 배경과 경험에 맞춰질 수 있다. 여러 방식에서 RTI 방법은 주로 수업내용을 강조하는 오래된 교육과정과 수업 결정 모델을 선호한다. RTI는 능력, 문화, 언어, 인종, 종교에 상관없이 모든 학생이 교육을 습득하는 것을 보장하는 데 초점을 둔다. 교육의 특정 목표와 내용은 학습 기준과 목표를 결정하는 지역 및 주 정책입안자들에게 달려 있다. 구체적인 학습 결과가 어떤 학생에게 적절하지 않다고 생각되는 경우에는 대안적인 학습 목표가 설정될 필요가 있다.

다양한 배경을 가진 학생을 위한 RTI 실제의 효과를 조사한 연구는 RTI가 학교에서 모든 학생들이 더 성공적이 되도록 하는 데 도움이 될 수 있음을 보여 주었다. 영어학습자(ELLs)를 대상으로 한 대부분의 연구에서 이런 결과를 보여 준다. Linan-Thompson, Cirino, Vaughn(2007)은 읽기장애의 식별과 진전의 점검을 위해 사용된 절차가 ELL 학생(영어를 배우는 다문화 학생)에게도 마찬가지로 효과가 있음을 조사했다. 재미있는 것은 RTI 중재가 스페인어 사용 학생에게 제공되고, ELL 학생과 비교했을 때, 양 집단의 학생들의 지식 습득이 증대되었다는 것이다(Linan-Thompson, Vaughn, Prater, & Cirinom 2006; Vaughn, Mathes, Linan-Thompson, & Francis, 2005). 이들 결과는 중요한데, 왜냐하면 언어수업이 읽기장애아의 읽기기술의 증대를 위해 도움이 되었기 때문이다. 또한 McIntosh, Graves, Gersten(2007)의 연구에서 제시하는 점은 사용된 수업의 유형이 중요한 것이지, 학생이 ELL인지 여부와는 관련이 없다는 것이다. McMster, Kung, Han, Chao(2008)는 수준 1에서 자주 사용되는 중재인 또래학습 전략이 ELL 학생에게 효과적이라고 주장했다.

RTI 방법은 어떤 학생의 특정 학습 목표의 성취 여부를 판별할 수 있는 체계적이고 자료기반의 방법을 제공한다. 이런 이유로 RTI는 교사들이 공동의 목표에 초점을 두면서 다양한 배경을 연결하는 데 도움을 줄 수 있다. 공동의 목표를 만들고 실천하기 위해, 학생의 배경과 경험에 기초해서 계획하고 진전시키는 단계가 필요하다. 계획에 포함시켜야 할 최적의 사람은 교사가 아니라 부모, 가족 구성원, 그리고 교육 계획과 성취에 관심이 있는 지역사회 대표이다. 학교 직원과 지역사회 구성원의 차이가 매우 크더라도 공동 목표에 대한 약조는 격차를 줄일 수 있고 모든 학생을 위한 나은 결과를 가져올 수 있다. 또 다른 연구자들은 중학교 ELL 학생을 대상으로 비슷한 성취를 발견했다(Denton, Wexler, Vaughn, & Bryan, 2008). 성공은 정서장애아(Harris-Murri, King, & Rostenberg, 2006)와 알래스카 원주민 학생(Kashi, 2008)에 대한 중재에서도 나타났다.

요약

이 장에서는 다양한 능력, 문화, 언어, 인종 및 종교를 가진 학생에게 RTI 방법의 사용에 관한 정보를 제공했다. 미국 학교는 점점 다양해지고 있고, 모든 교육자는 학생 및 가족의 독특한 배경과 경험을 인식할 필요가 있다. 학교가 모든 학생의 학습 결과를 증대시키려고 한다면, 학생들이 가지고 있는 능력, 문화, 언어, 인종, 종교를 인식하고 존중하는 수업 실제를 적용해야 한다. RTI 과정은 다양한 학생집단을 위한 학교교육 결과를 증대시킬 수 있고, 주나 국가 기준은 물론 지역사회 가치를 반영하는 교육 목표를 강조할 수 있다.

제9장

RTI 청사진 개발

서로 연결하기

과정상의 문제들

이 책의 초판을 제작할 때 수년간 RTI를 실행해 온 다른 교육팀 역시 책을 집필하고 있었다. 「RTI: 정책과 실행」(Batsche et al., 2005)이라는 제목의 이 책은 많은 중요한 접근법에서 우리 책과 달랐다. 우리 책은 RTI를 실행할 때 필요한 세부적인 단계에 초점을 둔 반면, 그 책에서는 RTI가 실시될 때 반드시 동반되어야 하는 체제 수준에서의 전반적인 변화에 대한 관점을 제시했다. Batsche 외(2005)의 책에서는 RTI가 실시되는 과정에 대한 지침을 제공하면서 전반적인 RTI에 대한 문헌에 중요한 기여를 했다. 당신은 "내 학교나 내 교실의 개별 상황에서 RTI의 10단계를 모두 실행하는 것이 어떻게 가능할까?"라고 자문할지도 모른다. 불가능하다. RTI를 혼자서 실행할 수 있는 사람은 아무도 없다(Brown-Chidsey, Bronaugh & McGraw, 2009). 이것이 RTI 실행과정에 대한 지침을 반드시 따라야 하는 중요한 이유이다. 이 장은 학교, 지역구, 주 단위에서 실제적으로 즉각적인 중재를 이뤄내기 위해서 따라야만 하는 전반적인 과정에 대한 정보를 제공한다. RTI는 일반교육과정 주도로 실시되어야 하나 일반교육과 특수교육의 협력을 필요로 하며, 이를 위하여 많은 특수교육자들은 RTI의 실제를 위하여 많은 도움을 제공했다(Box 9.1 참조).

Batsche는 RTI의 고려와 실행 과정을 어떻게 시작하는지에 대한 매우 탄탄한 이론적 틀을 제공했다. 이 틀은 RTI가 시작되기 전 중요한 활동들을 계획하는 전체적인 청사진을 제공하기 때문에 중요하게 언급되었다. 마치 건축가가 집을 짓기 전 설계도가 반드

BOX 9.1

RTI가 일반교육의 주도로 실시된다면, 왜 수많은 특수교육자들이 참여했을까?

독자들은 RTI와 관련된 수많은 자원들이 왜 특수교육과 연관되어 있는지 의문을 가질 수도 있다. 어쨌든 RTI는 일반교육의 한 유형이지, 변형된 특수교육이 아니라고 언급했다. 즉, 특수교육에서 특정적으로 한때 발견되었던 특정 자원들이 일반교육에서도 도움이 될 수 있다.

전문화된 도구가 좀 더 일반적인 목적으로 사용되도록 전이하는 것을 기술적 전이라고 한다. 우리가 매일 사용하는 많은 편의 도구들은 기술 전이에 의한 결과이다. 다음 목록을 보라. 이 목록의 공통점은 무엇인가?

레이더
전자렌지
벨크로
팬티스타킹
휴대전화

이 모든 제품이 기술 전이의 예들이다. 이 모든 제품이 원래는 고도로 전문화되거나 (때로는 일급비밀인) 군사, 우주 탐사 목적으로 연구되고 개발되었다. 이후, 이 기술들은 한층 기발한 것으로 대체되었다. 그 기술들이 상업적 용도로 전이되었지만, 원래의 용도는 여전히 우리 일상생활에 중요한 가치를 가지고 있다.

RTI는 커다란 기술적 전이를 포함한다. RTI에서 활용하는 많은 교수법, 평가 방법은 특수교육 프로그램과 방법에서 출발한다. 예를 들어, CBM, 직접 교수법, PBIS는 처음에는 장애학생을 돕기 위해 개발되었다. 곧 연구에서 이 기술들이 모든 학생에게 유용하다는 것이 밝혀져 일반교육에서도 사용되었다.

시 필요하듯, 교육자는 RTI 체제를 구축하기 위해 청사진이 필요하다. Batsche가 개발했던 최초의 청사진 모델은 시간이 지나면서 개정되어 왔고, 지금은 RTI 실행의 세 가지 수준—학교, 교육청, 주 수준의 세 영역 수준—에 적합한 세 가지 유형의 청사진 모델이 있다(Palenchar & Boyer, 2008, Box 9.2 참조). RTI 청사진의 역할만큼이나 중요한 것은 RTI를 실행

> **RTI 청사진은 마치 건축 설계도와 같이 단위 학교가 그들의 RTI 지원을 어떻게 구성할지에 대한 구체적인 계획을 제공한다.**

하기 위해서 함께 일하는 학교 수준의 팀의 역할이다. 다음 장에서 우리는 이런 팀의 중요성에 대해 논의할 것이다. 이후 RTI 청사진의 중요한 특징과 그것이 어떻게 RTI의 장기적인 활용을 지원할 수 있는지에 대해 설명할 것이다.

팀워크는 필수

RTI에서 다양한 팀은 각각 다른 중요한 역할을 한다. 가장 중요한 협력 체제는 학교 수준의 팀이다. RTI를 지원하는 두 가지 유형의 학교 수준 협력 체제는 학년 수준의 팀과 문제 해결 수준의 팀으로 구성된다. 이들이 RTI의 성공적인 실행을 위하여 마치 스포츠 팀처럼 함께 일하기 때문에 우리는 그들을 팀이라고 부른다. 팀은 공동의 목표와 목표 달성을 위해서 일을 분담할 책임을 가져야 한다. 이런 방식은 학교의 다른 그룹과는 다르다. 예를 들어, 학교에는 각각의 일이 할당된 위원회들이 많이 있다. 그러나 위원회들은 팀과 달리 반드시 공동의 목표를 가지고 있는 것은 아니다. 위원회 구성원들은 공동의 목표를 가지고 있지도 않을뿐더러 때때로 함께 하길 원하지 않는다. 반면에 팀은 공동의 목표를 가지고 그 목표에 도달하기 위해 서로 의지해야만 한다.

BOX 9.2

학교, 교육청, 주 수준의 RTI 청사진

Batsche 등에 의한 초기의 청사진 출판본 「중재에 대한 반응: 정책 고려와 실행」은 각 주 특수교육 담당자 전국 연합(NASDSE)에 의해 출판되었다. 이후의 학교, 지역구, 주 수준의 청사진들은 NASDSE와 특수교육 행정관리자 협회(CASE)와 공동으로 출판되었다. 이 모든 문서들은 NASDSE 웹사이트에서 내려받을 수 있다. 이 사이트에 접속하여 인쇄 탭을 클릭한다. 검색란에 "청사진"을 입력하고 카테고리에서 "중재에 대한 반응"을 선택한다. 이렇게 하면 해당 항목의 리스트가 나온다. 이 항목들은 출력된 자료로 구입할 수 있다. 또는 당신이 각 항목의 제목을 클릭하면 청사진을 무료로 내려받을 수 있는 새로운 창이 나타난다.

학년 수준 팀

학년 수준의 팀은 학교에서 같은 학년을 가르치는 모든 교사들을 포함한다. 만약 학교가 복수의 학급을 가지고 있다면, 학년 수준의 팀은 한 학년 이상의 교사들을 포함할 수 있다. 또한 한 학년에 한 명의 교사가 있는 소규모 학교 그리고 서로 가까운 학급 학년 교사들끼리 학년 수준의 팀이 될 수 있도록 조합할 수 있다. 만일 같은 학년을 가르치는 매우 많은 수(8명 이상)의 교사를 보유한 경우에는 2~3개의 팀이 만들어질 수 있다. 이는 모든 교사들이 팀 모임에 참여할 수 있도록 기회를 제공한다. 학년 수준의 팀은 RTI에서 가장 핵심적인 역할을 한다. 왜냐하면 학년 수준의 팀은 학업, 학교생활에서 어려움을 겪는 학생을 지원하기 위해서 각각의 교사들이 동료들로부터 지원을 받을 수 있는 환경을 제공하기 때문이다. 교사들이 만나고 학년 수준의 팀을 활용해야 하는 이유는 동일하거나 비슷한 학년의 교사들이 학년 수준의 학습 기대치를 알고 학습 목표에 기초하여 학생들을 도울 수 있는 아이디어를 제안할 수 있기 때문이다. 학년 수준의 팀은 개별 학생에 대한 세부적인 사항을 충분히 공유하기 위해 자주 그리고 오래 만날 때 가장 효과적으로 운영된다. 모든 사람들에게 최적의 미팅 일정을 정하지 못할지라도 한 달에 최소한 한 번 모이는 학년 수준의 팀 모임은 교사가 참여하도록 지원해야 한다. 어떤 학년 수준의 팀은 한 달에 두 번 또는 매주 이뤄지기도 한다.

모임이 정해지면 학년 수준의 팀은 회의 주제를 정할 수 있다. 예를 들어, 한 팀은 각 모임마다 한 학생에 대한 세부사항에 관하여 말하도록 결정할 수 있다. 그렇지 않으면, 각 모임에서 각 교사들에게 10분을 주도록 결정하기도 한다. 학년 수준의 팀 모임 시간을 매우 효과적으로 사용하는 방법은 수합된 각종 자료를 검토하는 것이다. 이런 접근 방법은 모든 수업 계획에 대한 자료를 조회, 검토하고 관심 대상 학생을 알아낼 수 있도록 구체화한다. 수준 2 중재 단계에서는 학생의 진전도 자료를 근거로 가져오고 토론할 수 있다. 각 학급의 자료를 공유함으로써, 교사들은 자기 학급 학생의 수행을 비교하고 학생이 원하는 다른 중재가 무엇인지 토의할 수 있다. 학년 수준의 팀은 정기적인 모임과 자료의 공유를 통해서 학급의 모든 학생들을 지원하기 위한 공동 목표를 강화한다.

문제 해결팀

학년 수준의 팀뿐만 아니라 수준 1과 2 중재에서 성공을 거두지 못한 학생들을 위해 교사들이 부가적인 지원을 받도록 돕는 학교 수준의 팀 역시 중요하다. 이 같은 학교 수준

팀은 대부분의 학교에서 문제 해결팀(Problem-Solving Teams, PSTs)으로 알려져 있지만, 학생지원팀, 학생성공팀, 유아학습팀, 교사지원팀 등의 다른 용어로도 불린다(Brown-Chidsey, 2005b). 여기에서 PST는 학교 수준의 팀으로 언급한다. 학교 수준 팀의 주요 목적은 특히 수준 3 중재에서 자료기반의 의사결정을 가능하게 하는 데 있다. 각 학교에서 PST의 정확한 임무는 학교의 규모에 따라, 그리고 얼마나 장기적으로 RTI가 지속되느냐에 따라 달라진다. PST는 일관성이 보장되어야 할 필요가 있기 때문에 더 큰 학교에서는 대개 역할이 더 정밀하고 꼼꼼하게 명시된다. 또한 PST는 RTI가 처음 시작될 때 주로 중요한 역할을 한다. 왜냐하면 모든 구성원이 RTI 단계를 알고 있다는 것을 확실히 해야 하기 때문이다. PST 구성원은 어떻게 RTI가 실행될지에 대한 감각을 익히고 이런 정보들은 RTI를 지원하기 위한 부가적이고 전문적인 개발을 권고하는 데 사용될 수 있다.

PST는 대개 정기적인 회기를 정하고 각 회기마다 일련의 행동 계획을 가진다. 이런 행동들은 일반적으로 향상되지 못한 학생들을 위한 처치를 고려하는 것과 자료를 검토하는 것을 포함한다. PST 구성원은 다양한 방법으로 선정되어 구성된다. 몇몇 학교에서는 학교 지원 인력, 전문가뿐만 아니라 학년 대표도 포함된다. 또 다른 경우 PST 회원은 RTI에 대한 교사의 경험과 관심으로 결정된다. PST 구성원은 그들이 자료를 검토함에 있어서 전문가 역할을 하거나 부가적인 지침을 제공해야 하는 것이 아님을 인식해야 한다. 모든 교사들이 학생 자료를 수합하고 검토하는 데 능동적으로 참여해야 한다. PST는 교사의 중재 결과 학생이 충분한 향상을 보이지 않을 때, 학년 수준에서 자료를 수합하고 검토하는 데 필요한 자원을 교사가 사용 가능하게 할 뿐 아니라 부가적인 문제 해결 가능성을 제공하도록 한다. 예를 들어, 한 학급 담임 교사가 읽기에 어려움을 갖고 있는 한 학생을 발견했다. 그 교사는 매일 중재 시간 동안 두 개의 읽기관련 중재를 실행하고 개발하기 위해 학년 수준의 팀과 함께 작업한다. 투입 과정의 자료들이 학습 중재의 과정에 제대로 맞지 않으면, 그 교사는 또 다른 학습 중재를 시도하거나 PST에 의뢰해야 하는지 알기 위해서 학년 수준의 팀 동료들에게 자문을 구해야 한다. 만약 후자이면 PST는 자료 검토 후 다른 학습 중재를 추천하거나 종합적인 평가와 수준 3 중재로의 진입에 착수한다.

학년 수준의 팀과 PST 양자 모두 RTI에서 성공적인 교육 성과를 이루어 내는 데 중요한 역할을 한다. 학년 수준의 팀은 정기적으로 교사 지원을 제공한다. 교실 안에서 학생을 돕는 노력과 수준 2 중재의 노력이 성공적이지 않을 때, PST는 교사들에게 학생의 학습 요구를 찾는 데 부가적인 지원을 찾는 방법을 제공한다. 이런 팀들의 활용은 어떤 교사도 홀로 RTI를 실행할 수 없다는 것을 확실하게 한다. RTI는 단일 개인에 의해서 수반되는 것이 아니라 학교 행정관리와 교사들의 능동적인 팀워크와 협력에 달려 있다. 이런 기능을 가진 팀은 전형적으로 RTI 계획 단계 동안 구성된다. 그 결과, 이들은 학교, 지역구, 주 수준에서 장기적인 RTI 활동을 알려 주는 청사진을 구성한다.

RTI 청사진

학교, 지역구, 주 어느 수준에서든 RTI의 실행을 위한 청사진은 일반적으로 조직화된 세 가지 주요한 단계로 나타난다.

1. 합의 조성: 학교, 교육청, 주 수준의 합의 조성
2. 하부구조 개발
3. 과정 실행

RTI는 학교 변화 과정에 책무를 다하는 것을 필요로 한다.

다음은 이들을 각각 차례대로 설명하고 학교, 지역구, 주를 위해서 어떻게 이 단계들을 서로 연결해서 잘 맞추어 가는지에 대해 토론한다.

합의 조성

합의를 만들어 내는 것은 RTI의 장기적인 성공에 강한 영향력을 가지기 때문에 RTI 청사진에서 첫 번째의 중요한 조직적인 단계이다. 「메리엄 웹스터 사전(Merriam-Webster: Dictionary)」에서 *합의(consensus)*의 정의는 세 가지를 포함한다. (1a) 일반적인 합의, (1b) 다수에 의해 도달된 판결, 판단, (2) 정서나 신념에서의 집단적 연대. RTI에서 사용되는 “합의”는 학교, 지역구, 주 수준의 모든 교육 관련 전문가들이 RTI를 통해 모든 학생들에게 유용한 도움을 줄 수 있다는 수준까지 나타낸다. RTI는 모든 구성원이 효과적으로 함께 일하도록 요구하기 때문에 이 같은 높은 수준의 합의가 대단히 중요하다. 다양한 상황에서도 보았듯이, RTI를 성공적으로 실행하기 위해서는 “마을(공동체)이 필요하

다.” 왜냐하면 학생을 돕기 위해 *체계적인* 방법이 필요하기 때문이다(Brown-Chidsey et al., 2009).

청사진 과정에서 합의를 조성한다는 것은 RTI 핵심 구성요소에 대해 동료를 가르치는 것을 포함한다(Glover & DiPerna, 2007; Kovaleski, 2007). 이런 교육은 여러 가지 형태를 가질 수 있다. 그래서 모든 사람이 전체의 반응 중재 시스템의 영향에 대해서 생각하고 질문할 기회를 가진다. 예를 들어, 모든 주요 구성원들이 RTI를 받아들이고 실행한다는 것은 기본적으로 그들이 다음의 원칙에 헌신한다는 것임을 이해하는 것이 중요하다.

- 모든 어린이들은 배울 수 있다.
- 모든 어린이들은 효과적인 교육을 받을 권리가 있다.
- 모든 어린이가 지적 장애를 가지고 있는 것은 아니다. 하지만 그들은 유치원에서 12학년이 되기까지 여러 번 추가적인 도움을 필요로 할 수 있다.
- 개별 학생을 위해서 지도를 다르게 하는 것은 일반교육의 중요한 부분이다.
- 교육 산출 자료들은 어떤 형태의 부가적 지원이 학생의 요구 수준에 맞는지 결정하기 위한 효과적인 도구이다.
- 여러 수준의 표준안과 문제 해결 방법은 모든 학생들의 학습 요구를 설명하는 효과적인 방법이다.

합의 조성 단계는 구성원들에게 앞서 말한 원칙에 대해 생각하고 이에 동의할지에 대해 결정할 기회를 제공한다. 덧붙여 이런 아이디어의 적용과 그에 대한 설명이 필요하다.

합의 조성 단계에서 소요되는 시간은 구성원 인력이 가지고 있는 RTI 선행 경험에 달려 있다. 만약 구성원들이 RTI에 매우 익숙하고 관련된 원칙을 쉽게 받아들인다면, 합의 조성 단계는 단 몇 달 안에 정착될 수 있다. 하지만 구성원들이 RTI에 다양한 신념을 가지고 있고 RTI의 주요한 원칙에 합의하지 않으면 합의 조성에는 1년이 걸리거나 그 다음 학년으로 넘어갈 수도 있다. RTI를 어떻게 진행하느냐에 대한 합의를 갖는 것은 매우 중요하다. 왜냐하면 그것은 RTI가 무엇에 관한 것인지에 대한 구성원의 동의나 책무성에 대한 것이기 때문이다. 이런 책임의식이 없다면, 구성원들은 RTI 과업을 실행하는 데 충분한 시간과 에너지를 투자하지 않을 것이다. 진정한 의미의 합의 조성은 과도한 시간과 팀 리더의 노력을 필요로 할 수도 있다. 하지만 그 시간과 노력은 매우 가치 있는 에너지이다. 왜냐하면 학교, 지역구, 주 수준에서 RTI를 위해 공통적으로 합의된 비전은 RTI의 장기적인 지속가능성을 보증하기 때문이다.

사회기반시설 개발

두 번째 청사진 단계는 사회기반시설 개발이다. 이 단계에서는 RTI가 확고하게 자리 잡기 위해서 필요한 모든 기본 자료 목록을 만드는 것을 포함한다. 이 단계는 신념이나 아이디어를 구성하는 것보다 구체적인 요구에 집중하기 때문에 합의를 조성하는 것과는 다르다. 이 단계에서 떠오르는 주요한 관심사는 세 가지이다: (1) 목록 만들기 (2) 자료 모으기 (3) 전문능력 개발(교사연수). 이 세 가지를 충분히 준비하는 것이 전반적인 RTI 계획의 성공에 결정적인 역할을 하기 때문에 각각의 과제는 매우 중요하다. 마치 건축가가 좋은 건축자재를 알고 이를 명시하듯이, 교육가는 효과적인 교수법과 평가 실행을 알고 사용하는 것이 필요하다. 사회기반시설 개발 작업의 대부분은 교사, 행정관리, 학부모, 전문가 등의 팀에 의해 완성된다. 팀에서 분명한 목표를 가지면, 목록을 준비하고 자료를 모으고 전문능력 개발에 참여하는 일은 구성원들에게 균등하게 나누어진다.

목록 만들기 과정은 학교, 지역구, 주 수준의 교육자들에게 현재 사용되고 있는 권위 있는 학습 자료, 평가 자료를 알기 위한 방법을 포함한다. 학습 지도 자료 목록은 적용할 세분화된 RTI 단계에 따라서 분류되고, 각 학년의 수준에 맞게 사용되고 있는 현재의 모든 교육 도구를 포함한다. 목록 정보를 모으는 것을 시작하기 전에, 현재 학교에서 이미 사용되고 있는지 그리고 평가 도구의 형태에 대해 어떻게 생각하는지 파악하는 것도 중요하다. 이런 도구들은 어떻게 이용되고 있느냐에 따라서 단계 수준별로 나뉠 수 있다. 목록을 작성할 때 팀을 지원하기 위해 사용되는 조직화된 도구들은 이 장 끝의 양식 9.1에서 살펴볼 수 있다. 이 목록 지침은 각 단계 수준에서 학습 지도와 평가가 어떻게 다른지에 대한 조언을 포함한다. 예를 들어, 수준 1은 모든 학생들을 위해 모든 교과 영역에서 과학적으로 핵심 교육과정에 기초해 사용하는 것을 요구한다. 이 요구는 수준 1의 목록 처리과정이 일반교육의 교실 안에서 채택되고 사용된 모든 교육 자료와 방법을 확인하는 것을 포함한다는 것을 의미한다.

수준 2는 그것을 특별히 필요로 하는 학생들에게 부가적인 지도(교육)를 제공한다. 수준 2의 지도 목록은 수준 1의 핵심 프로그램에서 부가적으로 사용되는 교육 자료와 교육 방법을 포함한다. 대개 이 교육 자료와 교육 방법은 소그룹 활동에 적합하다. 수준 3은 수준 1, 2의 중재로도 성공하지 못한 학생들을 위한 매우 집약적인 프로그램이다.

수준 3의 목록 표는 보통 교사 1인당 2명의 학생이나 1대1 지도 같은 소규모 그룹을 필요로 하는 프로그램이나, 핵심 프로그램을 대신할 수 있는 프로그램을 포함한다. 양식 9.1에서 보이는 바와 같이 각 수준에 따라서 지도하는 핵심 목록은 점진적으로 그 영역의 범위가 축소된다. *왜냐하면 이 안내는 각 중재 수준과 학년 수준 양자를 아우르는 목록을 엮기 위해 필요한 여지(사용될 수 있는 전면적인 목록 양식)를 제공할 수 없기 때문이다.* 읽기 지도 목록의 예가 그림 9.1에 있다. 그리고 빈칸 지도 목록이 양식 9.2에 제공되었다. 그림 9.1에서 예로 든 지도 자료들은 작은 학교에서 개발되었고, 그 학교에서 사용되는 실제 프로그램을 대표한다.

유사한 목록 처리 과정은 현재 사용 중인 평가 자료들을 확인하는 데 쓰인다. 양식 9.2는 교수 평가 설계 제작에 사용될 수 있다. 양식 9.2는 유치원에서 5학년을 위한 수학 평가 목록의 예를 보여 준다. 또한 보이는 평가 목록 예는 각 중재 단계 수준에서 요구되는 평가 유형을 서술한 것이다. 수준 1에서 평가하는 것은 도움이 필요한 학생을 확인하는 것이다. 수준 2에서 진전도 평가 자료는 RTI 실행의 증거이다. 수준 3에서의 평가는 수준 1과 수준 2 평가의 두 가지 주요한 요소를 포함한다. 하지만 이것들은 하나의 주요한 주제인 진단평가에 포함된다. 이러한 평가들은 세분화된 지식이나 기능의 세분화된 평가에서 나온 결과뿐만 아니라 향상된 자료까지 포함한다. 이러한 수준 3의 자료들은 팀이 학생에게 특수교육이 필요한지 판단하는 것을 돕는다. RTI의 실행을 위해서 각 단계에서는 정기적인 평가가 반드시 실시되어야 한다. 이런 평가가 없다면, 학생들이 학습 목표에 도달하는지 아는 것은 불가능할 것이다.

일단 교수, 평가 설계 제작이 완성되고 나면, 다른 자료들이 필요한지 확인하기 위해서 수합된 자료를 동료와 공유한다. 종종 이 목록들은 학년 수준의 팀에서 만든 다음, PST와 공유하여 그 밖에 무엇이 더 필요한지 고려된다. 부가 자료들은 다른 평가뿐만 아니라 다른 종류의 또는 부가적인 학습 지도 자료를 포함할 수 있다(Dessof, 2008). 지역적으로 세분화된 요구 또한 고려되어야 한다. 대도시에 위치한 학교는 시골 학교와는 다른 요구를 갖는다. 자료는 동료로서 만나는 시간과 일일 계획에서의 변화도 포함한다. 자료 수합의 단계에서 토의를 하는 동안 맞닥뜨리게 될 수 있는 주요한 질문이 있다.

1. 목록에 표시된 자료를 실제로 누구나 이용하는가?
2. 각 수준 단계에 충분한 지도 시간이 할당되었는가?
3. 다양한 수준의 지도를 제공하는 데 어떤 구성원이 가장 적합한가?

학교: 링컨초등학교 과목 영역: 읽기 지도

수준	유치원	1	2	3	4	5
1	대상을 상상하기	핵심 프로그램				
2	Earobics 조기 읽기 중재	조기 읽기 중재	자연스럽게 읽기	도약	자연스럽게 읽기	작가에게 질문하기
3	Lindamood-Bell 학습을 위한 언어	학습을 위한 언어 읽기 숙달	읽기 숙달 Sonday	Wilson Sonday	Wilson Spalding	Wilson 정확한 읽기

[그림 9.1] 읽기 지도 목록의 예

학교: 링컨초등학교　　과목 영역: 수학 평가

수준	K	1	2	3	4	5
	전체 학급: 선별					
1	AIMSweb 기초수리력 검사(TEN)	AIMSweb 수학	AIMSweb 수학	AIMSweb 수학	AIMSweb 수학 G-MADE	AIMSweb 수학 G-MADE
	매주: 진전도 모니터링					
2	TEN: 선정된 측정도구	AIMSweb 덧셈 easy CBM	AIMSweb 뺄셈 easy CBM	AIMSweb 덧셈 + 뺄셈 easy CBM	AIMSweb 덧셈 + 뺄셈 easy CBM	AIMSweb 덧셈 + 뺄셈 easy CBM
	심화 평가: 진단					
3	표준화 검사 Key Math, K-TEA	표준화 검사 Key Math, K-TEA	표준화 검사 Key Math, WIAT	표준화 검사 Key Math, WIAT	표준화 검사 Key Math, WJ-III-ACH	표준화 검사 Key Math, WJ-III-ACH

[그림 9.2] 수학 평가 목록의 예

이런 질문들 몇몇은 학년 수준과 학교 수준의 팀 구성원들 사이의 부가적인 교류에서 해답을 찾을 수 있다. 다른 질문들은 부가적인 목록이나 전문적인 능력 개발을 필요로 한다. 장기적인 RTI 청사진 측면에서 구성원들은 각 단계 수준에서 학습 지도와 평가를 지원하기 위한 자료에 대해 세심하고 철저해야 한다(Carney & Stiefel, 2008).

전문적인 능력 개발(교사연수)은 사회기반시설 개발 단계에서 할 수 있는 마지막 활동이다. 그것이 이 시점에서 이루어지는 이유는 현재와 미래의 실행 사이에 중요한 다리 역할을 하기 때문이다(Kratochwill, Volpiansky, Clements, & Ball, 2007). 자료 수집 단계와 목록은 과거에 무슨 일이 일어났는지 그리고 미래에 무엇이 필요한지 알 수 있게 한다. 그러나 그 실행은 구성원이 요구되는 지식과 기능을 갖추기 위한 연수가 실행된 뒤에야 일어날 수 있다(Danielson & Doolittle, & Bradley, 2007). 실행에 앞서 학교, 지역구, 주 수준에서 필요로 하는 교사연수의 구체적인 종류는 매우 다양하고, 연수의 제공자들에 따라서 달라질 수도 있다(Nelson & Machek, 2007). RTI의 전반적인 성공에서 교사연수의 중요성은 아무리 말해도 지나치지 않다. 교사들은 그들이 기대하는 학습 지도 및 평가를 제공하기 위해 필요한 지식과 기능을 갖는 것이 필요하다. 마치 시험에서 아직 가르치지 않은 것을 학생들에게 물어보는 것이 적합하지 않은 것처럼, 필요한 연수를 교사에게 제공하지 않았다면 새로운 학습 지도와 평가를 교사들이 할 것이라고 기대할 수 없다. 잘 고안된 교사연수는 양성훈련뿐만 아니라 빈번한 추후 모임도 포함한다. 그래서 교사들은 동료들의 피드백을 받으며 새로 배운 기술을 연습하고 질문할 수 있다(Hawkins, Kroeger, Musti-Rao, Barnett, & Ward, 2008). 학교에서 새로운 혁신적인 어떤 것에 관해 교사들이 갖는 일반적인 불평은 그들이 그것을 배울 수 있는 교사연수가 충분하지 않다는 것이다. 학교 수준의 팀은 교사연수가 그들 지역의 요구에 필수적인 것인지 주의깊게 고려해야 하고, RTI 청사진에 교사연수를 꼭 포함시켜야 한다. 교사연수는 주 수준의 RTI 계획을 포함하여 모든 수준에서 중요하다.

> 팀 구성원들이 유연하게 생각하도록 북돋워주는 것이 중요하다. 어쩌면 RTI 기획자들은 처음부터 계획을 다시 시작해야 하고, 청사진을 완전히 변경해야 할지도 모른다.

처리 과정 실행

RTI 청사진 과정의 마지막 단계는 실행(implementation)이다. 이 단계는 반드시 앞에서 설명된 여러 단계 뒤에 실시되어야 한다. 왜냐하면 오직 충분한 합의와 사회기반시설

만이 효과적인 실행을 보장하기 때문이다. 몇몇 구성원들은 RTI 단계를 즉각적으로 실행하고자 할지도 모른다. 하지만 너무 이른 실행은 실패를 가져올 뿐이다. 학교, 지역구, 주 수준의 청사진을 만들 때 예방적인 요소들 가운데 하나가 '현장에서의 지혜'이다(Hoover & Patton, 2008; Murawski & Hughes, 2009). 한동안 RTI를 실행했던 사람들로부터 현명한 조언을 제공받을 수 있다. 그러한 지혜가 어떻게 도움이 될 수 있는지에 대한 예는 새로운 방법에서 기존 인력을 가장 잘 활용하는 것에 대한 현명한 조언이다. 경험에 바탕을 둔 이 같은 충고는 RTI를 실행할 때 쓸데없이 시간을 낭비하는 것을 피하게 한다. 실행 단계에서 중요한 부분은 그것이 시간이 지나며 일어난다는 것이다. RTI는 일치단결한 팀의 노력을 필요로 한다. 로마가 하루 아침에 이루어지지 않은 것처럼 청사진의 모든 부분 부분이 순식간에 자리 잡을 수는 없다. 실행 단계에서 핵심적인 특징은 주어진 시간 틀 속에서 언제 무엇이 일어날지에 대한 구체화된 계획이다. 이런 계획은 시간이 지나면서 필요하다면 수정될 수 있다. 하지만 각 단계를 위한 스케줄은 매우 중요하다. 왜냐하면 교육 현장에서 민감하게 반응하는 학습 지도가 이뤄지기 위해서는 알맞은 시간에 알맞은 장소에서 알맞은 사람이 있는 것이 중요하기 때문이다.

요약

이 장은 RTI를 지원하는 장기적인 계획의 중요성에 대한 정보를 제공한다. 학교, 지역구, 주 수준의 RTI 청사진을 위한 견본은 무료로 사용할 수 있으며 우리는 그것들을 훌륭한 출발점으로 추천했다. 당신 자신의 맞춤형 청사진을 만들 때, RTI가 효과적으로 실현되도록 하기 위해서 모든 구성원들이 그들이 가진 기본 신념, 자료, 시간 계획표를 설명하는 것이 필요하다. 청사진을 만드는 과정에서, 구성원은 팀을 구성할 필요가 있고, 학습 지도와 평가 실행을 잘 조정하고, 모든 학생들을 지원하는 방향으로 그들의 진전을 어떻게 평가할지에 대한 계획이 있어야 한다. RTI에서 일일과업들의 상당수는 잘 가르치는 것, 학생의 학습 진보를 정기적으로 확인하는 것, 차후의 학습 지도를 알아내기 위하여 성과 자료를 이용하는 것을 포함한다. 전체적인 RTI의 실행을 모니터하기 위해 학교, 교육청, 주 수준의 청사진을 가짐으로써 학교 교직원들은 학생의 학습으로 일어난 요소들을 상호 연결하는 입장에 있다. 그래서 모든 학생들이 자신의 잠재력을 충족시키는 기회를 가질 것이다.

양식 9.1

지도 목록

전체 학생 참여: 읽기 핵심 활동: ____________________

철자 핵심 활동: ____________________

쓰기 핵심 활동: ____________________

수학 핵심 활동: ____________________

사회성 기술 핵심 활동: ____________________

소규모 학생 참여(소그룹 중재):

____

____

____

____

____

소수 학생 참여(2 대 1 정도 수준):

____

____

____

____

양식 9.2

활동 목록 양식

학교: ____________________ 과목 영역: ____________________

수준	유치원	1학년	2학년	3학년	4학년	5학년
1						
2						
3						

제10장

RTI 실행 사례

효과적인 교수에 대한 실험 분석

RTI 모형에서 보다 심도 깊은 분석은 결국 학습장애에 대한 실험 분석이다. 이러한 유형의 분석은 기능적 행동 평가(Functional Behavioral Assessment, FBA) 수행과 비교할 만하다. 아래의 Box 10.1과 Box 10.2에 소개한 책에는 학습장애와 문제행동에 대한 실험 분석이 간략하게 설명되어 있다.

BOX 10.1

기능적 행동 평가

학교에서의 기능적 행동 평가(FBA) 수행: 실무지침서(2판)
Mark W. Steege and T. Steuart Watson(Guidford Press, 2009)

이 실용적이고 매력적인 저서는 기능적 행동 평가(FBA)가 "무엇(whats)이고", "왜(whys) 사용하는지", "어떻게(how-tos) 활용하는지"를 설명하고 있으며, 실제 활용 가능한 도구들과 예제들로 구성되었다. 유치원에서 고등학교까지의 학생들(K-12)을 대상으로 문제행동을 평가하고, 평가 자료를 정리하고, 해당 결과를 사용해 문제 학생에게 개별화된 행동 지원 계획을 만들기 위한 효과적인 방법을 제시한다. 저자는 광범위한 학교 기반 경험을 통해 사례 보고서, 의사결정 분지도(deciscion tree), 활용 가능한 체크리스트와 여러 가지 양식을 복사하여 활용할 수 있도록 제본하여 제공하고 있다.

BOX 10.2

읽기 문제에 대한 중재 방법 찾아보기

읽기 문제에 대한 중재: 효과적 전략의 고안 및 평가

Edward J. Daly Ill, Sandra Chafouleas, and Christopher H. Skinner(Guidford Press, 2005)

이 종합적이고 사용자 친화적인 안내서는 읽기 문제로 고민하는 학습자와 지도 교사가 협력하여 그 문제를 해결해 나가기를 희망하는 학교심리학자들이나 기타 치료사들의 요구를 반영하고 있다. 읽고 쓰는 능력을 향상시키기 위해 음운 인식, 읽기 유창성, 독(청)해력과 같은 핵심 영역에서 체계적인 틀과 다양한 단계별 전략을 제시하고 있다. 큰 교육과정 변화를 필요로 하지 않으면서 다양한 나이와 능력 수준의 학생들에게 적용할 수 있는 과학적 평가와 중재 실행에 특히 주안점을 둔다. 이 책은 쉽게 복사하여 활용할 수 있도록 제본되어 있으며 서른다섯 가지 이상의 바로 활용 가능한 평가 및 지도 자료를 제공하고 있다. 또한 효과적인 상담 관계를 유지하고 학생의 향상을 기록하기 위한 현실적인 조언도 제시한다.

학업 기술에 대한 실험 분석

학습장애에 대한 실험적 분석은 일반적으로 다음 두 단계 과정으로 구성되어 있다.

1. 학습 과정에서 학생들이 실수하는 형태를 알아내기 위한 기술 평가
2. 가장 효과적이고 효율적인 중재 계획을 파악하기 위한 중재 전략 비교

기술적 평가

이 과정은 학생들에게 학생들이 범하는 실수의 형태를 관찰하고 기록할 수 있도록 훈련된 전문가(예를 들면 교사, 특수교육교사, 학교심리학자, 상담가 등)와 함께 학습 과제(예를 들면 쓰기 예제, 수학계산 문제지, 낭독능력 조사지)를 해결하도록 지시한다. 예를 들어, 읽기 과제 중에 전문가는 다음과 같은 것을 기록한다. (1) 정확히 읽은 단어와 읽

으면서 실수한 단어, (2) 발음 오류, (3) 대체, (4) 삭제, (5) 시간 지연(단어를 말하는 데 걸린 시간)과 같은 것들이다. 마찬가지로 쓰기 과제에서는 (1) 바르게 쓴 단어와 실수한 단어의 개수, (2) 틀린 철자, (3) 부적절한 대문자화, (4) 부정확한 구두점을 기록한다. 기술적인 평가에 대한 분석을 통해 학생에게 적합한 증거기반 중재를 처방할 수 있을 것이다.

중재 전략 비교

이 단계에서는 중재를 평가하기 위해 일반적으로 (1) 사례 연구(AB) 설계 (2) 교대 중재 설계라는 두 가지 유형의 단일사례 설계를 활용한다. 단일사례 연구 설계에 대한 정보는 이 책의 제5장에서 자세히 설명하고 있다. 다음 예제는 세 가지 특정 사례에 대해 설명하고 있다.

> Ed Daly와 그의 동료들은 학습에 대한 중재를 비교하기 위해, 간단한 실험 분석(BEA)으로 알려진 방법을 개발했다. BEA는 행동 기능을 이해하기 위해 사용된 방법들을 기반으로 한다. BEA는 학생에게 가장 효과적일 것 같은 여러 중재 방법을 알아내기 위해 활용된다.

사례 1

다음은 읽기 지체가 지속적으로 나타난 5학년 학생인 빌리의 사례이다. 5학년이 된 후 빌리는 수준 2에서 보충 읽기 중재를 3개월 받았지만 아직 별다른 진전을 보이지 않는다. 문제 해결팀은 회의를 하면서 빌리가 추가지도에 대한 반응이 부족하다는 의견을 내놓았다. 빌리의 읽기문제에 대해 팀 구성원들의 의견은 둘로 갈라졌다. 동기 부여 진영에서는 빌리는 충분한 동기 부여가 부족하며, 읽기 유창성 조사의 결과가 빌리의 진정한 읽기 능력을 현저하게 과소평가하고 있다는 가설을 제시했다. 반대로, 능력 진영에서는 빌리가 충분한 동기를 가졌지만, 기준 수준에서 읽기 위한 능력은 부족하다는 가설을 제시했다. 팀 구성원들은 의견의 차이에 대해 논쟁하는 데 몇 시간을 보내거나, 아니면 가설을 실험할 수 있었다. 방법은 아래와 같다. 제7장에서 소개된 "할 수 없다/하지 않을 것이다(can't do/won't do)" 평가 모델을 기억하는가? 팀은 다음 방법을 통해 이 접근법을 사용할 수 있었다: (1) 간단한 성과 평가 수행, (2) 빌리의 읽기 유창성의 전 중재 수준을 파악하기 위한 기초선(baseline) 구성, (3) 읽기 유창성에 영향을 미칠 강력한 강화 계획(동기 유발). 그림 10.1은 이 짧은 기간 동안의 평가 결과를 나타낸다.

이 자료들은 보상 조건으로 인해 읽기 성과가 이 자료는 강화(동기 유발)가 읽기 유

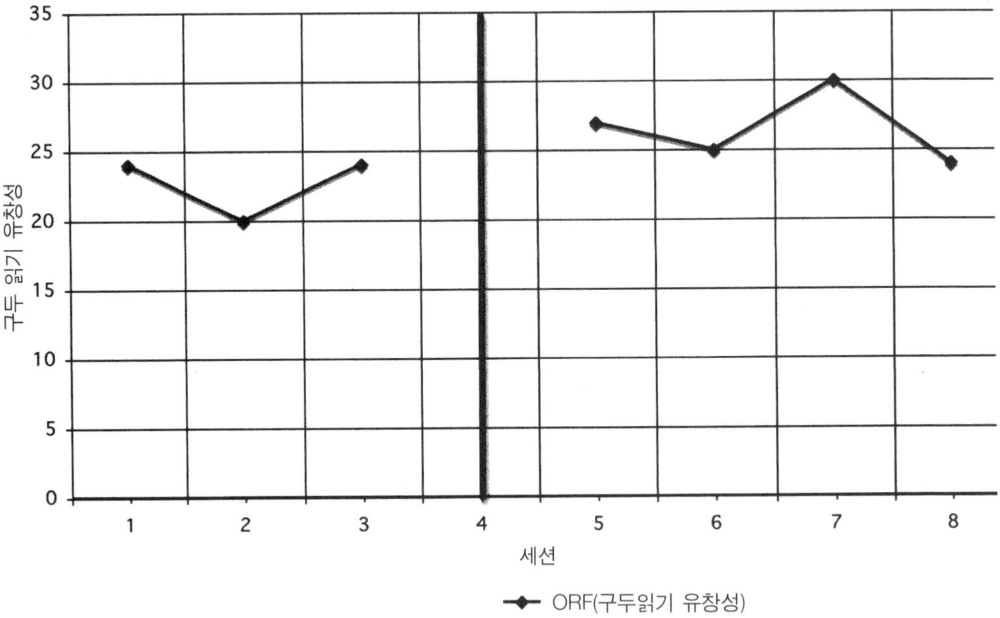

[그림 10.1] 빌리의 기준치 및 보상 조건에 따른 읽기 능력 향상 비교

창성에 그리 긍정적 영향을 미치지 못했음을 보여 준다. 이 시점에서 대부분의 동기 부여 지지자들은 빌리의 읽기장애의 대부분이 능력 부족이라는 것을 인정하고 능력 지지자들에게 합류했다. 그 후, 문제 해결팀은 빌리에게 집중적인 읽기 중재를 제공하기로 결정했다. 특히 문제 해결팀은 기술중심 수업의 유효성을 평가하기로 결정했다. 하지만 여기에서 가장 효과적일 것 같은 읽기 지도 유형에 대한 팀 구성원들의 의견이 갈렸다. 이후 팀이 두 개의 새로운 진영으로 다시 분리되고, 한 팀은 반복 읽기(Repeated Reading, RR)를 옹호하고, 다른 팀은 구절 반복 연습 교정(Phase Drill Error Correction, PDEC)을 선호한다고 밝혔다. 반복 읽기는 유창성을 향상시키기 위해 학생이 본문을 3~5회 연속으로 반복해서 읽게 하는 읽기 중재이다. 구절 반복 연습 교정 방법은 학생이 구절을 다시 읽기 전에 실수한 구절만을 다시 읽게 하는 읽기 방법이다. 각 팀은 선호하는 방법의 효과를 문서화한 연구 증거를 제시했다. 고민에 고민을 거듭하다가 문제 해결팀은 두 중재 방법의 상대적 유효성을 비교할 수 있도록 두 방법을 모두 시범 적용해 보기로 결정했다(제5장 교대 중재 설계 참조). 팀은 각 중재에 사용할 40등급으로 나누어진 읽기 구절과 무작위로 할당된 20개 구절을 정했다. 한 교사가 다른 교사보다 더 효율적일 가능성을 배제하기 위해, 두 중재를 모두 시행할 한 명의 교사를 훈련했다. 그리고 지도 회기의 기간을 일정하게 유지했다. 그림 10.2는 "비교 시행(comparison trial)"의 결과를 보여 준다.

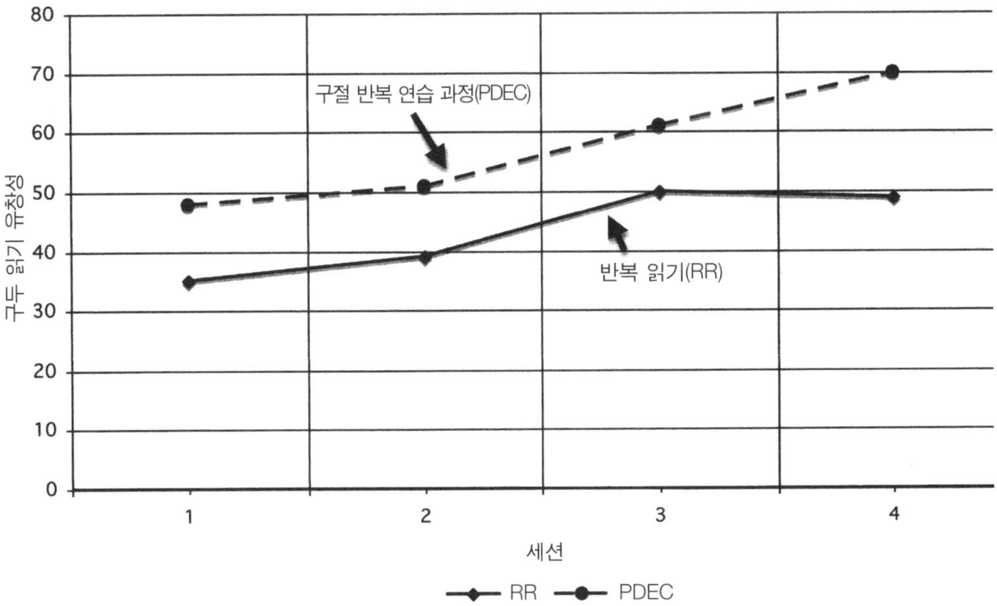

[그림 10.2] PDEC와 RR 비교 실험 결과

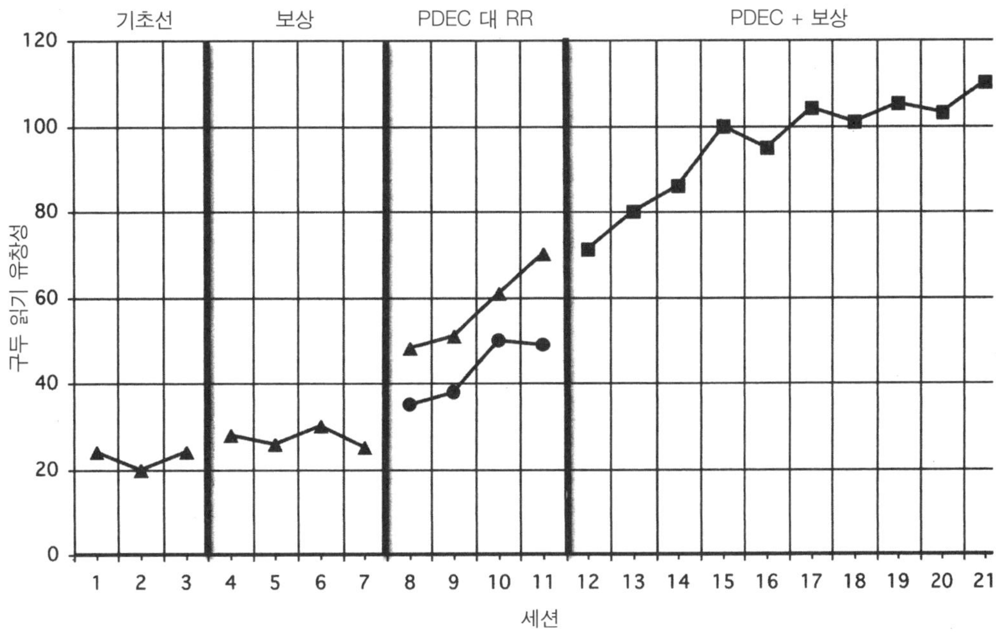

[그림 10.3] 개별 및 결합 읽기 중재 비교

그림 10.2의 자료들은 PDEC 방법이 RR 방법보다 더 효과적임을 입증하고 있다. 팀은 이후 보상 조건과 PDEC를 결합하기로 했다. 그림 10.3은 두 가지 중재가 가장 성공적으로 결합했을 때 얻은 결과를 보여 준다. 이러한 자료는 보상을 이용한 PDEC 교정 프로그램이 빌리의 읽기 성과를 크게 호전시킴을 보여 주었다.

사례 2

다음은 두 명의 학생 데이비드와 레베카에 대한 사례이다. 이들은 발달장애를 가졌으며, 실과 기술 수업에서 과제완성 비율이 낮았다. 학교심리학자, 언어병리학자, 특수교육 교사와 협력하여 FBA를 광범위하게 실시했다. 팀은 FBA의 일부분으로 잠재적인 강화 활동을 파악하기 위해 여가활동(예, 컴퓨터 게임, 비디오, 음악 장난감)에 대해 한 쌍의 기회 선호 평가를 실시했다. 팀 구성원들은 다양한 중재 선택사항에 대해 논의하여 결국 다음 두 가지를 선정했다.

1. 중재 1: 구두 상기 조건. 두 학생을 지도하기 전에 두 학생이 선호하는 여가활동에 대해 적절한 자극을 주면 그 후 5분간의 지도 기간 동안 그것을 기억할 것이다(예, "학습이 끝나고 무엇(여가)을 할 수 있을지 기억하세요."). 학생들은 과제를 완료한 후 해당 활동을 제공받는다.
2. 중재 2: 토큰 경제. 학생들은 반응의 정확도에 따라 토큰을 받는다. 과제를 완료하면 학생들은 자신이 얻은 토큰을 이용하여 사전에 선택한 선호하는 여가활동으로 교환할 기회를 제공받는다.

팀은 두 가지 중재를 시범 적용해 보기로 결정했다. 시범 적용은 어느 중재가 더 효과적인지 파악하기 위해(즉, 두 가지 중재에 대해 학생들의 다른 반응을 실험하기 위해) 구성되었다. 팀은 은식기 정돈을 과제로 선택했으며, 5분간 정리할 수 있는 은식기 제품 수가 종속변수이다. 중재 이전 수준을 확인하기 위한 기초선 설계에 따라, 팀은 학생들에게 다음 조건 동안 은식기를 정돈하도록 요청하는 교대처치 설계를 사용했다. (1) 구두 상기 조건 (2) 토큰 경제. 조건들은 잠재적으로 순서의 영향을 받는 것을 통제하기 위해 순차적으로 뒤집었다. 그

> 선호 평가는 학생에게 가장 많이 보상을 주는 것이 무엇인지 알아내기 위해 수행된다. 교사가 학생의 선호 항목과 활동을 알면, 학생들이 학교에 참여하도록 하고 동기화 수단으로 이를 이용할 수 있게 된다.

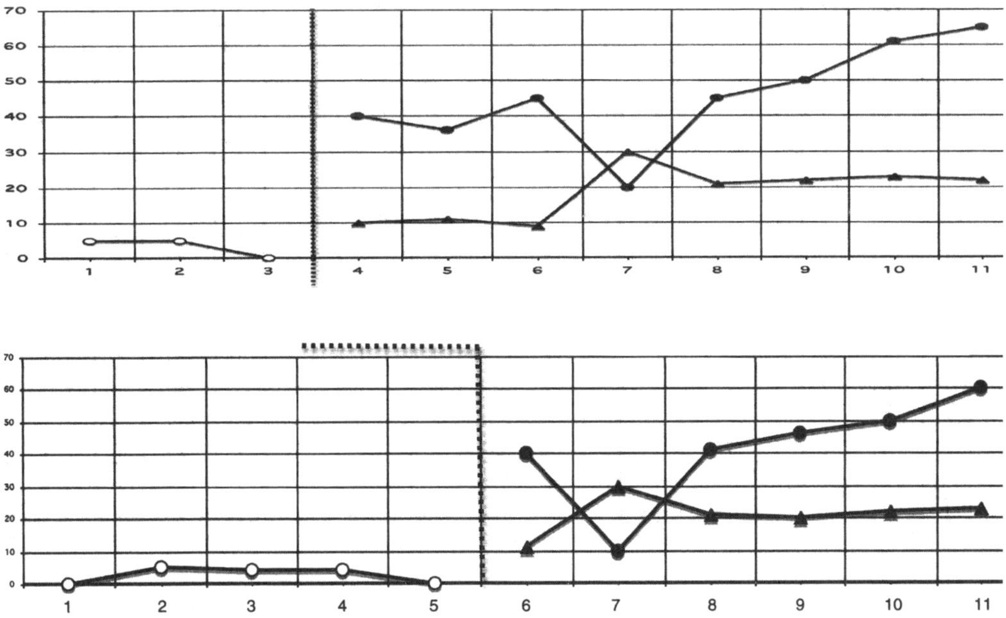

[그림 10.4] 학생 대상 시범 적용 결과

림 10.4는 두 중재를 시범 적용한 결과를 그래프로 나타낸 것이다. 이 자료들은 레베카에게 구두 상기 중재가 더 효과적이었던 반면, 데이비드는 토큰 경제 중재에 더 반응했음을 보여 주었다.

사례 3

세 번째는 읽기 지도 중에 방해 행동(예, 언어적 저항, 과제 중단)을 보인 중학생 웹스터에 대한 사례이다. 직접적인 읽기 평가 후에, 문제 해결팀은 웹스터를 매일 30분씩 음운론적 인식, 소리 내어 말하며 읽기 및 반복 읽기를 연습하는 소규모 보충 읽기 그룹에 포함시키기로 결정했다. 또한 팀은 일대일 지도 지원(예, 보충 읽기 활동 중에 교사의 조수는 읽기 시도 및 교정 반응, 교정 피드백, 그리고 명령받은 대로의 행동의 강화에 대해 사회적 강화 보상)을 제공하는 것을 고려했다. 팀은 일주일에 2회에서 4회까지 3분 읽기 조사 중에 6초 부분 간격 녹음 방법과 단어 정확히 읽기(WRC)를 사

일부 학생들의 경우 특정 문제 행동은 어떤 어려운 과제를 피하는 역할로 작용한다. 교사들은 학습과 교실 행동에 대한 자료를 수집하고 그러한 행동들이 서로 어떻게 상호작용하는지 살펴보면 학생의 성과에 대해 설명할 수 있게 된다.

용해 방해 행동을 평가하기로 결정했다. 그림 10.5는 해당 중재의 결과를 뚜렷하게 보여준다.

기준치 기간 중에 웹스터는 낮은 수준의 읽기 유창성과 높은 비율의 방해 행동을 보였다. 보충 읽기뿐인 초기 단계 중에 웹스터는 읽기 유창성의 증가를, 방해 행동의 감소를 보였지만, 두 수준 모두 문제 해결팀에게 만족스럽지 않은 수준이었다. 그 다음, 팀은 보충 읽기와 일대일 지도 지원 두 가지로 구성된 중재 프로그램을 수행했다. 이 프로그램으로 인해 방해 행동이 현저하게 감소하고 읽기 유창성은 증가했다.

직원 문제 때문에 일대일 지원은 일주일 동안 제공되지 않은 적이 있었다(세션 20~21). 웹스터가 보충 읽기만 제공받은 이 기간 중에 그의 방해 행동은 증가하고, 읽기 성취는 감소했다. 이 사건으로 문제 해결팀은 중재 프로그램이 필요한 지원이며 이후 몇 주 동안 지속적으로 이행되어야 함을 확신했다. 이 행동 과정을 통해 반응은 안정된 수준이 되었다. 최종적으로는 팀이 일대일 지원을 철회하기로 결정했지만, 그럼에도 불구하고 웹스터는 높은 수준의 읽기 성과와 낮은 수준의 방해 행동을 유지할 수 있었다.

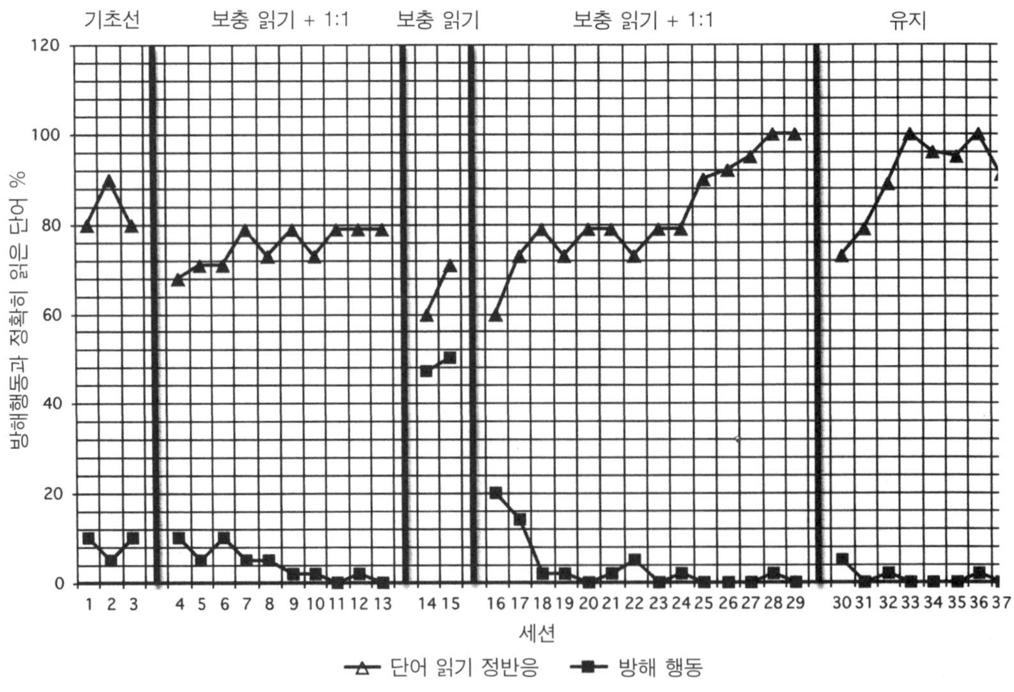

[그림 10.5] 읽기 향상을 통한 행동 감소

요약

이러한 사례들은 개별 학생에게 가장 효과적인 것을 알기 위해, 특정 중재에 대한 실험과 이에 대한 학생들의 반응을 그래프로 면밀히 나타내는 것이 효과적인 방법임을 보여 준다. 각 사례에서 학생들의 학습 욕구를 지원하는 데 가장 효과적인 중재 또는 중재 프로그램이 선택되었다. 이러한 예들은 어떤 하나의 특정 중재가 반드시 모든 학생에게 효과가 있는 것은 아님을 보여 준다. 학생들에게 적절한 최고의 중재를 찾아내는 체계를 갖는 것이 광범위한 RTI 수행의 핵심이다. 이 학생들 각각이 덜 집중적인 수준 2 중재에 반응하지 않았기 때문에 문제 해결팀은 해당 학생들에 대한 대체 중재 실험(예, "시범 적용")을 간소화했다. 세 가지 사례 모두에서 학생들은 중재 조건 중 최소한 한 가지에 반응했으며, 새로운 중재가 그 학생들에게 제공되었다. 중요한 것은 이 학생들 중 아무도 특수교육 대상자로 결정되지 않았다는 점이다.

제11장

RTI 보고서

학생 진전도에 대한 공식적 증거

RTI 중재를 실행하는 동안 수집된 데이터를 보고하는 것은 전체 과정에서 중요한 단계이다. 제7장은 RTI 활동 또는 지속적인 진전 모습의 결과를 논의에 사용할 수 있는 양식을 포함하고 있다. 종종 공식적인 보고서의 일부로 RTI 데이터를 요약하는 것은 중요하다. 이 장에서는 RTI 데이터를 포함한 종합평가 보고서를 비롯하여 RTI 기반 보고서의 몇 가지 예를 설명한다.

보고서의 유형

주요 보고서의 세 가지 유형은 RTI 데이터, 즉 요약 보고서, 데이터 요약 보고서, 전체 심리평가 보고서로 만들 수 있다.

간단한 요약 보고서

간단한 요약 보고서는 특정 시점에서 학생의 학업 진전 여부를 논의하는 데 사용된다. 이는 학교생활을 하는 동안 여러 번 만들어져 사용될 수 있다. 간단한 요약 보고서의 최초 적정 시기는 벤치마크 데이터가 수집되고 난 후 가을이다.

> RTI는 교사와 학부모 사이에 학생 실적의 투명성을 증가시켜야 하는 방법이다. RTI 활동을 통해 수집된 데이터는 학생, 학부모, 학생의 학교 성공을 위해 지원하는 교육자들과 수시로 공유되어야 한다.

이 보고서는 일반적으로 벤치마크 대책에 대한 각 학생의 성과를 나타내고, 지방 또는 국가 기준과 성과를 비교함으로써 학생의 상대적인 진전 지표를 제공하고 일반교육과정을 수립한다. 보통 동일한 형식은 세 번의 벤치마크 데이터 수집 시점에서 각각 사용할 수 있다(9월, 1월, 5월).

그림 11.1에 간단한 요약 보고서 벤치마크 샘플이 있다. 그림 11.1의 첫 부분은 마크(Mark)의 가을학기 CBM 점수뿐만 아니라 지역표준과 국가표준도 나타내고 있다. 이 간단한 요약은 마크가 좋은 출발을 했음을 보여 주고 있고, 1년 동안의 일반교육과정을 활용할 수 있음을 나타낸다. 그림 11.1의 다음 부분은 겨울학기의 벤치마크 보고서이다. 이 보고서에는 마크의 가을학기와 겨울학기의 벤치마크 데이터가 담겨 있고, 이를 마크의 부모는 지역 및 국가 기준과 비교해 볼 수 있다. 그리고 제시된 자료에서 얻을 수 있는 일반적인 결론을 설명하는 교사 메모 공간도 있다. 몇몇 부모 또는 보고서를 보는 사람들은 집으로 배부된 첫 보고서를 이해하기 위해 도움이 필요할 것이다. 교사와 학교 관계자들의 도움으로 부모는 보고서를 해석하는 방법을 배울 수 있다. 교사는 정기적인 학부모 회의에서 보고서가 나타내고 있는 것을 안내하고 부모들의 질문에 답하기 위해 이러한 보고서를 배포하기도 한다. 몇몇 학교는 정기적으로 배부되는 성적표나 학생의 진전 내용에 관한 안내문에 간단한 요약 데이터를 첨부하기도 한다.

데이터 요약 보고서

RTI의 두 번째 유형은 데이터 요약 보고서이다. 이 보고서는 구체적인 중재가 적용된 후 학생의 진전 상황을 그래프로 담고 있는 이 책과 같이 주로 그래프로 구성되어 있다. 그래프 외에도 학생 진전도 점검 양식과 특수교육을 위한 추천 양식(제7장에 소개된 양식 7.9, 7.11)은 학생의 진전 상태를 보여 준다. 이러한 양식은 교사와 교육 인력이 특수교육 학생을 위한 효과적인 중재를 결정하는 데 사용하기 위해 만들어진다. 이는 학생의 진전 상태에 관하여 학교에서 토의나 회의를 하기 위한 것이지 일반적으로 집으로 보내어 부모가 확인하게 하는 것은 그 목적이 아니다. 그림 11.2~11.4는 특별한 목표를 향하여 오랜 시간 동안의 학생 진전 과정을 요약하기 위해 그래프

> RTI 데이터가 학생, 교사, 가족에게 도움이 되기 위해서, 교사는 데이터를 해석하고 설명하는 방법을 아는 것이 중요하다. 교사는 학년 수준 팀 회의를 하는 동안 학생의 진전 양상을 함께 검토하는 시간을 가질 때 데이터 분석 능력을 기른다.

와 워크시트를 사용한 예이다.

학생: Mark White				교사: Mary Brown					
벤치마크 날짜: 2009년 9월 25일				학년: 1					
학생 점수				지역 표준*			국가 표준**		
	읽기	덧셈	패턴	읽기	덧셈	패턴	읽기	덧셈	패턴
가을학기	14	5	6	2~17	2~8	3~7	2~16	N/A***	N/A
여름학기				13~46	5~11	6~9	12~24	N/A	N/A
봄학기				31~87	9~15	7~9	26~75	N/A	N/A

* 지역 표준은 지역 테스트를 치른 모든 학생들이 얻은 점수의 평균 범위를 반영한다.
** 국가 표준은 미국 전역의 학생들이 얻은 점수의 평균 범위를 반영한다.
*** 국가 표준은 덧셈과 패턴에서는 아직 사용할 수 없다.

참고사항: 마크(Mark)는 읽기와 수학에서 좋은 출발 모습을 보였다. 그가 얻은 점수는 그가 1학년 읽기와 수학 학습을 하는 데 요구되는 능력을 가졌음을 의미한다.

이 보고서와 관련하여 의문사항이 있으면, 학생의 교사에게 연락하기 바랍니다.

학생: Mark White				교사: Mary Brown					
벤치마크 날짜: 2010년 1월 30일				학년: 1					
학생 점수				지역 표준*			국가 표준**		
	읽기	덧셈	패턴	읽기	덧셈	패턴	읽기	덧셈	패턴
가을학기	14	5	6	2~17	2~8	3~7	2~16	N/A***	N/A
여름학기	23	9	8	13~46	5~11	6~9	12~24	N/A	N/A
봄학기				31~87	9~15	7~9	26~75	N/A	N/A

* 지역 표준은 지역 테스트를 치른 모든 학생들이 얻은 점수의 평균 범위를 반영한다.
** 국가 표준은 미국 전역의 학생들이 얻은 점수의 평균 범위를 반영한다.
*** 국가 표준은 덧셈과 패턴에서는 아직 사용할 수 없다.

참고사항: 마크(Mark)는 읽기와 수학에서 계속해서 좋은 양상을 보이고 있다. 그의 CBM 점수는 우리가 주시하고 있는 지식과 능력을 배우는 것을 반영한다. 그는 1학년 말 기대치에 부응하기 위해 계속 나아가고 있다.

이 보고서와 관련하여 의문사항이 있으면, 학생의 교사에게 연락하기 바랍니다.

[그림 11.1] 요약 RTI 보고서의 예

이 그림에는 가이(Guy)에 대한 데이터가 요약되어 있다. 가이는 현재 다른 두 명의 학생과 함께 교사 프로렌스 맥피에게 소그룹으로 교육받고 있다. 맥피는 Phonographix 독서 교육 프로그램을 사용한다. 가이는 2학년 봄학기에 다른 지역으로 이동했을 때 추가적인 독서 교육이 필요함을 처음으로 알게 되었다. 그는 봄학기 독서 벤치마크에 참여하였고, 새로 이동한 지역 학생들과 비교했을 때 10% 이하의 점수를 받았다. 가이를 위한 2차 소그룹 교육 프로그램은 2학년 마지막 몇 주 동안 적용되었고, 3학년이 시작될 때 다시 재개되었다. 프로그램에서 가이의 진전 양상은 DIBELS 구두 읽기 유창성 측정을 사용하여 모니터되었다. 그림 11.2에 나타나는 바와 같이, 가이는 15, 16점을 받았고, 가을 벤치마크와 9월의 후속 기준 테스트를 하는 동안 15단어를 제대로 읽었다.

가이의 읽기 진전도 양상은 그래프의 중재 단계에 표시된다. 그의 읽기 유창성은 마지막 기준선 측정 시 15단어에서 3주간의 심사 후인 10월 5일 26단어로 증가했다. 26단어는 분당 24~73단어인 국가 표준에 부합하므로 가이는 최소 3주 동안 Phonographix 프로그램에 더 참여하기로 결정되었다. 이와 같은 결정은 10월 26일, 11월 16일에도 내려졌다. 매번 이 시점에서 가이의 데이터는 그가 54라는 다음 3학년 목표를 향해 진전되고 있음을 보여 주고 있다. 10월 26일에 대한 학생 진전 양상 검토 워크시트는 그림 11.3에 나타난다. 이 양식의 내용은 가이의 그래프에 나타난 데이터를 요약한 것이다.

결론적으로 가이는 진전도 기울기 수준이 충분치 못하며, 겨울 벤치마크 목표를 충족시키지 못할 것이라는 우려로 인해, 가이의 소그룹 교사는 그를 특수교육 평가에 의뢰했다. 완성된 의뢰 양식은 그림 11.4에 표시된다. 포괄적인 평가가 완료되는 동안 가이는 소그룹 강의에 남았다.

전체 심리평가 보고서

RTI 보고서의 세 번째 유형은 학교에서 사용되는 보고서의 다른 유형과 비슷한 종합 심리평가 보고서이다. 이러한 보고서의 목적은 학생의 학교 진행 상황과 요구사항을 설명하고 문서화하기 위함이다. RTI 데이터는 이러한 보고서에 쉽게 통합되고 이미 학생을 지원하기 위해 구현된 것에 관한 중요한 정보 소스를 제공할 수 있다. 다음으로 우리는 전체 평가 보고서의 구성요소를 설명하고, 그러한 보고서의 네 가지 예시를 제공하고자 한다.

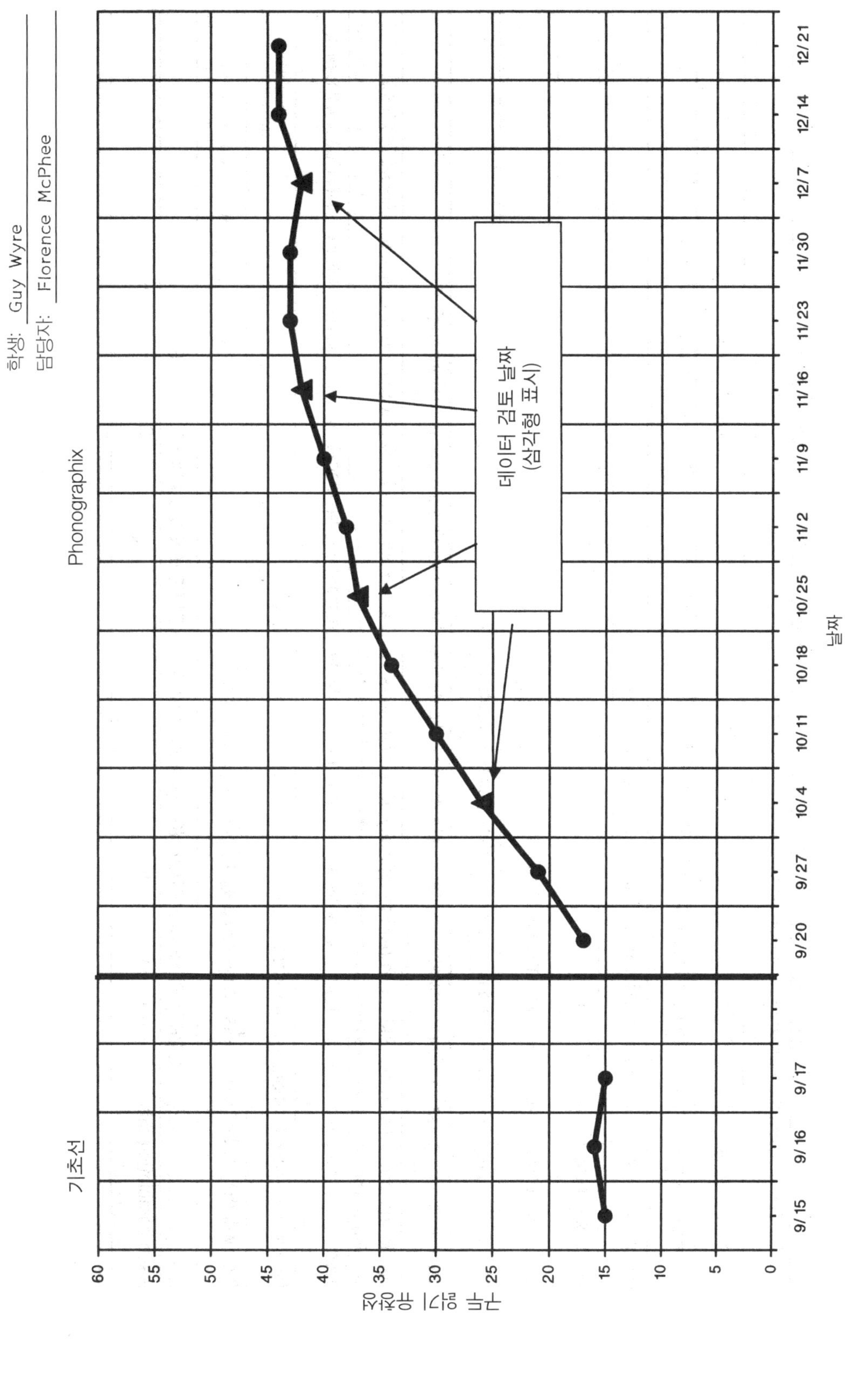

[그림 11.2] 진전도 모니터링 그래프의 예

학생: Guy Wyre	학년: 3	교사: Florence McPhee
2 수준 교육 프로그램명: Phonographix		
교사는? Florence McPhee		
교육 프로그램 그룹 학생 수: 3		
얼마나 자주 교육 세션이 개최되었나? 매일		
각 세션에 걸린 시간은? 40분		
세션에 참여한 학생 수는? 63/65		
진전률을 모니터한 데이터를 기반으로 했을 때, 얼마의 데이터 포인트가 학생들의 실력 향상을 나타내었는가? 6		
진전률을 모니터한 데이터를 기반으로 했을 때, 얼마의 데이터 포인트가 학생들의 실력 향상이 없음을 나타내었는가? 0		
학생의 현재 실력은 일반적으로 동료들의 성취와 비교했을 때 어떠한가? 가이의 현재 점수는 37점으로 3학년을 시작하는 학생의 최소 벤치마크 23을 통과했으나 겨울학기 벤치마크 40단어에는 미달이다.		
얻은 데이터를 기반으로 했을 때, 현재의 교육 프로그램을 어떻게 수정할 것인가? 수정하지 않는다. 가이는 읽기에서 계속 진전 양상을 보이고 있다.		
언제 학생에 대한 검토가 다시 이루어지는가? 11월 16일, 월요일		
위에서 언급된 모든 진전율 모니터링 데이터와 그래프는 첨부되어야 함		
양식 작성자: 교육 전문가 Florence McPhee		날짜: 2009년 10월 29일

[그림 11.3] 학생 진전율 검토 워크시트의 예

평가 보고서의 구성요소

RTI 데이터를 사용하여 종합적인 평가를 작성하는 가장 좋은 방법은 문제 해결 모델의 단계에 기반하는 것이다. 이러한 보고서는 문제 해결 중심이며, 추가적인 교육을 위한 구체적인 아이디어를 제공한다(Brown-Chidsey & Steege, 2005). 문제 해결 중심 RTI 보고서의 핵심 요소의 요약은 표 11.1에 표시된다. 문제 해결 중심의 보고서에는 세 가지 주요 부분이 있다. (1) 문제 식별 코드, (2) 문제 정의, (3) 해결책 모색.

학생: Guy Wyre　　학년: 3　　교사: Florence McPhee

학생의 교육적 필요가 처음 확인되었을 때 학생의 상태는 어떠했는가:

가이는 지난 봄학기 벤치마크에 2학년 DIBELS에서 위험한 범위에 처했었다. 이번 가을학기에 가이는 3학년 벤치마크에서 위험한 범위에 처해 있다.

학생의 지식/능력을 향상시키기 위해 사용되었던 수준 2 교수 방법:

3명의 학생들과 함께 소그룹 Phonographix 수업이 9월 21일 주에 시작되었다. 가이의 진전 양상은 모니터되었고, 구두 읽기 유창성 조사를 사용하고 있다.

수준 2 교육 프로그램을 제공하는 사람은?
맥피(McPhee), 공인된 특수교육 교사 자격증 소지자이다.

수준 2 교육 중에 학생의 진전 양상을 기록하는 데 진전 모니터링 측정을 사용:
구두 읽기 유창성 조사

수준 2 프로그램 시작 날짜: 2009년 8월 21일
수준 2 프로그램 점검 날짜: 2009년 10월 5일, 26일, 11월 17일

현재 학생의 교육적 필요를 설명하라:
가이는 더 많은 단어를 배우는 것과 글을 좀 더 빨리 읽는 것을 배우는 것이 필요하다.

현재 이 학생이 보충 교육이나 지원을 받고 있는가?
가이는 종합적인 평가가 완료될 때까지 3:1 교육을 매일 40분씩 받는다.

위에서 언급된 모든 진전율 모니터링 데이터와 그래프는 첨부되어야 함

양식 작성자: 교육 전문가 Florence McPhee　　날짜: 2009년 12월 7일

[그림 11.4] 특수교육 수준 3 의뢰의 예

이러한 부분들은 1장에서 설명된 문제 해결 모델의 첫 세 단계에 해당한다. RTI 데이터는 이러한 보고서 각각에서 명시되어야 한다.

문제 식별 코드

문제 식별 코드는 "레이더 스크린"에 나타나는 문제의 기술적 정보를 의미한다. 이 부분은 정보의 세 가지 주요 부분을 포함한다: (1) 학생의 이름, 나이, 학년, 교실, (2) 문제가 관찰된 날짜와 문제의 기본 설명, (3) 문제를 식별한 사람들의 이름과 지위. 항목 1과 3

〈표 11.1〉 문제 해결 중심 평가 보고서 개요

1. 문제 식별 코드
   a. 학생의 이름, 나이, 학년, 학반
   b. 문제가 관찰된 날짜
   c. 문제의 원인인 사람들의 이름과 지위

2. 문제의 정의
   a. 학생에 관한 배경 정보(예비지식)
   b. 현재의 교육적인 배치
   c. 수행의 현재 수준
      • 학생
      • 전형적으로 달성하는 동료들
   d. 학생의 수행과 기대되는 것 사이의 차이의 정도
   e. 문제 정의의 요약

3. 가능한 해결책
   a. 일반교육 중재
   b. 특수교육 중재

참고: Brown-Chidsey and Steege (2005, p.272). Copyright 2005 by The Guilford Press. Reprinted by permission.

에 포함된 식별 정보는 매우 간단하다. 학생의 이름, 나이, 학년, 현재의 교사가 기재되어야 한다. 만약 RTI 활동에 참여한 주 선생님이 한 명 이상이라면 모든 참여 교사가 기재되어야 한다. 항목 2는 RTI 정보가 주어질 수 있는 장소이다. 여기에 학생 수행의 세부사항과 자료가 수집된 조건이 제공된다. 예를 들면, 이 항목은 다음과 같이 기술될 수 있다.

종합적 평생가의 목표는학생의 학습 요구에 대한 추가적인 정보를 제공하는 것이다. 평가보고서에는 어떤 중재를 시도하여 학생이 어떻게 수행했는지를 포함한 최근 학교에서 일어난 이야기를 포함해여 한다.

모든 3학년 학생들에게는 2009년 9월 동안 읽기의 교육과정 기반 척도(CBM)를 사용하여 읽기의 어려움이 감지되었다. 분당 19단어를 읽는 세스의 점수는 자신의 현재 읽기 능력이 급우의 90% 이하임을 나타내는 10%ile(퍼센ile) 이하로 떨어진다.

보고서의 문제 식별 코드 부분은 보고서의 제목과 초점으로 독자를 소개하는 목적에 의한 것이므로 길 필요가 없다. 다음 부분은 어떻게 그리고 왜 학생의 상황이 문제되는지에 대한 세부사항을 제공한다.

문제 정의

보고서의 이 부분은 학생의 학업 성적을 둘러싼 전반적인 상황에 관한 필수적인 자료를 포함하고 있다. 이 부분에는 다섯 개의 요소가 있다.

1. 학생에 대한 배경 정보
2. 학생의 현재 교육 배치
3. 학생의 현재 수행 수준뿐만 아니라 일반적으로 달성하는 동료들의 수행에 대한 정보
4. 학생의 수행과 기대되는 수행의 차이의 정도
5. 문제 정의의 요약

배경 정보

배경 정보 부분은 섹션 1의 식별 정보에서 다루어지지 않고 학생의 학교 경험의 상세한 측면을 포함한다. 배경 부분은 관련성 초기 시점부터 현재 날짜까지 학생의 "이야기"를 말해 준다. 많은 경우에 배경 부분은 태아, 출생 전후 및 어머니 또는 다른 가족 구성원에게서 얻은 신생아 건강에 대한 정보에서 출발한다. 특정 장애(예, 뇌성 마비)의 경우 출생에서 증상의 유무는 정확한 진단이 필요하다. 임신과 출산 정보에 추가하여 어떤 유년기 질병이나 의료 조건에 대한 간단한 정보가 제공되어야 한다. 만성 신체 조건은 보통 학교에서 아동의 수행에 영향을 미치기 때문에 이러한 세부사항은 중요하다(Brown & Brown, 2005). 마찬가지로, 학생의 가족력, 교육력이 포함되어야 한다. 가족력은 아이가 성장해 온 환경에 대한 설명을 포함한다. 예를 들어 부모가 군대에 있는 경우 기지 안 또는 밖의 생활에 관한 정보가 될 것이다. 또한 여기에는 가족의 조성과 가정환경(예, 형제, 자매, 부모, 조부모)에 대한 정보가 포함될 것이다.

교육력은 학생이 가정 밖의 보육기관에 들어가는 시점에서 시작된다. 몇몇 학생들에게, 이것은 유치원 입학 시점에서 발생할 것이다. 모든 종류의 가정 밖 보육 또는 취학 전 프로그램에 참여하는 학생들을 위해 그 경험에 대한 기본 정보가 포함되어야 한다. 취학 전 경험을 기술한 후, 학교에서 학생의 진전이 요약된다. 취학 전 교육 · 보육 기관에서 학생이 (일반적인) 진전을 예상했더라도 그것을 알아볼 필요가 있다. 이전에 장애를 가진 것으로 식별되거나 등급이 반복되었거나 다른 지원 서비스를 받은 학생들을 위

해, 그 경험들에 대한 구체적인 언급이 있어야 한다. 교육력 부분은 현재의 교육 배치 이전의 전체 기간을 망라해야 한다.

현재 교육 배치

보고서에 있는 이 항목은 매우 간단하며 학생의 현재 교실(들)과 교사(들)를 설명하는 하나 또는 두 개의 문장을 포함한다. 학생이 여러 교실에 참여한다면 모든 과목, 교실, 교사가 언급되어야 한다.

현재 수행 수준

현재의 교육 환경이 설명되면 보고서는 학생이 현재 환경에서 얼마나 잘 하는지에 대한 설명 부분으로 진행된다. 이것은 보고서에서 RTI 데이터가 포함해야 하는 또 다른 정보이다. 보고서의 이 부분에서 더 광범위한 RTI 데이터가 보고될 수 있다. 특히 수준 2 수업 중에 학생이 얻은 모든 점수는 여기에 요약되어야 한다. 그래프가 학생의 발전을 이해하기에 가장 쉽기 때문에 RTI 수준 2 활동 중에 학생을 추적하는 데 사용되는 실제 그래프가 보고서에 첨부되어야 하고 이를 참고해야 한다. 또한 보고서에는 학생이 향상되거나 향상되지 않은 어떤 수업 상황에서 나타내는 데이터의 서술 요약이 포함되어야 한다. CBM 조사 수준의 평가 절차가 진전도 모니터링 활동에 추가로 실시되었을 경우 이 데이터는 이 부분에서 보고되어야 한다. 마찬가지로, 진단 교육 과정이나 간단한 실험적인 분석 방법이 중재에 대한 학생의 반응에 대해 자세히 알아보기 위해 사용되었다면 이러한 데이터도 여기에 보고되어야 한다(Hunley & McNamara, 2010).

많은 경우에 RTI 데이터는 보고서에 포함시킬 것 외에도 많이 있을 것이다. RTI 데이터가 먼저 설명되어야 하고 다음에 다른 데이터가 설명되어야 한다. 예를 들어, 학생 평가 절차의 일환으로 여러 표준화, 규준-참조 검사가 학생에게 실시되었을 수도 있다(Flanagan & Ortiz, 2001). 음운처리종합검사(CTOPP)의 결과는 기억력 검사인 CMS 결과나 인지능력검사인 WJ-III: COG 점수와 함께 보고되어야 한다. 보고된 모든 표준 점수에 대해서 가능하다면 신뢰구간, 진점수의 범위, 백분위수 점수와 같은 단순한 유도 점수가 반드시 함께 제공되어야 한다. 학년 점수나 연령 점수는 표준 점수보다 훨씬 적게 신뢰할 수 있기 때문에 이런 점수를 반드시 보고할 필요는 없다. 포함해야 하는 핵심 점수는 표준 점수, 신뢰구간, 백분위수 점수이다.

차이의 정도

RTI 데이터를 요약하면, 학생의 점수와 다른 학생들 점수나 기대되는 점수와의 차이 정도가 나타난다. 문제는 학생의 취득 점수와 기대하는 점수 간의 차이로 정의된다. 데이터가 "문제"와 관련된다 해도, 그것이 매우 작아서 문제를 해결할 만큼 중요한 단서가 되지 않을 수도 있기 때문에 차이의 정도는 중요하다. 양자택일로, 물론 문제는 매우 클 수 있고 정상적으로 그것을 해결하기 위해 집중적이고 실질적인 자원을 필요로 할 수 있다. 예를 들어, A를 계속 받은 역사 시험에서 B+를 받은 학생은 수업 실패의 위험 또는 학교에서 낙제할 위험에 있지 않다. 대조적으로, 모든 6학년 수업은 읽기 능력이 필요하기 때문에 읽을 줄 모르는 6학년 학생은 큰 문제가 있다. 그 학생의 문제의 큰 정도는 집중적인 구제 수단을 정당화한다. 보고서 작성자들은 학생이 특수교육에 대한 자격 여부를 확인하는 것이 중요하다. 그 결정은 특수교육팀 및 학생의 부모에게 보고된다. 데이터가 이러한 설명을 지원하는 경우에 보고서는 특정 장애 기준들과 일치하는 측면에서 학생의 학업이나 행동 요구의 성격을 설명한다. 특정 진단 결과를 포함시킬지 여부는 보고서 대상과 학생이 다니는 학교가 속해 있는 주의 학군에서 요구되는지 여부에 따른다.

> 문제해결에서 문제규명 단계의 좋은 점은 크고 작은 문제가 있는지를 결정 한다는 것이다. 작은 문제는 큰 문제에 비해 훨씬 쉽고 빠르게 해결될 수 있다. 힉교가 학생의 작은 문제를 많이 알아낼수록 큰 문제가 더 적어질 수 있다.

보고서 요약

이 섹션의 마지막 부분은 문제 정의의 간략한 요약이다. 보고서 작성자는 명확하고 모호하지 않은 언어로 학생의 학교 문제의 본질을 진술해야 한다. 이 부분은 간결해야 하며 문제의 가정(assumption)에 근거하여 학생에게 특별한 요구가 있을 것인지 결정해야 한다는 메시지를 포함해야 한다. 예를 들면, 요약은 다음과 같이 진술할 수 있다.

> 마사는 수학 과제로 어려움을 겪고 있는 10살 학생이다. 마사가 추가로 일상 소그룹 수학 수업에 참여하는 동안 모은 데이터는 그녀가 수학 계산 능력에서 비교적 낮은 성취가 있었음을 보여 준다. 또한 후속으로 실시된 RAN(Rapid Automatized Naming) 검사, 단기 기억, 일반 수학 성취도 검사에서 평균 아래의 점수를 보여 주었다. 추가 테스트는 마사가 강한 일반적인 문제 해결 및 언어적

능력을 가지고 있다는 것을 보여 준다. 이 평가 결과는 마사가 수학영역에서 학습장애의 특성을 가지고 있음을 보여 준다.

해결책 모색

보고서의 마지막 부분에서는 정의된 문제에 대한 해결책 모색을 다룬다. 이 부분은 고려된 중재의 유형과 관련된 두 개의 하위 섹션, 즉 일반교육 또는 특수교육으로 나눌 수 있다. 가능한 학습장애에 대해 평가되고 있는 학생들은 이미 일반교육 중재를 받고 있지만 학생을 위한 최상의 해결책이 아직 일반교육 속에 있는 사건이 될 수도 있다. 예를 들어, 큰 교육구는 Title 1에 의해 다양한 기본 등급 읽기 및 수학 지원 자금을 제공할 수 있다. 이 경우 학생이 RTI의 일환으로 이 중 하나 이상을 받고 있지만, 성공적이지 않았을 수도 있다. 그러나 평가 데이터가 학생이 다른 일반교육 중재로 성공할 가능성이 있음을 보여 주는 경우, 학생이 장애를 가진 것으로 확인된 경우에도 해당 중재는 시도되어야 한다. 팀이 학생이 특정 장애(예, 특정학습장애)를 보이고 해당 특수교육 수업이 필요하다는 것에 동의하는 경우에, 그 다음 단계는 특수교육일 것이다. 보고서의 해결책 부분을 쓸 때, 저자들은 특정 학생에게 도움이 될 가상교육의 유형을 설명할 필요가 있다.

> 평가 보고서의 모든 부분이 중요하지만 가장 유용한 것은 해결책을 탐색하는 부분으로, 이는 학생에게 도움이 될 수 있는 수업 방법을 제공하게 한다. 진술된 모든 방법이 필요하진 않지만 교사가 추후 해야되는 것에 대한 중요한 지침을 제공한다.

중요한 것은, 제안된 해결책은 테스트할 필요가 있다는 것이다. 프로그램의 효과를 확인하는 자료로 데이터가 수집될 때까지 제안된 해결책은 단지 가설일 뿐이다. 어떤 프로그램에서든 학생의 향상에 관한 데이터를 수집할 필요가 있기 때문에, 보고서 작성자는 어떤 진전도 모니터링 장비가 제안된 지침에 가장 잘 부합한지 제시해야 한다. 중재 시작 당시 미리 진전도 모니터링 표시기를 준비하는 것이, 중재의 첫날부터 학생들의 진행 상황을 측정하기에 훨씬 쉽다.

보고서 예시

이 장의 마지막 부분에는 네 개의 보고서 예시가 있다. 첫 번째 보고서는 학생이 장애 학생으로 확인되지 않은 상황을 반영한다. 두 번째는 장애가 있는 것으로 확인되었으며, 이후 특수교육 서비스를 제공받은 학생을 보여 준다. 세 번째 보고서는 몇 가지 평가가 결정적이며 추가 심사가 발생할 수 있는 방법을 보여 준다. 네 번째는 오류 분석 데이터가 학생의 특정 학습 요구를 식별하기 위해서 어떻게 사용되는지의 예시를 포함한다. 보고서에서 "학생"은 실존 인물이 아니지만 그들의 특성과 데이터는 우리가 평가한 실제 학생으로부터 얻었다. 각각의 경우에, 학생은 평가 의뢰 전에 RTI 절차에 참가했다.

매리 앤의 수학 문제: 장애가 발견되지 않음

첫 번째 보고서에서 우리는 RTI 데이터가 학생이 특수교육 서비스를 받을 수 있는지 여부를 결정하기 위해 어떻게 사용되는지를 보여 준다. 이 보고서는 부족한 수학 수행능력을 가진 3학년 학생인 매리 앤(Mary Ann)에 대한 정보를 요약한 것이다. 가을 CBM의 수학 검사에서 매리 앤의 점수가 매우 낮았다. 그녀는 또한 덧셈과 뺄셈 문제에서 3개의 항목만을 완료했다. 이에 반해, 매리 앤의 지역구에 있는 모든 3학년의 평균 점수는 11개 항목을 맞혔다. 그녀의 선생님은 매리 앤의 수행에 대해 우려했기 때문에, 매리 앤과 가을 시험에서 낮은 점수를 받은 두 명의 친구를 위해 소그룹 수학 교육을 실시했다. 이러한 소그룹 수업은 매일 평일 아침 20분 동안 실시하고, 직접 교육, 반복 연습, 수학게임을 포함했다. 벤치마크뿐만 아니라 학생들의 능력 향상은 매주 CBM 추가 문제와 함께 모니터링되었다. 주간 문제에서 매리 앤의 점수는 그림 11.5에 표시되었다. 그래프가 보여 주는 것처럼, 매리 앤은 소그룹 수업 3주 동안 낮은 수학 성취를 보였다.

매리 앤의 그룹에 있는 다른 학생들이 뺄셈의 단계로 넘어갈 준비가 되었고, 그녀는 아니었기 때문에, 선생님은 TM 프로그램을 사용하여 매리 앤과 또 한 명의 학생이 함께 공부하도록 결정했다. 이 단계에서도 매주 데이터가 수집되었다. TM 프로그램에서 매리 앤의 진행은 그림 11.5의 오른쪽 부분에 기록되었다. 이전 중재와 마찬가지로, 그녀는 성취가 낮았다. 선생님은 특수교육에 대한 종합적인 평가를 받아보기로 결정했다. 다음 보고서는 이후의 추가적인 평가 정보와 매리 앤의 RTI 세션의 데이터를 통합적으로 보여 준다.

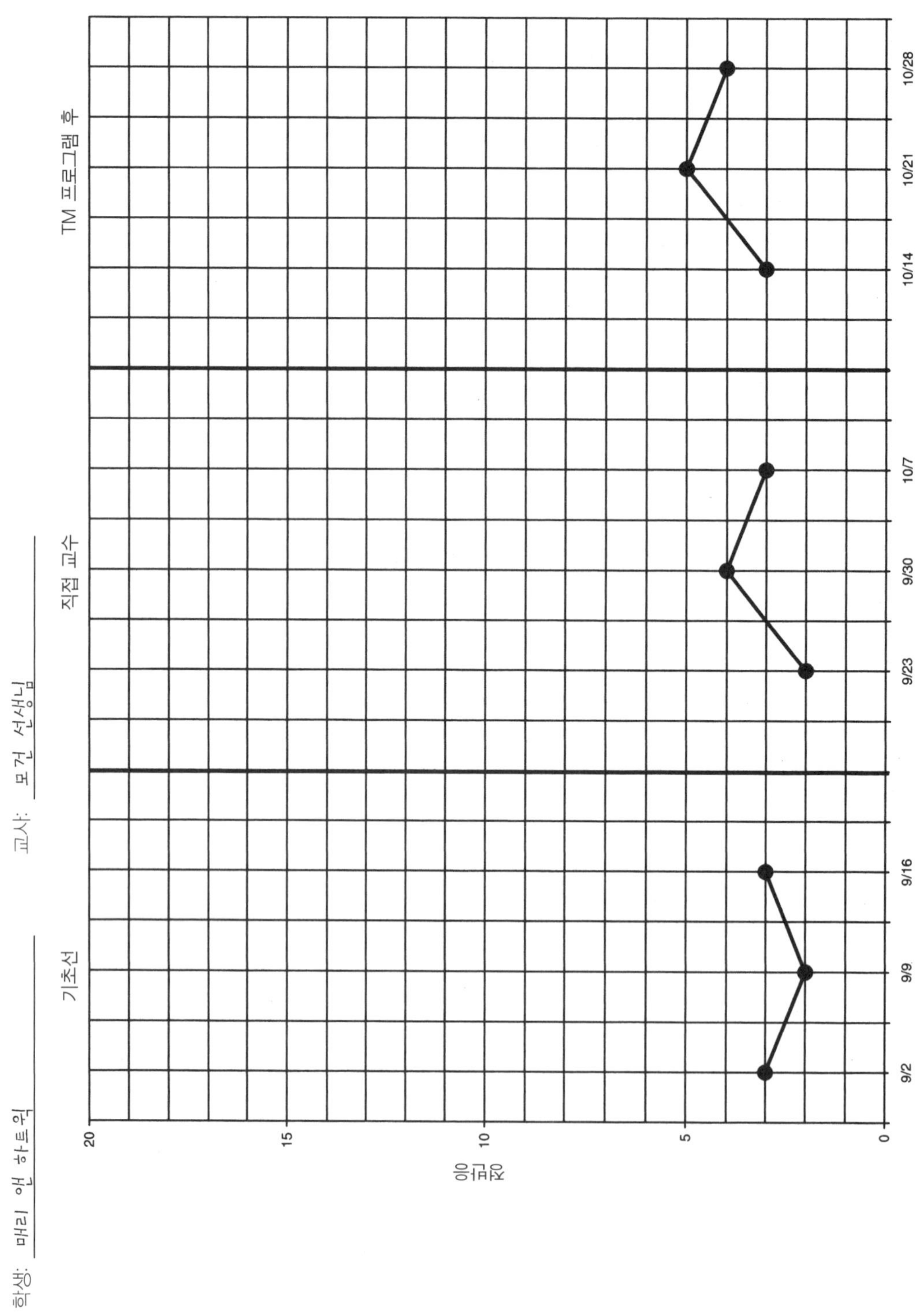

[그림 11.5] 매리 앤의 수학 향상도

알래스카 무스 벤슨 학군의 심리 평가

이름: 매리 앤 하트윅	학년: 3학년
생년월일: 2001.1.17	평가일: 2010. 1.18, 1.20, 1.25
나이: 9살	보고서 날짜: 2010.2.15

문제의 식별

2009년 9월 15일 벤슨 학군의 모든 3학년 학생들이 교육과정에 기초한 읽기와 수학 평가를 받았다. 매리 앤은 읽기에서는 목표 점수보다 높은 점수를 받았으나 수학 점수는 목표 점수보다 훨씬 낮았다. 매리 앤의 선생님 패트리샤 모건은 매리 앤이 추가적인 수학교육이 필요한 학생임을 확인하고 2009년 9월 23일에 소그룹 수학 수업을 시작했다.

문제의 정의

학생에 대한 배경 정보

매리 앤은 유치원 때부터 벤슨 지역의 학교에 다녔다. 2010년 1월 4일, 그녀의 엄마와의 인터뷰에서 보고된 대로 매리는 학교생활 중 사회성은 좋지만 학습적인 분야는 좋아하지 않는 것으로 드러났다. 매리의 어머니는 매리를 임신하고 문제없이 출산했고, 두 명의 동생 매트(6살)와 세실리(3살)가 있다. 매리 앤의 어머니는 3살 동생인 세실리가 뇌성마비를 가지고 있고 IFSP에서 제공하는 가정 내 서비스를 받고 있다고 설명했다. 매리 앤은 어릴 때 매우 건강했고 학교 결석의 원인은 동생이 치료를 받기 위해서 자주 가족 여행을 갔기 때문이라고 했다.

매리 앤의 학교 기록은 그녀가 유치원에 다닐 동안 유치원 선별 검사에서 모든 단계를 거쳤고, 많은 발전이 있었다는 것을 보여 준다. 전반적인 행동 발달에 대해서는 어떤 문제도 없는 것으로 기록되어 있다. 1학년 때의 교사 보고서는 매리 앤이 종종 학교를 결석했다는 것을 자주 언급하고 있다. 학교 교장과 부모 모두 매리 앤의 결석이 어머니의 세 번의 임신과 계속되는 동생의 치료 때문이라고 한다. 매리 앤의 2학년 파일에서도 1학년 보고서와 유사한 결과를 찾을 수 있다. 매리 앤의 1학년과 2학년에서의 CBM 점수는 평균 점수인데, 2학년 중반부터 점수가 하락했다는 것을 보여 준다. 매리 앤의 2학년 교사와의 인터뷰에서도 그가 매리 앤의 발전에 대해 걱정스럽지만 3학년까지 기다리기로 결정했다는 것을 보여 주었다. 왜냐하면 매리 앤은 그 해 3, 4, 5월 동안 매주 일정 기간 결석했기 때문이다.

현재 교육적 배치

매리 앤은 현재 무스 밸리에 있는 수잔 버쳐 학교의 일반교육 3학년에 재학 중이다. 그 해 매리 앤의 처음 두 보고서는 매리 앤이 출석한 날은 조용하고 소심했고, 68일 중 36일을 결석했음을 보여 주었다.

정보의 출처

매리 앤의 현재 수행 과정에 대한 수준은 아래 자료로부터 얻어진다.

- 매리 앤과 그녀의 어머니, 매리 앤의 교사와의 인터뷰
- CBM 점수의 하락
- RTI(수준 2) 향상 데이터
- 주요 수학 시험
- 아동 기억력 검사 결과(CMS)
- 음운 발달 과정 이해 테스트(RAN)
- 정신건강 선별검사(Achenbach System of Empirically Based Assessment, ASEBA)

이러한 평가에서 얻어진 점수는 표 11.2~11.5에 요약되었다. 이 표는 매리 앤의 수행 능력과 그 또래 아이의 능력을 비교하는 데 이용할 수 있는 정보를 포함하고 있다. CBM 점수는 매리 앤이 다른 4학년 학생들보다 읽기 점수는 높으나 그의 수학 능력은 훨씬 약하다는 것을 보여 준다. 추가적인 주요 수학 테스트의 평가에서는 매리 앤의 수학 능력이 모든 영역에서 평균 이하라는 것을 보여 준다. 그녀의 기억력 검사 점수와 음운 발달 과정 검사 점수는 또래 학생들의 평균이다. 이러한 점수는 매리 앤이 또래의 소녀들과 비교해 평균적인 기억과 회상 능력을 가지고 있다는 것을 보여 준다.

매리 앤의 어머니와 교사는 Achenbach 아동 행동 체크리스트에서 매리 앤이 가끔 침울하고 슬퍼 보인다는 대답을 했다. 인터뷰뿐만 아니라 이러한 심리적인 평가 결

〈표 11.2〉 매리 앤의 CBM 점수와 지역 기준 범위

테스트	매리 앤의 점수	지역 기준 범위
읽기(읽기 유창성)	126	72~122
수학(덧셈 뺄셈)	3	11~15

〈표 11.3〉 매리 앤의 주요 수학 테스트 점수

하위 테스트	표준 점수	백분위 점수	신뢰 구간
기초 개념	81	9	75~87
연산	78	3	73~83
응용	73	2	66~80

〈표 11.4〉 매리 앤의 아동 기억력 검사

하위 테스트	표준 점수	백분위 점수	신뢰 구간
즉각적인 구두 기억	99	49	93~105
지연적인 구두 기억	98	47	91~105
즉각적인 시각 기억	101	51	96~106
지연적인 시각 기억	102	52	96~108
일반적인 기억	100	50	95~105

〈표 11.5〉 매리 앤의 음운 발달 과정의 이해 테스트

하위 테스트	표준 점수[a]	백분위 점수	신뢰 구간
색깔 이름 쓰기	9	48	6~12
숫자 쓰기	10	50	7~13
글자 쓰기	11	52	8~14
물체 이름 쓰기	12	55	9~15
몫 쓰기	101	56	95~107

a 원 점수는 평균 10, 표준편차 3점이나 변경시 평균은 100, 표준편차 15점인 표준점수로 유도

과도 매리 앤이 침울한 성격을 가지고 있다는 것을 보여 준다. 매리 앤과의 인터뷰는 Achenbach 점수와도 일치한다. 매리 앤은 항상 슬프고 여동생이 건강하기를 바랐다. 그녀는 집에 있을 때 어머니를 돕는 것을 좋아한다. 왜냐하면 그렇게 해야 자신을 필요로 함을 느끼기 때문이다. 그렇게 많이 학교를 결석한 것이 학습에 얼마나 부정적 영향을 미치는지에 대한 질문을 받았을 때 매리 앤은 울면서 대답했다. "만약 의사가 내 동생을 건강하게 만들 수 없다면 학교가 무슨 소용이 있어요?"

문제 정의 요약

여기에 제시된 다면적인 평가 정보는 매리 앤의 수학 능력이 벤슨 학군의 3학년 학생들에 비해 낮다는 것을 제시한다. 이러한 어려움은 교실 수업 CBM 테스트 수학 평가에서도 관찰된다. 매리 앤의 수학 점수와 수행 능력에서는 뚜렷한 일치가 있는 반면 기억력 평가에서의 평가 결과는 능숙한 수학 계산에 필요한 기초 능력이 온전하지 않다는 것을 보여 준다. 궁극적으로 신속한 자동 네이밍과 다른 기억 기술은 문제가 없다. 기억력 테스트에서의 낮은 점수는 매리 앤의 학교에서의 어려움이 기억력보다는 다른 요소와 관계있다는 것을 보여 준다. 매리 앤은 침울하며 우울증과 관련된 성격을 보였다. 그녀 자신의 보고서뿐만 아니라 어머니와 교사의 보고서도 매리 앤이 항상 우울하다는 것을 보여 준다.

평가 결과는 매리 앤의 학교에서의 어려움에 관한 가설을 설정하는 데 이용될 수 있다. 데이터는 매리 앤의 수학 문제가 그녀의 잦은 결석과 침울한 상태와 관계있을 수도 있다는 것을 보여 준다. 이 가설에 기초한 문제점을 해결하기 위한 다음의 제안이 제시되었다.

가능한 해결책

다음은 현재의 평가에 기초한 팀에 의해서 제안되었다.

1. 매리 앤의 출석률과 수학 수업을 포함해 학교 활동의 참여를 증가시켜라.
2. 매리 앤의 수학 학습 완성을 위한 능력을 증가시켜라.
3. 매리 앤 가족이 매리 여동생의 의학적인 문제를 해결하고 가족에게 필요한 것을 얻기 위한 컨설팅을 받도록 도움을 주어라. 매리는 좀 더 좋은 상황 대처 능력을

향상시키기 위해 간단한 인식 행동 치료의 도움을 받을 수 있다. 그 가족은 매리 앤을 위한 추가적인 심리적 건강 서비스를 받기를 원한다.

4. 매리 앤의 기술을 3학년까지 올리기 위한 집중적인 수학 수업을 제공하라.

학교심리학자 Rachel Brow-Chidsey, PhD, NCSP

2009년 2월 15일 제출

루크: RTI를 사용한 장애 판별과 측정

루크 월터는 수학에 어려움을 가진 2학년 학생이다. 아래의 예시 보고서는 RTI 과정이 학습장애를 밝히기 위해 어떻게 사용되는지 보여 준다. 루크의 경우 RTI 방법이 그의 수학 능력을 향상시키기 위해 사용되었다. 이것의 효과가 없었으므로 그가 특별한 수학적 장애를 가지는 것으로 볼 수 있다.

오레곤 리버사이드 링컨 학군의 심리 평가

이름: 루크 월터 학년: 2학년

생년월일: 2002.3.16 평가일: 2009.11.9, 11.12, 11.6

나이: 7살 8개월 보고서 날짜: 2009.12.1

문제의 식별

2009년 9월 루크는 모든 학생들의 수학, 독해 능력 평가를 위한 가을 CBM에 참여했다. 루크의 독해 능력은 평균적인 반면 수학 점수는 2학년 학생들의 기대 점수에 비해 훨씬 낮았다.

문제의 정의

학생에 대한 배경 정보

루크는 링컨초등학교에 다녔다. 그는 대부분 행동 분야에서 적절한 향상이 있었으나, 그의 점수는 그가 유치원과 1학년 때 수학에서 어려움을 겪었다는 것을 보여 준다. 링컨초등학교 학생들은 유치원에서 수를 세는 것과 양을 세는 것을 배운다. 유치원을 졸업하기까지 학생들은 100까지 셀 수 있어야 하지만, 루크는 유치원을 졸업할 때까지 50까지밖에 세지 못했다. 루크는 1학년 때 수학에서 다시 어려움을 겪었고 '타이틀 I'이라는 수학 수업을 받았다. 그는 10의 합계로 수를 증가시키는 것을 배우기 위해 그해 내내 매일 30분간 소그룹에서 공부했다. 1학년 말까지 루크는 CBM에서 8의 점수를 받았다. 2학년을 시작하면서 루크는 다시 수학에 어려움을 겪었다. 가을 CBM에서 루크는 겨우 세 개의 시험문제만 통과했다. CBM 데이터는 17개 이하의 점수를 획득한 학생들은 수학에서 어려움을 계속 겪을 것으로 본다.

현재 교육적 배치

가을에 그의 점수 때문에 매일 소그룹 수학 수업을 받았다. 이 수업은 기본 계산 능력에 관한 학생의 능력을 증가시키기 위한 GLM 프로그램을 사용한다. 그 학기 동안의 데이터에서 보인 발전으로 루크가 4~6개의 문제를 더 맞힌 것으로 보인다. 루크의 제한된 발전 때문에 새로운 방법이 시도되었다. 그는 TM 프로그램을 이용하는 그룹으로 이동했다. 이 프로그램은 직접적이고 연속적인 수학 수업을 하고 있다. 3주 동안 TM 프로그램을 이용한 후, 루크는 겨우 2점이 향상되었다는 것을 데이터를 통해 알 수 있었다. 8월 말에 그의 교사는 그가 폭넓은 평가와 특별교육을 받게 할 것이다.

정보의 출처

루크의 현재 학업 성취 수준에 관한 정보의 출처는 다음과 같다.

루크, 월터, 루크의 선생님들과의 인터뷰
가을학기 CBM(인지행동수정) 기준점
RTI 향상 자료

기준점과 수준 2 평가에서 얻은 점수들은 그림 11.6에 요약되었다.

문제 정의의 요약

루크의 현재 수학 계산 능력은 링컨초등학교 2학년 학생들에게 예상되는 것보다 훨씬 낮은 수준이다. 루크의 수학 계산 능력을 향상하기 위해 설계된 두 가지 중재의 결과 미미한 향상을 보일 뿐이었다. 만약 루크가 수학을 제외한 모든 학습 분야에서 충분한 진전을 보이고 과학에 기초한 두 가지 수학 교육 프로그램에는 반응하지 않는다고 하면 그의 수학적 어려움은 특별한 수학 학습장애로 이해하는 것이 가장 바람직한 것으로 보인다.

가능한 해결책

다음의 권장사항은 현재의 평가 자료에 기초하며 그 팀에 대한 고려사항을 제공한다.

1. 루크는 좀 더 집중적인 수학 교육으로 효과를 얻을 수도 있다. 그는 기본 계산 능력의 유창성을 숙달시키는 데 초점을 맞추어 매일 개별화된 수학 수업을 해야 할 수도 있다.
2. 루크가 가진 학습장애가 무엇이고 그 학습장애를 가진 사람들에게 어떤 영향을 주는지를 이해하도록 하는 단기간의 상담과 교육이 더 효과적일 것 같다.

학교심리학자 Mark W. Steege, PhD, NCSP, BCBA
2009년 12월 1일

제인: 추가적인 평가가 요구됨

때때로 평가 결과는 우리가 얻고 싶은 해답을 제공하지 않는다. 제인(Jane)의 경우, 평가에서 얻은 자료는 결정적인 것이 아니었다. 평가의 일환으로 얻어진 자료가 명확한 해답을 가져오지 않을 때에는 추가적인 평가가 실시되어야 한다. 모든 팀 구성원들이 필요한 평가가 무엇이고 언제 실행될지 또한 어떤 평가 절차로 실행될지를 인식할 수 있도록 예비 보고서의 초기 자료를 요약하는 것이 적절하다. 이런 경우, 일정에 따

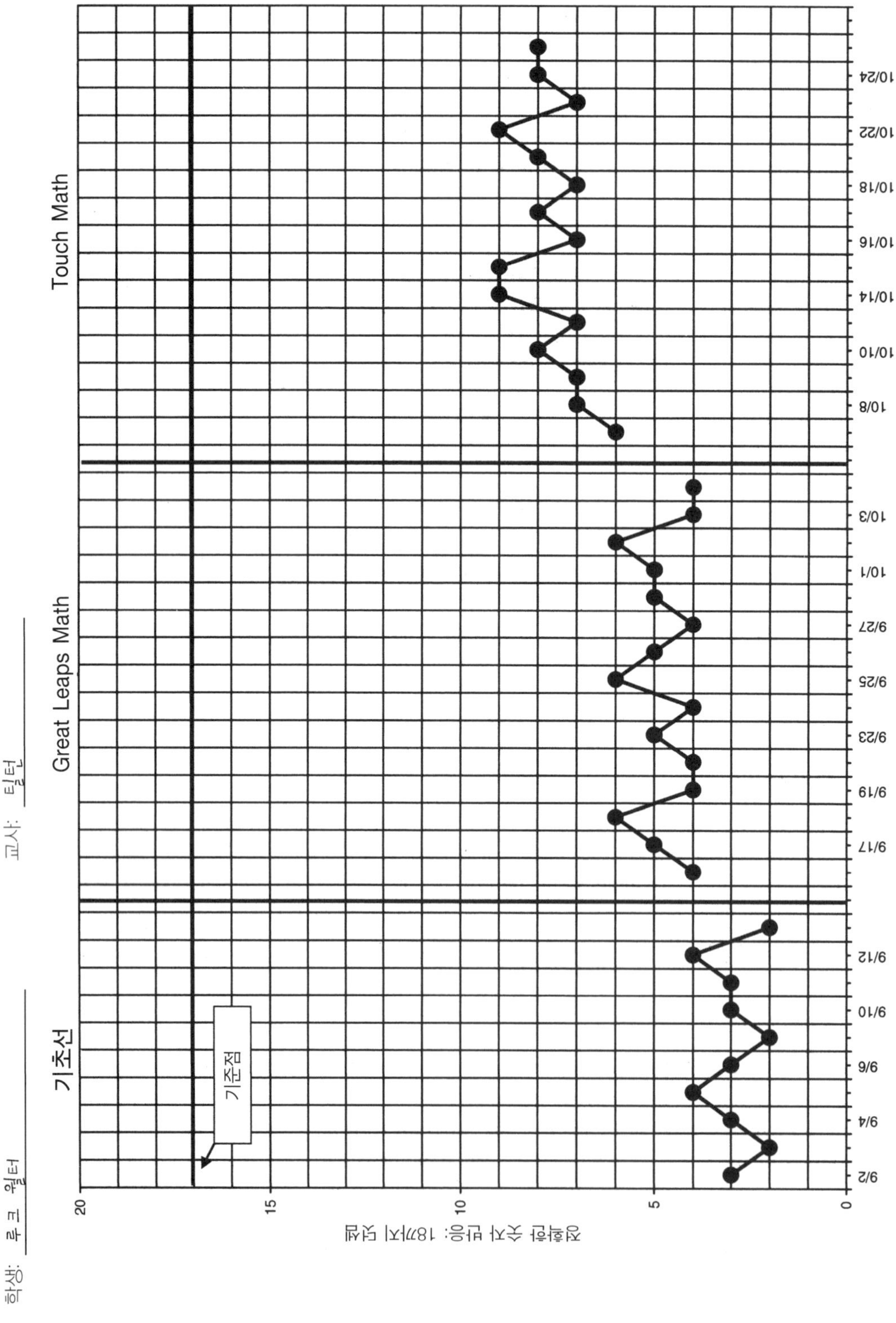

[그림 11.6] 루크의 수학 진전도

라 부모에게 통보하고 상담하기 위해 학교 관계자뿐만 아니라 학생의 부모들과 긴밀하게 협조하는 것이 필요하다. 몇몇의 주에서는 좀 더 많은 평가 자료가 학생의 교육적인 필요를 입증하는 데 이용될 수 있을 때까지 일시적이거나 "진단상의" 근거만으로 학생에게 특별한 교육 서비스를 받을 자격을 주는 것이 가능하다. 아래에 주어진 것처럼, 초기의 평가에서 얻은 정보는 학생의 현재의 필요를 인식하기 위한 출발점을 제공한다.

캔자스 모리스빌 이스트랜드 리버 학군의 심리 평가

이름: 제인 머레이
생일: 1999년 7월 11일
나이: 10살 4개월

학년: 5학년
평가일: 2009년 11월 2일, 3일, 4일
보고서 날짜: 2009년 11월 20일

문제의 식별

제인은 학급 선생님에 의해 심각한 읽기장애가 있는 것으로 보고되었다.

문제의 정의

학생에 대한 배경 정보

제인은 2009년 7월에 모리스빌로 이사했다. 모리스빌에 살기 전에, 그녀의 가족들은 센트럴 켄자스의 여러 마을에서 살았다. 그녀의 누적된 자료 폴더에는 제인이 다녔던 이전 학교들의 교육적 기록이 하나도 남아 있지 않았다. 제인이 받아 온 교육력에 대한 추가적인 정보를 얻기 위해 제인의 부모와 접촉하기 위한 노력은 성공하지 못했다. 제인은 가을학기 CBM 읽기 평가에서 34점을 받았다. 5학년 학생들의 가을학기 읽기 목표는 1분에 70단어를 읽는 것이다.

현재 교육적 배치

제인은 현재 이스트랜드 초등학교 낸시 아담(Nancy Adam)의 반에 편성되어 있다. 초기 읽기 평가에서 제인이 낮은 점수를 받아서 가을학기 기준점 도달을 위해 후속 조치가 주어졌기 때문에, 그녀의 선생님은 제인과 몇몇 다른 학생들에게 Great Leap 읽기 프로그램을 실시했다. 제인의 Great Leap 프로그램에 대한 향상 정도는 매주 두 번씩 읽기 유창성 검사로 관찰되었다. 이 점수들을 그래프로 나타냈고 그래프는 제인의 읽기 유창성이 아무런 향상이 없었음을 보여 주었다. 10월 8일에 선생님은 제인을 그림자(shadow) 읽기 방법을 사용하는 새로운 읽기 그룹으로 이동시켰다. 이 방법은 읽기 유창성을 향상시키기 위해 학생들이 다 함께 읽기를 한 직후에 바로 선생님과 읽기를 하도록 하였다. 그림자 읽기 중재를 하는 동안 한 주에 두 번씩 수집된 자료는 제인이 매우 제한적인 향상만 보였음을 보여 주었다.

정보의 출처

제인의 학업 성취의 현재 수준에 대한 정보는 다음의 출처에서 얻었다.

제인과의 면담
가을학기 CBM 기준점
RTI(수준 2) 향상 자료

기준점과 수준 2 평가에서 얻은 점수들은 그림 11.7에 요약되어 있다. 그 중재 자료 이외에, 제인과의 면담에서 그녀는 항상 읽기를 잘 하려고 노력해 왔고 읽기를 더 잘 하고 싶어 한다고 보고되었다. 제인은 집에 책이 거의 없고 부모님은 너무 늦게까지 일해서 밤에나 책을 읽어 준다고 보고되었다.

문제 정의의 요약

제인의 현재 읽기 능력은 이스트랜드 초등학교 초기 5학년 학생들에게서 기대되는 것보다 훨씬 낮은 수준이다. Great Leaps와 그림자 읽기를 사용하여 제인의 읽기 능력을 향상시키기 위한 노력들은 읽기 성취도를 향상시키는 결과를 가져오지 못했다.

가능한 해결책

다음의 권장사항은 현재의 평가 자료에 기초하며 그 팀에 대한 고려사항을 제공한다.

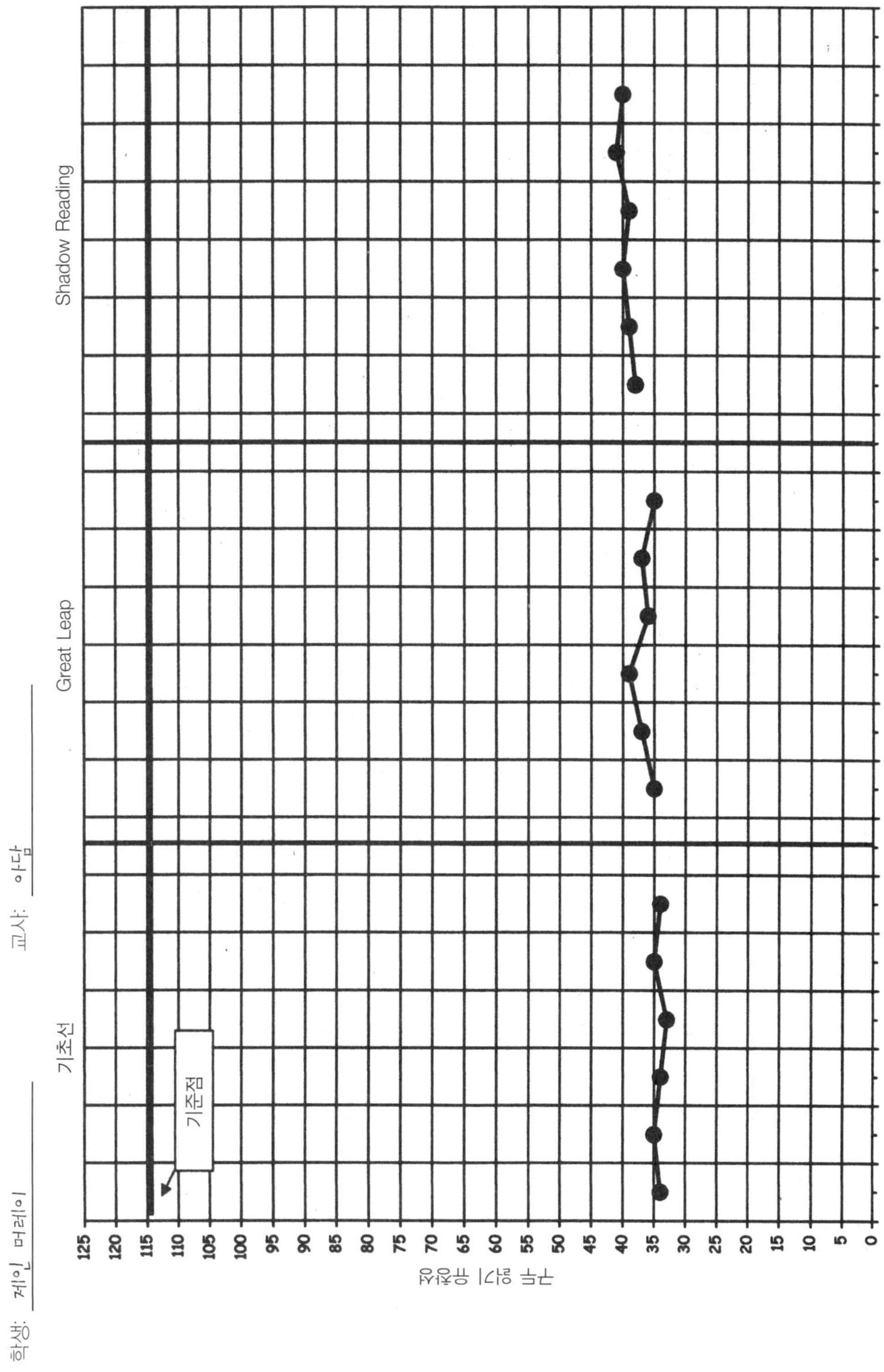

[그림 11.7] 제인의 읽기 진전도

1. 제인의 학교생활 내력(역사)에 대하여 추가된 정보가 필요하다; 그녀의 부모와 접촉하기 위한 계속적인 노력이 촉구된다.
2. 제인의 읽기 능력에 대한 좀 더 특별한 정보가 필요하다. 어떤 정보는 대개 개별화 테스트를 통해 얻어진다. 제인의 읽기 능력에 대한 보다 상세한 평가를 실시하기 위해 부모의 동의를 받기를 추천한다.

학교심리학자 Rachel Brown-Chidsey, PhD, NCSP
2009년 11월 21일

샌디: 공식적 평가로서의 오류 분석

마지막 평가 보고서는 오류 분석 자료가 얼마나 광범위한(포괄적인) 평가의 일환으로 사용될 수 있는지의 사례를 포함하고 있다. 이러한 경우의 예로, 샌디(Sandy)라는 학생에 대한 자료는 그녀의 읽기장애의 원인을 즉각적으로 드러내지 않았다. 평가자는 샌디의 읽기장애에 대해 좀 더 알기 위한 평가의 일환으로 오류 분석을 시행했다. 유용한 다른 자료들과 함께 투입된 오류 자료는 그 팀에게 특수교육 적격성과 샌디의 교육적 필요에 대한 결정을 하는 데 충분한 정보를 제공했다.

메인 크라바플 코브 학군의 심리 평가

이름: 샌디 비치	학년: 3학년
생일: 2001년 2월 14일	평가일: 2009년 10월 1일, 2일, 5일, 13일, 19일
나이: 8살 3개월	보고서 날짜: 2009년 10월 26일

문제의 식별

샌디는 읽기 영역에서의 지연과 관련된 이유로 평가를 위해 실 하버(Seal Harbor) 초등학교 문제 해결팀에 의뢰되었다. 그 팀은 샌디의 읽기 행동들에 대한 포괄적 평가를 요청했다.

문제의 정의

학생에 대한 배경 정보

샌디는 메인주 해변에서 부모님(Jib과 Halyard Spinnaker)과 남동생(Seal)과 함께 살고 있다. 활용 가능한 교육 기록과 면담 자료를 검토한 결과 샌디는 유치원을 졸업한 이후 실하버(Seal Harbor) 초등학교에 다닌 것으로 드러났다. 샌디가 읽기 영역에서 노력했음에도 불구하고, 학습 결과가 기대되는 모임에서 향상과는 다른 결과를 보였다.

현재 교육적 배치

샌디는 유치원을 졸업한 후 1년에 세 번 선발 평가에 참가했다. 이 선발 평가에서 얻은 그녀의 점수들과 각 영역의 목표 점수들은 표 11.6에서 보여 준다. 이 점수들은 샌디가 매 학년에서 도달해야 할 목표보다 몇 가지 항목에서 더 낮게 시작했다는 것을 보여 준다. 유치원을 다니기 시작하면서부터, 샌디는 매일 추가된 읽기 교육을 제공받아 왔다. 이러한 교육은 유사한 읽기 능력을 가진 다른 학생들과 함께 소그룹 형태로 매일 30분씩 추가적으로 학습하는 것을 포함한다.

〈표 11.6〉 샌디의 읽기 검사 점수

학년	가을학기		겨울학기		봄학기	
	점수	목표	점수	목표	점수	목표
유치원						
첫 소리	9	8	29	25		NA
문자 이름	10	8	30	27	41	40
음소 분할		NA	15	18	31	35
무의미 단어		NA	10	13	21	25
1학년						
문자 이름	39	37		NA		NA
음소 분할	31	35	38	35	40	35
무의미 단어	22	24	47	50	51	50
낭독		NA	12	20	36	40
2학년						
무의미 단어	48	50		NA		NA
낭독	34	44	62	68	87	90
3학년						
낭독	68	77		92		110

샌디의 점수들이 해마다 과정들을 통해 발전했다는 것을 보여 준다. 주목할 만한 것은 샌디의 가을학기 점수들이 앞의 봄학기 점수보다 높아졌다는 것이다.

정보의 출처

기록 검토

인터뷰:

Ms. Orten(3학년 교실 교사)

Ms. Gillingham(읽기 전문가)

Mr. and Mrs. Beech(학부모)

일화 관찰

기술적 평가

오류 분석 평가

간이 평가: 중재 반응

광범위 평가: 중재 반응

일화 관찰

샌디의 전형적인 교실 수업에서의 활동을 알기 위해서 샌디 혼자일 때와 소그룹 읽기 시간, 수학 시간, 쉬는 시간에도 관찰을 했다. 샌디가 다른 학교 친구들과 마찬가지로 긍정적으로 모든 교실 활동에 참여한다는 것을 관찰했으며 직접적인 관찰과 읽기 평가도 병행했다.

기술적 평가

이 평가는 샌디에게 3학년 수준의 읽기 문장들을 시작으로 하여 1학년 수준의 내용을 읽게 하는 방법으로 이루어졌다. 각 학년 수준의 내용을 세 면 정도 읽었으며 각 수준의 평균 점수가 샌디의 수준별 읽기 능력의 지표로 사용되었다. 샌디는 모든 내용을 소리 내어 읽었으며, ORF(읽기 유창성)는 정확성과 읽는 속도, 분당 정확하게 읽어 낸 글자 수로 측정되었다. ORF의 척도는 WRC(Word Read Correctly) 수치로 나타낼 수 있다. WRC 규준 수준은 가을, 겨울과 봄학기마다 동료 아이들에서 계산되며, 평가의 결과는 표 11.7에 나타나 있다. 각 문절과 평균을 위한 WRC 수치가 먼저 표시되어 있으며 읽기 오류 개수는 각 항목의 분소 표시로 나타난다. ORF에 대한 겨울학기의 기준점은 그들이 도달하려고 노력하는 읽기 목표이기 때문에 비교를 위해서 나타내었다.

샌디의 점수들은 2학년에는 목표 달성을 했지만 3학년 때에는 목표 달성을 하지 못했다. 1학년 때에는 목표 달성을 초과했다. 이 점수들이 샌디의 읽기 능력이 2학년 수준이라는 것을 알려 준다.

오류 분석 평가

샌디의 읽기 능력을 더 잘 알기 위해서 오류 분석이 이루어졌다. 샌디가 읽는 동안 했던 오류의 유형들은 반복되었으며 아래의 형태들로 나타났다.

1. 생략: 단어를 빼버리고 읽음
2. 의미 바꿈: 비슷한 뜻을 가진 다른 단어를 이용하여 문장의 단어를 바꾸어 버림
3. 철자 바꿈: 같은 문자를 가지고 단어를 바꾸어 버림
4. 발음 오류: 단어를 정확하게 읽지 않음
5. 의미 파악 지연: 3초 동안 지체하고 읽는다거나 평가자를 따라 읽음
6. 단어 첨가: 읽는 사람에 의해 첨가된 단어들은 총합 오류 개수에 집계하지 않음

〈표 11.7〉 샌디의 수준 평가 점수

학년	WRC/오류				
	1구문	2구문	3구문	평균	겨울학기 기준점
1학년	91/3	86/2	84/3	86/3	20
2학년	82/5	73/6	77/4	77/5	68
3학년	72/9	68/11	81/8	72/9	92

오류 코드를 추가해서 샌디의 모든 읽기 이해 능력은 읽은 단어 개수에 정확하게 읽어 낸 개수를 나누어서 평가되었다. 내용을 잘 이해하기 위해서는 읽는 사람이 약 95%의 읽기 정확도를 가질 필요가 있다. 샌디의 오류 분석 데이터는 표 11.8에 나타나 있다.

오류 분석에 의하면 샌디가 주로 의미 치환과 발음 오류를 한다는 것을 알 수 있다. 샌디는 주로 철자 바꿈 오류를 하여 인쇄된 단어를 같은 문자로 시작하는 단어로 바꾸어 말하는 실수를 범했다. 이런 오류를 통해서 샌디가 알파벳의 소리와 알파벳 문자 대응을 충분히 숙지하지 못했음을 보여 준다.

가능한 해결책

기술적 평가와 오류 분석 평가의 결과가 문제 해결팀의 구성원들과 공유되었다. 상호적인 문제 해결 과정을 이용하여 샌디의 읽기 문제점을 위한 다음 가설들이 세워졌다.

1. 샌디는 소리와 문자에 대응하는 소리들의 상관관계를 충분히 숙지하지 못하고 있다. 이 기술의 부족으로 읽기 유창성과 이해력이 낮은 것으로 관찰된다.
2. 샌디는 매우 천천히 읽고 내용이 어려워짐에 따라 더 많은 오류를 만들어 낸다. 이런 읽기 패턴이 유창성에 문제가 있다는 것을 보여 준다.
3. 샌디는 1학년 읽기에는 매우 안정되어 있으며 2학년 읽기에는 많은 어려움이 없었다. 3학년 읽기가 주어졌을 때에는 빠르고 유창하게 읽지 못했다. 그녀는 새로운 단어들을 읽기 위해 멈추지는 않았다. 이런 경우를 봤을 때 그녀의 읽기 유창성과 이해력은 약하다는 것을 알 수 있다.

샌디가 3학년 내용을 읽을 수는 있을지라도 필요한 만큼의 기술들을 이용하지는 못한다는 것을 알 수 있다.

〈표 11.8〉 샌디의 오류 분석 데이터

학년	누락	대체	발음 오류	지연	끼워넣기	ORF	이해력
1학년	0	3	0	0	0	86	97%
2학년	1	2	2	0	0	77	94%
3학년	1	4	3	1	0	72	89%

이런 가설들을 테스트하기 위해 그 팀은 샌디와 함께 몇몇 중재를 시범 적용하기로 했다. 각각의 교육에 그녀가 어떻게 대응하는지를 측정했다. 샌디가 구문을 읽는 동안에 한 가지 방법의 중재안을 제공해 주면서 정확하게 읽은 단어의 개수와 오류를 범한 개수를 기록했다. 샌디는 읽기 문제점에 대한 세 가지 가설에 맞는 세 가지 읽기 중재안에 따라 구문을 읽었다. 세 가지 읽기 조건들은 다음과 같다.

1. 샌디가 개인적으로 읽기를 배워서 아는 단어들을 포함한 이해 가능한 내용을 읽는 것

2. 하나의 구문을 반복해서 읽는 것
3. 1분 안에 92단어들을 정확하게 읽어 내는 목표를 달성하는 경우에 어떤 보상을 주는 것

각각의 중재안에 대한 샌디의 반응을 보면서 그 팀은 어떤 중재안이 샌디의 읽기 능력을 기본 수준 이상으로 향상시키는지와 중재안들의 상호 효과성에 대해서도 결정할 수 있었다. 다른 말로 하면, 어떤 중재안이 샌디에게 가장 효과적일까 하는 질문의 답을 찾았다.

결과

샌디는 각각의 간단한 중재안에 따라 3학년 수준의 세 구문을 읽었다. 각각의 중재안에 따라서 샌디의 평균 점수가 기록되었다. 그 결과는 그림 11.8에 요약되어 있다. 이 데이터는 샌디가 3학년 수준의 구문을 최선을 다해 읽고 반복 읽기를 한 결과이다. 그녀는 이 조건에서는 84단어를 정확히 읽었으며 단지 그 단어들에만 오류를 범했다. 보상

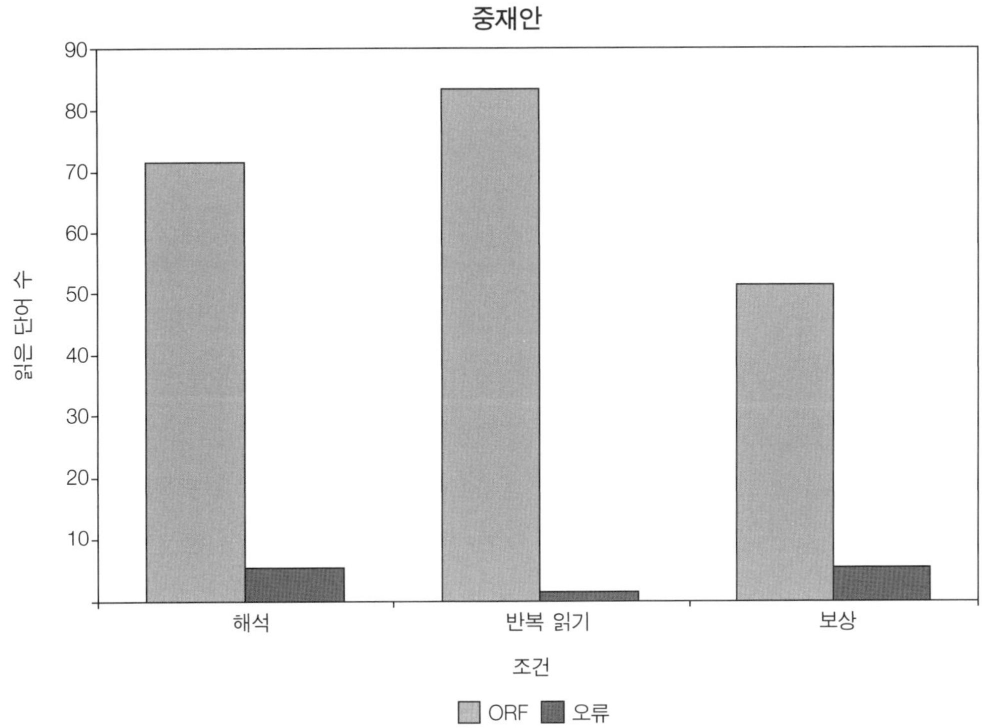

[그림 11.8] 읽기 중재에 대한 간단한 실험 분석

을 주는 조건이 세 가지 조건 중에서 영향력이 가장 적었으며 6개의 오류를 가지면서 56WRC 점수를 나타냈다. 이 결과로 볼 때 샌디의 읽기 능력을 향상시키기 위해서는 반복 읽기가 가장 효과적임을 보여 준다.

학교심리전문가 Mark W.Steege, PhD, NCSP, BCBA
2009년 10월 26일

요약

이 장에서는 RTI 자료를 이용한 보고서의 예시를 보여 주었다. RTI 절차로 작성된 세 가지 형태의 보고서가 있다. 각각의 보고서는 특정한 RTI 절차들의 성공에 관한 정보를 제공해 준다. 개요 기반의 요약 보고서는 일반적인 진행 정보를 모든 학생들과 함께 이용할 수 있도록 고안되었다. 데이터(성취 자료) 요약 보고서는 어떤 중재안이 적당한지를 결정하는 데 이용할 수 있는 정보를 제공한다. 전체적 평가 보고서는 특수교육의 한 부분으로 활용되고, 데이터 보고서에서 얻어낸 RTI 데이터와 다른 평가 데이터도 포함한다. 가장 유용하게 쓰이기 위해서는 RTI 데이터가 학생들의 교육적 필요에 대한 유용한 결정을 하기 위해서 그것을 이용하는 사람들에게 잘 전달되어야 한다. 이 보고서의 형태들은 RTI 데이터를 공유할 수 있는 여러 가지 차별화된 방식들을 제공해 준다. 그래서 교사들과 학생들 심지어 부모들도 학생들의 교육적으로 부족한 점을 보충하기 위해 설정된 교육 목표를 향해 나아가는 여러 활동들에 참여할 수 있게 한다.

제12장

RTI에 대한 질문과 대답

이 장은 RTI에 관해 자주 묻는 질문들과 이 질문에 대한 응답들로 이루어져 있다. 또한 독자들의 이해를 돕기 위해 각 질문에 대한 좀 더 자세한 답이 있는 페이지를 기재하여 참조할 수 있게 하였다.

1. RTI가 무엇인가요?

RTI는 학생들의 학업 혹은 행동 이상에 대해 확인하고 정의하며 해결하기 위해 고안한 체계적이며 합당한 방법을 말한다. 우리는 이제껏 RTI를 특수교육 학생들에게만 적용할 수 있는 일반적 절차라고 알고 있었다. 그러나 RTI는 특수교육 혹은 특수교사들이 부담해야 할 또 다른 업무에 관한 것이 아니다.

2. RTI를 실시하려면 어떻게 해야 하나요?

모든 교육자들은 RTI가 모든 학생들을 대상으로 그들이 좀 더 잘 성취할 수 있도록 돕는 일반적인 교육 계획이라는 점을 알아야 한다. RTI는 3단계의 지도법이 있다. 수준 1은 전체 모든 학생들을 위한 일반적인 교육과정으로 이루어져 있다. 수준 2는 수준 1과 함께 진행되는 동시에 종종 하루 30분 가량의 소그룹 지도가 특별히 포함된 것이다. 수준 3은 수준 1 혹은 2와 함께 이루어지거나, 1명의 학생이 좀 더 집중적인 지도를 필요로 할 경우 1단계를 대체할 수 있는 방법이다.

3. RTI를 누가 개발했나요?

특정 개인의 연구 결과물이 아니다. 이것은 수년간 모든 학생들의 교육적인 요구들을 수없이 접한 경험의 산물이다. 많은 조사자들은 RTI를 입증할 만한 구체적 근거 자료를 찾는 데 큰 기여를 하였다. 이러한 자료들은 효과적인 교수법과 평가에 대한 중요한 정보들을 모두 포함하고 있다.

4. RTI는 시간이 얼마나 걸리나요?

학생들에게 특수교육이 필요한지를 알아보기 위해 일일이 개별적인 평가를 실시하는 데 10시간 혹은 더 많은 시간이 소요되는 것을 감안하면 RTI 과정은 전혀 많은 시간이 걸리는 편이 아니다. 실행에 앞서 수준 1, 2의 중재들을 검토해 보는 조사 단계에서는 몇 시간이 걸릴지 모르지만, 그 보편적 검사(예, CBM)는 신뢰도가 매우 높고 학생 한 명당 최대 10분 정도밖에 걸리지 않는다. 만약 CBM이 이미 공통의 검사도구로 활용되었다면 개별적인 검사를 요구할 수 있는 유일한 측정 방법들은 DIBELS나 소리 내어 읽기의 능숙도를 측정하는 것이다. 수학이든 철자든 쓰기 영역이든 그것을 위한 평가들은 동시에 전체 수업에서 운영될 수 있다. 비슷하게, CBM 절차를 모니터하는 과정들은 1주일에 1번씩 학생 한 명당 2분 내로 점검할 수 있을 만큼 매우 빠르게 실시 가능하다. 가장 중요한 점은 많은 연구들을 통해 RTI 방법이 포괄적인 평가에서 비롯된 많은 요구(불만)들을 감소시킴을 입증해 왔다는 점이다. RTI 절차에 소요되는 시간에 대한 구체적 데이터는 기회 비용과 가격 효과가 정확하게 계산될 수 있도록 반드시 수집되어야 한다.

5. RTI는 비용이 얼마나 드나요?

학교 실패를 예방하는 것은 실패 이후 재교육(개선하기 위한)이나 그 밖의 지원을 하는 것보다 늘 돈이 덜 든다. RTI의 활동들은 전형적인 학교 예산 집행보다 비싸지 않다. RTI가 특수교육을 위한 요구(불만)를 예방한다고 알려져 왔기 때문에 IDEA 2004에서 일반-특수교육을 통합하기 위해 특수교육 자금의 일정부분을 활용한다는 조항이 생겼다. 특히 학교는 특수교육(IDEA) 예산의 15%까지 사용할 수 있으며 일반교육 학생들을 대상으로 한 활동까지 모두 포함한다. 15% 할당액의 이상적인 활용은 수준 2 중재를 위한 수업교구, 훈련, 지원 등을 포함하는 것이다. 수준 1 활동은 명백히 일반적인 교육 프로그램이지만 수준 2 활동은 학교생활에 부적응하는 학생들을 예방하는 데 쓰일 수 있도록 만들어졌다. 만약 수준 2 지원을 받는 대부분의 학생들이 특수교육을 필요로 하지 않는다면 장애를 가진 학생들로부터 환원된 15%만큼의 자금을 아껴 다른 기금으로 활용할 수 있을 뿐만 아니라 수준 2 프로그램과 상담활동 프로그램 등을 강화시킬 수도 있다.

6. RTI를 활용하는 일반 교사들의 역할은 무엇인가요?

일반 교사들은 RTI에 있어 최일선에 있는 사람이다. 그들은 학생들을 맞이하고, 함께 활동하며, 학교에서 학생들이 직면하는 도전들을 모두 알고 있다. 이러한 이유로 RTI를 운영하는 데 일반 교사들이 매우 결정적인 중요한 역할을 한다고 할 수 있다. 확신하건대, 다양한 전문가들의 조합보다 일반 교사들이 RTI를 관리하는 데 더 많이 연관될 수 있다. 이러한 이유로 일반교육 교사들을 위한 훈련, 자료, 그 밖의 지원 등이 모든 RTI 계획 수립 시 꼭 선행되어야 할 필요가 있다.

> 많은 사람들은 RTI를 정부에 의한 '재정 없이 운영되는 일시적인 권력'이라고 불러 왔다. 하지만 이것은 사실이 아니다. 몇 개의 주를 제외하고는 단지 권력(방침)에 의해 실시되지 않는다. 단위학교에서는 RTI의 활용 여부에 대한 결정을 스스로 한다. 중요한 것은 RTI를 실행하는 데 추가로 비용이 더 들지는 않는다는 사실이다. 확실히, RTI는 추가로 비용이 드는 새로운 방법이 아니라 기존의 실행을 조금 변경하여 운영하는 것이다.

7. RTI는 학습장애를 갖고 있는 학습생들에게만 유용한가요? 아니면 일반 학습자들에게도 활용될 수 있나요?

RTI는 모든 학생들의 교육적 성과를 증대하기 위해 만들어진 일반교육 방법론이다. 물론 RTI 연구에서 학습장애를 가진 학생들은 누구나 RTI를 통해서 좋아질 수 있기 때문에 자주 언급되긴 하지만 사실 RTI는 장애에 관계없이 다양한 범주의 모든 학생들을 돕기 위해서 만들어진 것이다.

8. RTI는 결과적으로 학습장애를 가진 학생들을 더 많이 발견했나요?

그렇지 않다. 지금까지 분석된 데이터에 의하면 RTI 과정은 학습장애를 가지고 있다고 확인된 학생의 수를 감소시키는 것과 관련되어 있다. 이러한 데이터를 통해 학습장애를 막을 수 있는 예방적인 활동을 제공함으로써 학습장애 학생을 감소시킬 수 있음을 알 수 있었다. 이러한 현상은 우리 몸의 건강을 돌보는 것에 비유할 수 있는데, 비만, 당뇨, 고혈압과 같은 질병을 좋은 영양분과 운동을 통해 감소시킬 수 있는 것과 같은 이치이다. 몇몇 학생들은 여전히 학습장애를 나타낼 수 있으나, 만약 구체적인 교수법이 각 수준별로 결정적인 시기에 일찍 적용만 된다면 전반적으로 대다수의 학생들에게서 학습장애가 감소되는 것을 기대할 수 있을 것이다.

9. 우리는 이제까지 학습장애를 가진 학생을 선별하는 데 다른 방법을 사용해 왔는데, 이 모델을 계속해서 사용하면 어떤 문제가 있나요?

가장 많이 활용되는 IQ 검사(능력-성취 불일치 모델. 학습장애를 선별하는 다른 방법)는 수많은 한계점을 가지고 있는 것으로 입증되었다. 그 한계점들은 이 책의 제3장에 기술되어 있다. 많은 연구에 따르면 IQ 검사는 매우 부정확하다고 나타났다. 특수교육의 목표가 장애를 가진 학생들에게 최소 제한 환경(LRE)에서 가장 적절한 교육을 제공하는 데 있음을 전제로 생각해 보았을 때, 학습자의 장애를 결정하는 데 있어 정확도 및 신뢰도가 떨어지는 IQ 검사를 계속 사용해서는 위에서 언급한 특수교육의 목표를 달성할 수가 없다. 몇몇 연구가들은 IQ 검사 결과로 인해 학생들에게 더 제한적인 교육적 배치(편성)를 하게 된다고 말했다. 더 정확하고 덜 제한적 환경에 배치되도록 하지 못한다면 IQ 검사의 정당성은 유지될 수 없다.

> 많은 연구가들은 IQ 검사가 학생들이 학습장애를 겪고 있는지에 대해 정확하게 판별해 내는 도구가 아니라고 밝혔다. 이러한 많은 연구에서는, IQ 점수는 단지 어떤 학생이 학습장애를 겪고 있는지 보여 줄 수 있는 것에 지나지 않는다고 언급하였다.

10. RTI는 교육과정 중심 평가(CBM) 절차와는 무엇이 다른가요?

RTI는 평가와 교수 방법들이 모두 포함된 넓은 범주를 포함한다. 반대로, 교육과정 중심 평가(CBM)는 학생들의 학업 능력만을 평가하는 데 필요한 특정 평가만을 뜻한다. CBM은 RTI의 한 부분으로 활용될 수 있으나 결코 RTI와 동일하다고는 볼 수 없다. CBM과 RTI는 문제 해결 모형이라는 공통점을 공유하고 있는데, 그 공통점은 학업 이든 인성이든 학생들의 학교 부적응들이 개인-환경 상호작용들의 징후로 보인다는 것이다. 학업 능력을 위한 RTI는 CBM을 활용하여 진행될 수 있으나 그 밖에 다른 단계나 절차 또한 필요로 한다. 행동 개선을 위한 RTI에서는 결코 CBM을 활용하지 않으며 그 대신 실용적인 행동 평가 방법 등을 포함할 수 있을 것이다.

11. 더 이상 IQ 검사가 필요하지 않다는 말인가요?

아마도 필요하지 않을 것이다. 하지만 필요할 수도 있다. IQ 검사의 한계점이 많은 저자들에 의해 수없이 논의되었음에도 불구하고 IQ 점수가 즉각적으로 사라지지는 않을 것이다. 위에서 언급했듯이 IQ 검사에는 중요한 문제점들이 많았지만 이러한 문제들은 모두 다르다. 일반적으로 IQ 점수는 약 10세 이후에 그 일생동안의 인지능력을 알려주는 일반적인 방법이라고 알려져 있다. 여기서 말하는 IQ 점수는 정신 발달 지체(지연)를 진단하기 위해 필요하다. 따라서 IQ 검사는 미래를 예견하기 위해서는 계속해서 사용될 수 있을 것이다. 게다가 IQ 검사의 일부 요소들은 구체적인 인지능력을 세부적으로 평가하는 데도 활용될 수 있을 것이다(Flanagan & Harrison, 2005).

12. RTI 모델이 교수 인력을 감소시키는 데 영향을 주었나요?

반드시 그렇진 않다. RTI를 지원하기 위한 직원 채용이 미국의 각 주마다 다르겠지만 RTI가 교수 인력을 감소시키는 데 기여했다는 증거는 없다. 오히려 RTI 방법이 자리를 잡았을 때 교수 인력이 증가했다는 지역들도 나타났다. RTI가 평가에서부터 예방 및 상담 서비스에 이르기까지 그 자금을 재분배하는 것이 가능해지고 특수교육에서 필요한 인력 배치가 줄어들 때 이러한 새로운 일자리 창출이 가능해진다. 이러한 추가적인 인력 채용은 RTI 방법을 통해 얻게 되는 이익을 유지시키는 데 도움이 된다.

13. 만약 연방법에서 RTI의 사용을 강제하지 않는다면, 왜 굳이 RTI를 사용해야 하나요?

우선, 그것은 해야 하는 것이 맞기 때문이다. 지금까지 그리고 현재에도 실시하는 특수교육 프로그램들이 학생들의 요구를 얼마나 충족하지 못하는지에 대한 수많은 근거들이 기록되어 있다. RTI는 학생들에게 꼭 필요한 실질적 지도를 하기 위한 효과적인 방법(메커니즘)을 제공하기 위해 생겼다. '못 쓸 정도만 아니라면 그대로 써라'라는 옛말은 여기에 어울리지 않는다. 미국 전 지역에서 실행되는 일반교육과 특수교육 두 부분 모두, 이미 망가졌거나 수정이 필요한 부분이 있음은 명백하다. RTI는 모든 학생들을 위한 교수법을 강화시키고 개선할 수 있는 방법들을 제공한다. 오로지 IDEA2004에서 추천했다는 이유로, RTI 적용에 대한 장점을 주장하는 전문가들의 의견을 근거 없이 수용하지는 않는다. 특히 ARRA는 교육적 성과를 반영하기 위해 학생들의 데이터를 모으는 데 심혈을 기울이고 있다. 미래에 IDEA와 ESEA에서는 RTI의 실행과 그에 따른 학생들의 변화를 검토하리라 예견하고 있다. 현재 RTI를 활용하기 시작한 이러한 교육자들은 이러한 미래시대의 요구에 앞장선 선구자로서 자리매김할 것이다.

14. RTI 모델을 사용하는 데 있어 추가적인 훈련(교육)이 필요한 사람들을 지원할 수 있는 자료에는 무엇이 있나요?

이 책 외에도, 다수의 RTI 관련 교육 자료가 있다. Council for Exeptional Children과 같은 전문기관, School Psychologists와 같은 국가적 기관, 국가교육기관, 그 밖에도 많은 기관들이 RTI에 대한 자료들을 보유하고 있다. 각 주 및 지역기관들은 워크숍을 개최하고 매년 교육 활동을 전개하고 있다. 또한 온라인 RTI 자료센터도 마련되어 있다(www.rti4sucess.org). 미국 교육부에서는 증거에 기초한 교육 실행에 관한 정보를 특별히 다루는 웹사이트를 만들었다. Works Clearinghouse(www.whatworks.ed.gov)에서는 과학적으로 입증된 교육 활동들에 대한 정보를 계속적으로 업데이트해 준다. 비슷하게 Oregon 대학의 교육적 성취 개발 기관(idea.uoregon.edu)에서는 모든 학생들의 교육적 달성에 초점을 맞추어 연구 요약 자료 및 기술 지원을 제공하고 있다.

RTI의 이점

이 책에는 본 연구의 구체적 기술, 모델, 중재 반응과 관련된 단계들을 실었다. RTI가 아무리 최근에 생겨난 방법론일지라도, 우리는 모든 학생들이 학교생활을 성공적으로 할 수 있는 가능성을 높여 줄 위대한 약속이라고 믿는다.

> 비록 RTI가 문제를 가진 학생을 돕기 위해 나타났을지라도 문제를 가지고 있지 않은 학생들에게도 도움이 될 수 있다. 이는 모든 학생들에게 그들이 필요로 하는 도움을 가장 신속하게 줄 수 있는 종합적이며(능력에 구애받지 않고 학교 내 모든 학생들을 지도할 수 있는) 체계적인 방법을 제공하기 때문이다.

원리, 기술, 실행

RTI는 원리, 기술, 실행으로 구성되어 있다. 각 개별 요소들은 교육학의 유용한 도구로도 요긴히 쓰인다. 예를 들면, 데이터를 통한 체계적인 교수법인 RTI의 원리는 교사들에게 RTI의 활동을 넘어 그 외에 일반적인 교실 활동을 조직하고 구조화하는 데 도움이 된다. 유사하게, 자료 수집과 자료 해석과 같은 RTI 실행기술들은 교사들의 과거와 현재에 실시하고 있는 평가나 교수 활동을 검토하는 데 도움을 준다. 또한 수준 2 그룹을 만들어 내는 것과 같은 RTI 실행 방법들은 특정 학생들에게 도움이 될 수 있다. RTI를 실제로 가장 유용하게 만드는 것은 이 세 가지 요소들의 조합이다. 이 책의 서두에 기술했듯, RTI는 오랜 시간 동안을 거슬러 그 효과가 입증된 과학적 증거를 기반으로 한 교육 방법들로부터 유래했다. 이러한 테크닉들을 조합함으로써, RTI는 모든 학생들의 교육적 성과를 최대화할 수 있는 종합적인 예방기반 교육 활동을 제공하게 된다.

RTI 적용

RTI 조직은 두 가지의 주요 부분으로 세분화할 수 있다. 첫째는 모든 학생들을 대상으로 가장 효과적인 교수 활동을 촉진하기 위한 일반교육 계획이다. 둘째는 특정 학습장애를 가지고 있는 학생들을 개선하기 위해 다른 평가도구와 결합하여 활용하는 방법이다.

일반교육

일반교육 부분에서는 RTI가 여러 가지의 분명한 이점들을 가지고 있다. 첫째로 RTI는 동 학년 동 교과를 지도하는 데 있어 더 많은 의사소통과 일관성을 가능하게 한다. 교사들이 동료 교사들과 수업의 아이디어와 계획을 공유하더라도, 동 학년 모든 학생을 위한 체계적 논의에 대한 진척은 크게 없었다. 둘째로 RTI 절차는 모든 학생들이 배울 수 있다는 신념에 주안점을 두고 있다. 모든 학생들에게 양질의 체계적인 교수 방법과 그들의 진전 과정을 모니터할 수 있는 기회를 제공함으로써, RTI 방법론은 대다수의 학생들이 성공할 수 있다는 점을 추정할 수 있다. 주목할 만한 점은 수준 2 활동에서 추가적인 교수를 받은 학생들까지 일반교육에 포함될 수 있다는 점이다. 알맞은 학습 활동만 적용된다면 모든 학생들이 배울 수 있다는 점이 가장 기대되는 점이다. 몇몇 소수의 학생들은 수준 2 활동에 반응하지 않을 것이며, 그들은 종합적인 평가를 통해 특수교육을 받을 수 있도록 조치될 것이다. 더불어, RTI의 완전성을 위한 주문은 주어진 단계에서 성공하지 못한 학생에게 꼭 맞는 중재 방법을 찾도록 하는 것이다.

특수교육

RTI는 특수교육에서도 중요한 역할을 수행한다. 특히, RTI는 학생들의 학습장애를 판별할 수 있는 다양한 평가 도구의 하나로 IDEA2004에 언급되었다. IDEA2004에 거론된 RTI는 모든 학생들을 위한 교육계획 수립 시 최소 제한 환경(LRE)이 매우 중요한 부분이라는 강력한 메시지를 남겼다. 비슷한 강조점은 낙오학생금지법(No Child Left Behind Act)에서도 찾아볼 수 있다. IDEA2004와 NCLB 모두는, 학교에서 전체 학생들에게 과학적으로 입증된 양질의 교육을 제공하기 위해 사력을 다해 줄 것을 기술하고 있다. 특정 절차를 요구하는 입법부의 방침이 실제 절차와는 상이할 수 있다. IDEA2004와 NCLB에 기술된 목표들이 얼마나 잘 달성되었는지는 시간이 지나면 알 수 있을 것이다. 여전히, 방침의 주안점은 뚜렷하다: 사회에서 요구하는 특정 능력들을 학생들에게 교육시켜야 할 의무가 있다는 점. 이러한 통합적인 정책을 위해서는 법과 규정에 대한 이유가 더 분명해져야 할 필요가 있다. 기본적인 경제생활(자급자족)을 위한 읽기, 쓰기, 수학 능력의 중요성은 굳이 말로 꺼내지 않아도 알 것이다. 몇몇 비판가들은 이 강조점의 가치에 대해 논쟁할지 모르겠으나 대부분의 나라에서 최근 생겨난 경제 동향은 모든 학생들 아니 적어도 가능한 한 많은 학생들이 기본적인 교육 능력을 얻게 되기를 지지하고 있다.

발전 방향

모든 과학적 시도는 계속 진행 중인 연구를 수반한다. 과학자들은 심지어 가장 잘 입증되어 있으며 이미 문서로 실행된 것일지라도 기존의 연구 결과들을 개선시키고 새로이 입증하기 위해 계속해서 노력한다. 지식의 몸이 더 이상 연구할 수 없을 때, 그것은 더 이상 과학적인 것이 아니다. 교육과학도 마찬가지이다. RTI의 모든 측면들에 대한 더 많은 연구가 필요하다. 연구의 다양한 지류들이 좀 더 탐구될 필요가 있다. 그러나 RTI에서 가장 시급한 주요 질문들은 다음 세 가지이다.

1. RTI를 활용할 때 학생들의 장기적 결과들은 무엇인가?
2. 다양한 언어, 인종, 종교, 문화, 장애, 지역으로부터 온 학생들에게 RTI를 활용했을 때 그 결과에 차이점이 있을까?

3. RTI의 효과적 실행을 위해 요구되는 조직적 변수와 시스템 변수는 무엇인가?

RTI 연구자들은 과학적 시도의 한 부분으로 이러한 질문을 짚고 넘어가도록 권고된다. RTI 실행과 연구가 계속됨에 따라 또 다른 질문들도 생기게 될 것이다. 오직 체계적이고 장기간의 조사를 통해 궁극적인 관련 가치들과 RTI의 중요성을 깨닫게 될 것이다. 이러한 일들이 계속 진행되는 동안, 모든 학생들의 학업 성공을 촉진하기 위해 모든 교육자들은 그들이 RTI 활동 중 가장 흥미를 느끼는 실행 방법들을 배우고 활용하며 평가하는 데 많은 노력을 기울여야겠다. 이 책에 나온 주요 아이디어들을 정리한 연수내용은 출판사 사이트 www.guilford.com/rti를 참고한다.

| 참고문헌

Aaron, P., Joshi, R., Gooden, R., & Bentum, K. (2008, January). Diagnosis and treatment of reading disabilities based on the component model of reading. *Journal of Learning Disabilities, 41,* 67-84.

Ackerman, R. D. (1987). Regular education initiative [Letter to the Editor]. *Journal of Learning Disabilities,* 20, 514-515.

Albrecht, S. F. (2008). Time away: A skill-building alternative to discipline. *Preventing School Failure, 53,* 49-55.

Al Otaiba, S., & Torgeson, J. (2007). Effects from intensive standardized kindergarten and first grade interventions for the prevention of reading disabilities. In S. R. Jimerson, M. K. Burns, & A. M. VanDerlleyden (Eds.), *Handbook of response to intervention: The science and practice of assessment and intervention* (pp. 212-222). New York: Springer.

American Academy of Child and Adolescent Psychiatry. (1993, October 20). Policy statement on facilitated communication. Retrieved from *www.aacap.org/publications/policy.*

American Academy of Pediatrics, Committee on Children with Disabilities. (1998). Auditory integration training and facilitated communication for autism. *Pediatrics, 102,* 431-433.

American Association on Mental Retardation. (2005). Behavioral supports [Position Statement]. Retrieved from *www.aamr.org/Policies/pos_beh_sppts.shtml.*

American Psychological Association. (1994). Resolution facilitated communication. Retrieved from *www.apa.org/about/division/cpmscientiific.html#6.*

American Recovery and Reinvestment Act [ARRA]. (2009). Public Law 111-5 and Public Law 111-8. Division A, Title XIV. State Fiscal Stabilization Fund.

American Speech-Language-Hearing Association. (1994). Technical report of the subcommittee on facilitated communication of the ad hoc committee on auditory integration training and facilitated communication. Retrieved from *www.asha.org/NR/rdonlyres/O8EAEF85-OEEC-49DF-A4FA-B8F295D6B6DD/0/194541.pdf.*

Ardoin, S. (2006). The response in response to intervention: Evaluating the utility of assessing maintenance of intervention effects. *Psychology in the Schools, 43,* 713-725.

Ardoin, S., Roof, C., Klubnick, C., & Carfolite, J. (2008). Evaluating curriculum-based measurement from a behavioral assessment perspective. *Behavior Analyst Today, 9,* 36-49.

Association for Behavior Analysis. (1995). Position statement on students' right to effective education. Retrieved from *www.abainternational.org/sub/ membersvcs/journals-pubs/pssree/index.asp.*

August, D., & Hakuta, K. (Eds.). (1997). *Improving schooling for language minority children: A research agenda.* Washington, DC: National Academy Press.

Axtell, P. K., McCallum, R. S., Bell, S. M., & Poncy, B. (2009). Developng math automaticity using a classwide fluency building procedure for middle schools students: A preliminary study. *Psychology in the Schools, 46,* 526-538.

Bagnato, S. J., & Neisworth, J. T. (1991). *Assessment for early intervention: Best practices for professionals.*

New York: Guilford Press.

Barnes, A., & Harlacher, J. (2008). Clearing the confusion: Response-to-Intervention as a set of principles. *Education and Treatment of Children, 31,* 417-431.

Barnett, D., Daly E., III, Jones, K., & Lentz, F., Jr. (2004). Response to intervention: Empirically based special service decisions from single-case designs of increasing and decreasing intensity. *Journal of Special Education, 38,* 66-79.

Barnett, D., Elliott, N., Wolsing, L., Bunger, C., Haski, H., McKissick, C., et al. (2006). Response to intervention for young children with extremely challenging behaviors: What it might look like. *School Psychology Review, 35,* 568-582.

Barnett, D., VanDerHeyden, A., & Witt, J. (2007). Achieving science-based practice through response to intervention: What it might look like in preschools. *Journal of Educational and Psychological Consultation, 17,* 31-54.

Barth, A. E., Stuebing, K. K., Anthony, J. L., Denton, C. A., Mathes, P. G., Fletcher, J. M., et al. (2008). Agreement among response to intervention criteria for identifying responder status. *Learning and Individual Differences, 18,* 296-307.

Batsche, G., Elliott, J., Graden, J. L., Grimes, J., Kovaleski, J. F., Prasse, D., et al. (2005). *Response to intervention: Policy considerations and implementation.* Washington, DC: NASDSE.

Berg, W., Wacker, D., & Steege, M. (1995). Best practices in the assessment with persons who have severe or profound handicaps. In A. Thomas & J. Grimes (Eds.), *Best practices in school psychology* (pp. 805-816). Washington, DC: National Association of School Psychologists.

Bergstrom, M. (2008). Professional development in response to intervention: Implementation of a model in a rural region. *Rural Special Education Quarterly, 27(4),* 27-36.

Berninger, V. W. (2006). Research-supported ideas for implementing reauthorized IDEA with intelligent professional psychological services. *Psychology in the Schools, 43,* 781-796.

Biglan, A., Mrazek, P. J., Carnine, D., & Flay, B. R. (2003). The integration of research and practice in the prevention of youth problem behaviors. *American Psychologist, 58,* 433-441.

Blachman, B. A., Fletcher, J. M., Schatschneider, C., Francis, D. J., Clonan, S. M., Shaywitz, B. A., et al. (2004). Effects of intensive reading remediation for second and third graders and a 1-year follow-up. *Journal of Educational Psychology, 96,* 444-462.

Boscardin, M. L., Brown-Chidsey, R., & Gonzalez-Martinez, J. (2002a). Assessment of children from diverse backgrounds. In J. Carey & P. Pedersen (Eds.), *Multicultural counseling in the schools* (2nd ed., pp. 257-279). Boston: Allyn & Bacon.

Boscardin, M. L., Brown-Chidsey, R., & Gonzalez-Martinez, J. (2002b). The essential link for students with disabilities from diverse backgrounds: Forging partnerships with families. *Journal of Special Education Leadership, 14,* 89-95.

Bransford, J. D. (1979). *Human cognition: Learning, understanding, and remembering.* Belmont, CA: Wadsworth.

Bransford, J. D., Brown, A. L., & Cocking, R. R. (Eds.). (2000). *How people learn: Brain, mind experience, and school* (expanded ed.). Washington, DC: National Academy Press.

Brown, G. W., & Brown, C. V. (2005). Physiological factors in students' school success. In R. BrownChidsey (Ed.), *Assessment for intervention: A problem-solving approach* (pp. 103-128). New York: Guilford Press.

Brown, J., & Doolittle, J. (2008). A cultural, linguistic, and ecological framework for response to intervention with English language learners. *Teaching Exceptional Children, 40(5),* 66-72.

Brown-Chidsey, R. (2005a). Intelligence tests in an era of standards-based educational reform. In D. P. Flanagan & P. L. Harrison (Eds.), *Contemporary intellectual assessment: Theories, tests, and issues* (2nd ed., pp. 631-641). New York: Guilford Press.

Brown-Chidsey, R. (2005b). Introduction to problem-solving assessment. In R. Brown-Chidsey (Ed.), *Assessment for intervention: A problem-solving approach* (pp. 3-9). New York: Guilford Press.

Brown-Chidsey, R. (2005c). Scaling educational assessments to inform instruction for all students: Response to intervention as essential educational. science. *Trainer's Forum, 24,* 1-4, 6-8.

Brown-Chidsey, R. (2007). No more waiting to fail. *Educational Leadership, 65(2),* 40-47.

Brown-Chidsey, R., Bronaugh, L., & McGraw, K. (2009). *RTI in the classroom: Guidelines and recipesfor success.* New York: Guilford Press.

Brown-Chidsey, R., Davis, L., & Maya, C. (2003). Sources of variance in curriculum-based measures of silent reading. *Psychology in the Schools, 40,* 363-377.

Brown-Chidsey, R., Seppala, M., & Segura, M. L. (2000). Chapter 766: Massachusetts special education law. *American Education Annual.* New York: Gale.

Brown-Chidsey, R., & Steege, M. W. (2005). Solution-focused psychoeducational reports. In R. BrownChidsey (Ed.), *Assessment for intervention: A problem-solving approach* (pp. 267-290). New York: Guilford Press.

Brown-Chidsey, R., Steege, M. W., & Mace, F. C. (2008). Best practices in evaluating the effectiveness of interventions using case study data. In A. Thomas &J. Grimes (Eds.), *Best practices in school psychology V* (pp. 2177-2191). Bethesda, MD: National Association of School Psychologists.

Bryan, T., Bay, M., & Donahue, M. (1988). Implications of the learning disabilities definition for the regular education initiative. *Journal of Learning Disabilities, 21,* 23-28.

Bryant, D., Bryant, B., & Hammill, D. D. (2005). Characteristic behaviors of students with LD who have teacher-identified math weaknesses. *Journal of Learning Disabilities, 33,* 168-177.

Bryant, D., Bryant, B., Gersten, R., Scammacca, N., & Chavez, M. (2008). Mathematics intervention for first- and second-grade students with mathematics difficulties: The effects of tier 2 intervention delivered as booster lessons. *Remedial and Special Education, 29,* 20-32.

Burns, M. K. (2002). Comprehensive system of assessment to intervention using curriculum-based assessments. *Intervention in School and Clinic, 38,* 8-13.

Burns, M. K., Ganuza, Z. M., & London, R. M. (2009). Brief experimental analysis of written letter formation: Single-case demonstration. *Journal of Behavioral Education, 18,* 20-34.

Burns, M. K., & Gibbons, K. A. (2008). *Implementing response to intervention in elementary and secondary schools: Procedures to assure scientific-based practices.* New York: Routledge.

Burns, M. K., Peters, R., & Noell, G. H. (2008). Using performance feedback to enhance implementation fidelity of the problem solving process. *Journal of School Psychology, 46,* 537-550.

Calhoon, M., Al Otaiba, S., Cihak, D., King, A., & Avalos, A. (2007). Effects of a peer-mediated program on reading skill acquisition for two-way bilingual first grade classrooms. *Learning Disability Quarterly, 30,* 169-184.

Caplan, G. (1964). *Principles of preventive psychiatry.* New York: Basic Books.

Carney, K. J., & Stiefel, G. S. (2008). Long-term results of a problem-solving approach to response to intervention: Discussion and implications. *Learning Disabilities-A Contemporary Journal, 6(2),* 61-75.

Carnine, D. (1981). Reducing training problems associated with visually and auditorily similar cor respondences. *Journal of Learning Disabilities, 14,* 276-279.

Carnine, D. (1989). Designing practice activities. *Journal of Learning Disabilities, 22,* 603-607.

Carnine, D. (1997a). Bridging the research-to-practice gap. *Exceptional Children, 63,* 513-524.

Carnine, D. (1997b). Instructional design for students with learning disabilities. *Journal of Learning Disabilities, 30,* 130-142.

Carnine, D., & Carnine, L. (2004). The interaction of reading skills and science content knowledge when teaching struggling secondary students. *Reading and Writing Quarterly, 20,* 203-219.

Carnine, D., & Gersten, R. (2000). The nature and roles of research in improving achievement in mathematics. *Journal for Research in Mathematics Education, 31,* 138-142.

Carnine, D., & Granzin, A. (2001). Setting learning expectations for students with disabilities. *School Psychology Review, 30,* 466-472.

Carnine, D., & Jitendra, A. K. (1997). A descriptive analysis of mathematics curricular materials from a pedagogical perspective. *Remedial and Special Education, 18,* 66-82.

Carnine, D., Kame'enui, E., & Maggs, A. (1982). Components of analytic assistance: Statement saying, concept training, and strategy training. *Journal of Educational Research, 75,* 375-377.

Carter, R. T., Helms, J. E., & Juby, H. L. (2004). The relationship between racism and racial identity for white Americans: A profile analysis. *Journal of Multicultural Counseling and Development, 32,* 2-18.

Cartledge, G. (1996). *Cultural diversity and social skills instruction: Understanding ethnic and gender differences.* Champaign, IL: Research Press.

Case, L. P., Speece, D. L., & Molloy, D. E. (2003). The validity of a response-to-instruction paradigm to identify reading disabilities: A longitudinal analysis of individual differences and contextual factors. *School Psychology Review, 32,* 557-582.

Catts, H. W., Petscher, Y., Schatschneider, C., Bridges, M. S., & Mendoza, K. (2008). Floor effects associated with universal screening and their impact on the early identification of reading disabilities. *Journal of Learning Disabilities, 42,* 163-176.

Center for Academic and Reading Skills, University of Texas-Houston Health Science Center, Texas Institute for Measurement, Evaluation, and Statistics, University of Houston. (1999). *Technical report: Texas primary reading inventory.* Retrieved October 12, 2004, from *www.tpri.org.*

Centers for Disease Control [CDC]. (2009). HLN1 recommendations. Retrieved from *www.cdc.gov/hlnlflu/vaccination_qu_pub. html.*

Chall, J. S. (2000). *The academic achievement challenge: What really works in the classroom?* New York: Guilford Press.

Chard, D., Stoolmiller, M., Harn, B., Wanzek, J., Vaughn, S., Linan-Thompson, S., et al. (2008). Predicting reading success in a multilevel schoolwide reading model. *Journal of Learning Disabilities, 41,* 174-188.

Chisholm, D. P. (1988). Concerns respecting the regular education initiative. *Journal of Learning Disabilities, 21,* 487-501.

Christ, T., & Silberglitt, B. (2007). Estimates of the standard error of measurement for curriculum-based measures of oral reading fluency. *School Psychology Review, 36,* 130-146.

Clements, M. A., Bolt, D., Hoyt, W., & Kratochwill, T. R. (2007). Using multilevel modeling to examine the effects of multitiered interventions. *Psychology in the Schools, 44,* 503-513.

Clopton, K. L., & Etscheidt, S. (2009). Utilizing the convergence of data for expedited evaluations: Guidelines for school psychologists. *Psychology in the Schools, 46,* 459-470.

Coates, R. D. (1989). The regular education initiative and opinions of regular classroom teachers. *Journal of Learning Disabilities, 22,* 532-536.

Cognition and Technology Group at Vanderbilt. (1997). *The Jasper Project: Lessons in curriculum, instruction, assessment, and professional development.* Mahwah, NJ: Erlbaum.

Compton, D. L. (2003, December). *RTI: It's all about the nudge.* Paper presented at the Response-to-Intervention Symposium, Kansas City, MO. Retrieved March 9, 2004, from *www.nrcld.org/htmlsytnposium2003.*

Compton, D., Fuchs, D., Fuchs, L., & Bryant, J. (2006). Selecting at-risk readers in first grade for early intervention: A two-year longitudinal study of decision rules and procedures. *Journal of Educational Psychology, 98,* 394-409.

Coyne, M. D., Kame'enui, E. J., & Simmons, D. C. (2001). Prevention and intervention in beginning reading: Two complex systems. *Learning Disabilities Research and Practice, 16,* 62-74.

Coyne, M. D., Kame'enui, E. J., & Simmons, D. C. (2004). Improving beginning reading instruction arid intervention for students with LD: Reconciling "all" with "each." *Journal of Learning Disabilities, 37,* 231-240.

Coyne, M. D., Kame'enui, E. J., Simmons, D. C., & Harn, B. A. (2004). Beginning reading intervention as inoculation or insulin: First-grade reading performance of strong responders to kindergarten intervention. *Journal of Learning Disabilities, 37,* 90-105.

Cummins, J. (1979). Cognitive/academic language proficiency, linguistic interdependence, the optimum age question and some other matters. *Working Papers on Bilingualism,* No. 19, 121-129.

Cummins, J. (1986). Empowering minority students: A framework for intervention. *Harvard Educational Review, 56,* 18-36.

Cummins, J. (1996). *Negotiating identities: Education for empowerment in a diverse society.* Los Angeles: California Association for Bilingual Education.

Cummings, K., Atkins, T., Allison, R., & Cole, C. (2008). Response to intervention: Investigating the new role of special educators. *Teaching Exceptional Children, 40,* 24-31.

Daly, E. J., Chafouleas, S., & Skinner, C. H. (2005). *Interventions for reading problems: Designing and evaluating effective strategies.* New York: Guilford Press.

Daly, E. J., Johnson, S., & LeClair, C., (2009). An experimental analysis of phoneme blending and segmenting skills. *Journal of Behavior Education, 18,* 5-19.

Daly, E. J., Martens, B. K., Barnnett, D., Witt, J. C., & Olson, S. C. (2007). Varying intervention delivery in response to intervention: Confronting and resolving challenges with measurement, instruction, and intensity. *School Psychology Review, 36,* 562-581.

Daly, E. J., Persampieri, M., McCurdy, M., & Gortmaker, V. (2005). Generating reading interventions through experimental analysis of academic skills: Demonstration and empirical evaluation. *School Psychology Review, 34,* 395-414.

D'Alonzo, B. J., & Boggs, E. T. (1990). A review of the regular education initiative. *Preventing School Failure, 35,* 18-24.

Danielson, L., Doolittle, J., & Bradley, R. (2007). Professional development, capacity building, and research needs: Critical issues for response to intervention implementation. *School Psychology Review, 36,* 632, 637.

Davis, C., Lindo, E., & Compton, D. (2007). Children at risk for reading failure. *Teaching Exceptional children, 39,* 32-37.

Delpit, L. & Kohl, H. (2006). *Other's peoples children: Cultural conflict in the classroom.* New York: The New Press.

Deno, E. (1970). Special education as developmental capital. *Exceptional Children, 37,* 229-237.

Deno, S. L. (2002). Problem solving as "best practice." In A. Thomas & J. Grimes (Eds.), *Best practices in school psychology IV* (pp. 37-56). Bethesda, MD: National Association of School Psychologists.

Deno, S. L. (2005). Problem-solving assessment. In R. Brown-Chidsey (Ed.), *Assessment for intervention: A problem-solving approach* (pp. 10-40). New York: Guilford Press.

Deno, S., Reschly, A., Lembke, E., Magnusson, D., Callender, S., Windram, H., et al. (2009). Developing a school-wide progress-monitoring system. *Psychology in the Schools, 46,* 44-55.

Denton, C. A., Fletcher, J., Anthony, J., & Frances, D. (2006). An evaluation of intensive intervention for students with persistent reading difficulties. *Journal of Learning Disabilities, 39,* 447–466.

Denton, C. A., Wexler, J., Vaughn, S., & Bryan, D. (2008). Intervention provided to linguistically diverse middle school students with severe reading difficulties. *Learning Disabilities Research and Practice, 23,* 79–89.

Dessof, A. (2008, May). Resources to support disabled learners. *District Administration,* 49–52.

Dexter, D., Hughes, C., & Farmer, T. (2008, Fall). Responsiveness to intervention: A review of field studies and implications for rural special education. *Rural Special Education Quarterly, 27,* 3–9.

Doll, B., & Haack, K. M. (2005). Population-based strategies for identifying schoolwide problems. In B. Brown-Chidsey (Ed.), *Assessment for intervention: A problem-solving approach* (pp. 82–102). New York: Guilford Press.

Drame, E. R. (2002). Sociocultural context effects of teachers' readiness to refer for learning disabilities. *Exceptional Children, 69,* 41–53.

Duhon, G. J., Mesmer, E. M., Gregerson, L., & Witt, J. C. (2009). Effects of public feedback during RTI team meetings on teacher implementation integrity and student academic performance. *Journal of School Psychology, 47,* 19–37.

Dykeman, B. (2006). Alternative strategies in assessing special education needs. *Education, 127,* 265–273.

Eber, L., Breen, K., Rose, J., Unizycki, B. M., & London, T. H. (2008). Wraparound. *Teaching Exceptional Children, 40(6),* 16–22.

Ehren, B., & Nelson, N. (2005). The responsiveness to intervention approach and language impairment. *Topics in Language Disorders, 25,* 120–131.

Elliott, S. N., & Fuchs, L. S. (1997). The utility of curriculum-based measurement and performance assessment as alternatives to traditional intelligence and achievement tests. *School Psychology Review,* 26, 224–233.

Elliott, S. N., Huai, N., & Roach, A. T. (2007). Universal and early screening for educational difficulties: Current and future approaches. *Journal of School Psychology, 45,* 137–161.

Engelmann, S. (1999). The benefits of direct instruction: Affirmative action for at-risk students. *Educational Leadership, 57,* 77–79.

Evans, R. (1990). Making mainstreaming work through prereferral consultation. *Educational Leadership, 48,* 73–78.

Fairbanks, S., Sugai, G., Guardino, D., & Lathrop, M. (2007). Response to intervention: Examining classroom behavior support in second grade. *Exceptional Children, 73,* 288–310.

Feifer, S. (2008). Integrating response to intervention (RTJ) with neuropsychology: A scientific approach to reading. *Psychology in the Schools, 45,* 812–825.

Fiorello, C., Hale, J., Holdnack, J., Kavanagh, J., Terrell, J., & Long, L. (2007). Interpreting intelligence test results for children with disabilities: Is global intelligence relevant? *Applied Neuropsychology, 14,* 2–12.

Fiorello, C., Hale, J., & Snyder, L. (2006). Cognitive hypothesis testing and response to intervention for children with reading problems. *Psychology in the Schools, 43,* 835–853.

Flanagan, D. P., & Harrison, P. L. (Eds.). (2005). *Contemporary intellectual assessment: Theories, tests, and issues* (2nd ed.). New York: Guilford Press.

Flanagan, D. P., & Ortiz, S. (2001). *Essentials of cross-battery assessment.* New York: Wiley.

Flanagan, D., Ortiz, S., Alfonso, V., & Dynda, A. (2006). Integration of response to intervention and norm-referenced tests in learning disability identification: Learning from the Tower of Babel. *Psychology in the Schools, 43,* 807–825.

Fletcher, J. M. (2003, December). *Validity of alternative approaches to the identification of LD:*

Operationalizing unexpected underachievement. Paper presented at the Response-to-Intervention Symposium, Kansas City, MO. Retrieved March 9, 2004, from *www.nrcld.org/html/symposium2003.*

Fletcher, J. M. (2005). Predicting math outcomes: Reading predictors and comorbidity. *Journal of Learning Disabilities, 38,* 308-312.

Fletcher, J. M., Coulter, W. A., Reschly, D. J., & Vaughn, S. (2004). Alternative approached to the definition and identification of learning disabilities: Some questions and answers. *Annals of Dyslexia, 54,* 304-331.

Fletcher, J. M., Foorman, B. R., Boudousquie, A., Barnes, M. A., Schatschneider, C., & Francis, D. J. (2002). Assessment of reading and learning disabilities: A research-based intervention-oriented approach. *Journal of School Psychology, 40,* 27-63.

Fletcher, J., Francis, D., Morris, R., & Lyon, G. (2005). Evidence-based assessment of learning disabilities in children and adolescents. *Journal of Clinical Child and Adolescent Psychology, 34,* 506-522.

Fletcher, J. M., Morris, R. D., & Lyon, G. R. (2003). Classification and definition of learning disabili ties: An integrative perspective. In H. L. Swanson, K. B. Harris, & S. Graham (Fds.), *Handbook of learning disabilities* (pp. 30-56). New York: Guilford Press.

Foorman, B. B. (2003). *Preventing and remediating reading difficulties: Bringing science to scale.* Baltimore, MD: York Press.

Foorman, B. B., Breier, J. I., & Fletcher, J. M. (2003). Interventions aimed at improving reading success: An evidence-based approach. *Developmental Neuropsychology, 24,* 613-640.

Foxx, R. M. (1999). Long term maintenance of language and social skills. *Behavioral Interventions, 14,* 135-147.

Francis, D. J. (2003, December). *Response to intervention (RTI): A conceptually and statistically superior alternative to discrepancy.* Paper presented at the Response-to-Intervention Symposium, Kansas City, MO. Retrieved March 9, 2004, from *www.nrcld.org/html/symposium2003.*

Freeman, P. J. (1994). National health care reform minus public health: A formula for failure. *Public Health Policy, 15,* 261-282.

Fuchs, D., & Fuchs, L. S. (1994). Inclusive schools movement and the radicalization of special education reform. *Exceptional Children, 60,* 294-300.

Fuchs, D., & Fuchs, L. S. (2008, October). Implementing RTI. *District Administration, 44(11),* 73-76.

Fuchs, D., Fuchs, L. S., Mathes, P. G., Lipsey, M. F., & Eaton, S. (2000). A meta-analysis of reading differences between underachievers with and without the disability label: A brief report. *Learning Disabilities, 10,* 1-4.

Fuchs, D., Mick, D., Morgan, P L., & Young, C. L. (2003). Responsiveness to intervention: Definitions, evidence, and implications for the learning disabilities construct. *Learning Disabilities: Research and Practice, 18,* 157-171.

Fuchs, L. (2003). Assessing intervention responsiveness: Conceptual and technical issues. *Learning Disabilities: Research and Practice, 18,* 172-186.

Fuchs, L. S., Compton, D. L., Fuchs, D., Paulsen, K., Bryant, J. D., & Hamlett, C. L. (2005). The prevention, identification, and cognitive determinants of math difficulty. *Journal of Educational Psychology, 97,* 493-515.

Fuchs, L. S., & Deno, S. L. (1994). Must instruction-ally useful assessment be based in the curriculum? *Exceptional Children, 61,* 15-24.

Fuchs, L. S., Fuchs, D., Compton, D. L., Bryant, J. D., & Hamlett, C. L., & Seethaler, D. M.

(2007). Mathematics screening and progress monitoring at first grade: Implications for response to intervention. *Exceptional Children, 73,* 311-330.

Fuchs, L. S., Fuchs, D., Compton, D. L., Powell, S. B., Seethaler, P M., Capizzi, A. M., et al. (2006). The cognitive correlates of third-grade skill in arithmetic, algorithmic computation, and arithmetic word problems. *Journal of Educational Psychology, 98,* 29-43.

Gersten, R., & Carnine, D. (1986). Direct instruction in reading comprehension. *Educational Leadership, 43,* 70-79.

Gettinger, M., & Stoiber, K. (2007). Applying a response-to-intervention model for early literacy development in low-income children. *Topics in Early Childhood Special Education, 27,* 198-213.

Gibb, C. S., & Wilder, L. K. (2002). Using functional analysis to improve reading instruction for reading instruction for students with learning disabilities and emotional/behavioral disorders. *Preventing School Failure, 46,* 152-157.

Gilbertson, D., & Ferre, S. (2008). Considerations in the identification, assessment, and intervention process for deaf and hard-of-hearing students with reading difficulties. *Psychology in the Schools, 45,* 104-120.

Glover, T. A., & Albers, C. A. (2006). Considerations for evaluating universal screening assessments. *Journal of School Psychology, 45,* 117-135.

Glover, T. A,, & DiPerna, J. (2007). Service delivery for response to intervention: Core components and directions for future research. *School Psychology Review, 36,* 526-540.

Glutting, J. J., McDermott, P. A., Watkins, M. M., Kush, J. C., & Konold, T. R. (1997). The base rate problem and its consequences for interpreting children's ability profiles. *School Psychology Review, 26,* 176-188.

Good, R. H., & Kaminski, R. A. (Eds.). (2002). *Dynamic Indicators of Basic Early Literacy Skills* (6th ed.). Eugene, OR: Institute for the Development of Educational Achievement. Retrieved November 8, 2004, from *dibels.uoregon.edu.*

Good, R. H., III, Simmons, D. C., & Kame'enui, E. J. (2001). The importance and decision-making utility of a continuum of fluency-based indicators of foundational reading skills for third-grade high-stakes outcomes. *Scientific Studies of Reading, 5,* 257-289.

Goodman, G., & Webb, M. (2006). Reading disability referrals: Teacher bias and other factors that impact response to intervention. *Learning Disabilities-a Contemporary Journal, 4,* 59-70.

Gould, S. J. (1996). *The mismeasure of man.* New York: Norton. (Original work published 1981)

Graham, S., & Harris, K. R. (1997). It can be taught, but it does not develop naturally: Myths and realities in writing instruction. *School Psychology Review, 26,* 414-425.

Graner, P. Faggella-Luby, M., & Fritschmann, N. (2005). An overview of responsiveness to intervention: What practitioners ought to know. *Topics in Language Disorders, 25,* 93-105.

Great Leaps Math. (2004). Retrieved November 8, 2004, from *www.greatieaps.com.*

Green, G. (1996). Evaluating claims about treatments for autism. In C. Maurice. C. Green, & S. Luce (Fds.), *Behavioral intervention for young children with autism: A manual for parents and professionals* (pp. 15-27). Austin, TX: Pro-Ed.

Gresham, F. (2004). Current status and future directions of school-based behavioral interventions. *School Psychology Review, 33,* 326-343.

Gresham, F. (2005). Response to intervention: An alternative means of identifying students as emotionally disturbed. *Education & Treatment of Children, 28,* 328-344.

Griffiths, A. J., VanDerHeyden, A. M., Skocut, M., & Lilies, E. (2009). Progress monitoring in roal reading fluency within the context of BTI. *School Psychology Quarterly, 24,* 13-23.

Gutkin, T. B. (2002). Evidence-based interventions in school psychology: State of the art and

directions for the future. *School Psychology Quarterly, 17,* 339–340.
Haager, D. (2007). Promises and cautions regarding using response to intervention with English language learners. *Learning Disability Quarterly, 30,* 213–218.
Hale, J., Kaufman, A., Naglieri, J., & Kavale, K. (2006). Implementation of IDEA: Integrating response to intervention and cognitive assessment methods. *Psychology in the Schools, 43,* 753–770.
Hallahan, D. P. Keller, C. E., McKinney, J. D., Lloyd, J. W., & Bryan, T. (1988). Examining the research base of the regular education initiative: Efficacy studies and the adaptive learning environments model. *Journal of Learning Disabilities,* 21, 29–35, 55.
Halperin, S. (1979). ESEA comes of age: Some historical reflections. *Educational Leadership, 36,* 349–353.
Hardy, L. (2008, March). Children at risk. *American School Board Journal, 195(3),* 24–27.
Harris-Murri, N., King, K., & Rostenberg, D. (2006). Reducing disproportionate minority representation in special education programs for students with emotional disturbances: Toward a culturally responsive response to intervention model. *Education and Treatment of Children, 29,* 779–799.
Harry, B., & Klingner, J. (2007, February). Discarding the deficit model. *Educational Leadership, 64(5),* 16–21.
Hart, B., & Risley, T. R. (1995). *Meaningful differences in the everyday experience of young American children.* Baltimore, MD: Brookes.
Hawkins, R., Kroeger, S., Musti-Rao, S., Barnett, D., & Ward, J. (2008). Preservice training in response to intervention: Learning by doing an interdisciplinary field experience. *Psychology in the Schools, 45,* 745–762.
Hayes, S. C., Barlow, D. H., & Nelson-Grey, R. O. (1999). *The scientist-practitioner: Research and accountability in the age of managed care.* Boston: Allyn & Bacon.
Helms, J. E. (1992). Why is there no study of cultural equivalence in standardized cognitive ability testing? *American Psychologist, 47,* 1083–1102.
Holdnack, J., & Weiss, L. (2006). IDEA 2004: Anticipated implications for clinical practice-integrating assessment and intervention. *Psychology in the Schools, 43,* 871–882.
Hoover, J. J., Patton, J. R. (2008). The role of special educators in a multitiered instructional system. *intervention in School and Clinic, 43,* 195–202.
Hunley, S., & McNamara, K. (2010). *Tier 3 of the RTI model: Problem solving through a case study approach.* Thousand Oaks, CA: Corwin/National Association of School Psychologists.
Individuals with Disabilities Education Act [IDEA]. (1997). Public Law 105–17.
Individuals with Disabilities Education Improvement Act [IDEA 2002]. (2004). Public Law 108–446 (20 U.S.C. 1400 *et seq.*).
Institute of Medicine, Committee on the Evaluation of Vaccine Purchase Financing in the United States. (2004). *Financing vaccines in the 21st century: Assuring access and availability.* Washington, DC: National Academies Press.
Intervention Central. (2010). Your source for RTI resources. Retrieved from *www.interventioncentral.org.*
Jenkins, J., Hudson, B., & Johnson, E. (2007). Screening for at-risk readers in a response to intervention framework. *School Psychology Review 36,* 582–600.
Jenkins, J. R., Pious, C. G., & Jewell, M. (1990). Special education and the regular education initiative: Basic assumptions. *Exceptional Ghildren, 56(6),* 479–491.
Jenkins, J., Zumeta, R., Dupree, O., & Johnson, K. (2005). Measuring gains in reading ability with passage reading fluency. *Learning Disabilities Research and Practice, 20,* 245–253.

Jones, J. (Ed.). (2009). The psychology of multiculturalism in the schools: A primer for practice, training, and research. Bethesda, MD: National Association of School Psychologists.

Jones, K., Wickstrom, K. E., Noltemeyer, A. L., & Brown, S. M. (2009). An experimental analysis of reading fluency. *Journal of Behavioral Education, 18,* 35-55.

Justice, L. (2006). Evidence-based practice, response to intervention, and the prevention of reading difficulties. *Language, Speech, and Hearing Services in Schools, 37,* 284-297.

Kame'enui, E. J., & Carnine, D. W. (1998). *Effective teaching strategies that accommodate diverse learners.* Upper Saddle River, NJ: Prentice-Hall.

Kame'enui, E. J., & Simmons, D. (2002). *Early reading intervention.* Upper Saddle River, NJ: Pearson! Scott Foresman.

Kaminski, R. A., & Good, R. H., III. (1998). Assessing early literacy skills in a problem-solving model: Dynamic Indicators of Basic Early Literacy Skills. In M. B. Shinn (Ed.), *Advanced applications of curriculum-based measurement* (pp. 113-142). New York: Guilford Press.

Kansas Department of Education. (2009). State assessment results show continued growth by Kansas students. Retrieved from *www.ksde.org.*

Kashi, T. (2008). Response to intervention as a suggested generalized approach to improving minority AYP scores. *Rural Special Education Quarterly, 27,* 37-44.

Kavale, K. A. (2001). Decision making in special education: The function of meta-analysis. *Exceptionality, 9,* 245-269.

Kavale, K. A. (2002). Mainstreaming to full inclusion: From orthogenesis to pathogenesis of an idea. *International Journal of Disability, Development and Education, 49,* 201-215.

Kavale, K. A., & Forness, S. R. (2000). History, rhetoric, and reality. *Remedial and Special Education, 21,* 279-297.

Kavale, K., Kauffman, J., Bachmeier, B., & LeFever, G. (2008). Response to intervention: Separating the rhetoric of self-congratulations from the reality of specific learning disability identification. *Learning Disability Quarterly, 31,* 135-150.

Klein, W. (2004). *Toward humanity and justice: The writings of Kenneth B. Clark, scholar of the 1954 Brown v. Board of Education decision.* New York: Praeger.

Koutsoftas, A., Harmon, M., & Gray, S. (2009). The effect of tier 2 intervention for phonemic awareness in a response-to-intervention model in low-income preschool classrooms. *Language, Speech, and Hearing Services in Schools, 40,* 116-130.

Kovaleski, J. F. (2003, December). The three-tier model for identifying learning disabilities: Critical program features and system issues. Paper presented at the Response-to-Intervention Symposium, Kansas City, MO. Retrieved March 9, 2004, from *www.nrcld.org/html/symposium2003.*

Kovaleski, J. (2007). Response to intervention: Considerations for research and systems change. *School Psychology Review, 36,* 638, 646.

Kranzler, J. H. (1997). Educational and policy issues related to the use and interpretation of intelligence tests in the schools. *School Psychology Review, 26,* 150-163.

Kratochwill, T. R., & Stoiber, K. C. (2002). Evidence-based interventions in school psychology: Conceptual foundations of the procedural and coding manual of Division 16 and the Society for the Study of School Psychology Task Force. *School Psychology Quarterly, 17,* 341-389.

Kratochwill, T. R., & Stoiber, K. C. (2002). *Procedural and coding manual for review of evidence-based interventions.* Retrieved from *www.eric.ed.gov.*

Kratochwill, T., Volpiansky, P. Clements, M., & Ball, C. (2007). Professional development in implementing and sustaining multitier prevention models: Implications for response to intervention. *School Psychology Review, 36,* 618-631.

Kroeger, S. D., & Kouche, B. (2006). Using peer-assisted learning strategies to increase response to intervention in inclusive middle math settings. *Teaching Exceptional children, 38(5),* 6-13.

Kubicek, F. C. (1994). Special education reform in light of select state and federal court decisions. *Journal of Special Education, 28,* 27-43.

Lichtenstein, R., & Klotz, M. B. (2007). Deciphering the federal regulations on identifying children with specific learning disabilities. *NASP Communique, 36(3),* 1, 13, 15.

Linan-Thompson, S., Cirino, P., & Vaughn, S. (2007). Determining English language learners' response to intervention: Questions and some answers. *Learning Disability Quarterly, 30,* 185-195.

Linan-Thompson, S., Vaughn, S., Prater, K., & Ciririo, P. (2006). The response to intervention of English language learners at risk for reading problems. *Journal of Learning Disabilities, 39,* 390-398.

Lopez, E. (1997). The cognitive assessment of limited English proficient and bilingual children. In D. P. Flanagan, J. L. Genshaft, & P. L. Harrison (Eds.), *Contemporary intellectual assessment: Theories, tests, and issues* (pp. 503-516). New York: Guilford Press.

Lopez, R. (1997). The practical impact of current research and issues in intelligence test interpretation and use for multicultural populations. *School Psychology Review, 26,* 249-254.

Lyon, G. R., Fletcher, J. M., Shaywtiz, S. E., Shaywitz, B. A., Wood, F. B., Schulte, A., et al. (2001). *Learning disabilities: An evidence-based conceptualization.* Washington, DC: Fordham Foundation.

Lyon, C. B., Shaywitz, S. F., & Chhabra, V. (2004). Evidence-based reading policy in the United States: How scientific research informs instructional practice. In D. Ravitch (Ed.), *Brookings papers on education policy: 2005* (pp. 198-216). Washington, DC: Brookings Institution.

Machek, G., & Nelson, J. (2007). How should reading disabilities be operationalized?: A survey of practicing school psychologists. *Learning Disabilities Research and Practice, 22,* 147-157.

Marston, D. (2005). Tiers of intervention in responsiveness to intervention: Prevention outcomes and learning disabilities identification patterns. *Journal of Learning Disabilities, 38,* 539-544.

Marston, D., Muyskens, P. Lau, M., & Canter, A. (2003). Problem-solving model for decision-making with high-incidence disabilities: The Minneapolis experience. *Learning Disabilities: Research and Practice, 18,* 187-200.

Martens, B. K., & Gertz, L. E. (2009). Brief experimental analysis: A decision tool for bridging the gap between research and practice. *Journal of Behavioral Education, 18,* 92-99.

Mastropieri, M., & Scruggs, T. (2005). Feasibility and consequences of response to intervention: Examination of the issues and scientific evidence as a model for the identification of individuals with learning disabilities. *Journal of Learning Disabilities, 38,* 525-531.

Mather, N., & Kaufman, N. (2006). Introduction to the special issue, part one: It's about the what, the how well, and the why. *Psychology in the Schools, 43,* 747-752.

McBride, G., Dumont, R., & Willis, J. O. (2004). Response to intervention legislation: Have we found a better way, or will we be just as confused as we have been for the last ten years? *The School Psychologist, 58,* 86-91.

McCardle, P., & Chhabra, V. (Eds.). (2004). *The voice of evidence in reading research.* Baltimore, MD: Brookes.

McComas, J. J., Wagner, D., Chapffin, M. C., Holton, E., McDonnell, M., & Monn, E. (2009). Prescriptive analysis: Further individualization of hypothesis testing in brief experimental analysis of reading fluency. *Journal of Behavioral Education, 18,* 56-70.

McIntosh, A., Graves, A., & Gersten, R. (2007). The effects of response to intervention on literacy development in multiple-language settings. *Learning Disability Quarterly, 30,* 197-212.

McLeskey, J., & Skiba, R. (1990). Reform and special education: A mainstream perspective. *Journal of*

Special Education, 24, 319–326.

McMaster, K., Kung, S., Han, I., & Cao, M. (2008). Peer-assisted learning strategies: A tier 1 approach to promoting English learners' response to intervention. *Exceptional Children, 74,* 194–214.

Menzies, H., Mahdavi, J., & Lewis, J. (2008). Early intervention in reading: From research to practice. *Remedial and Special Education, 29,* 67–77.

Mesmer, E., & Mesmer, H. (2008). Response to intervention (BTI): What teachers of reading need to know. *Reading Teacher, 62,* 280–290.

Moore, J., & Whitfield, V. (2009). Building schoolwide capacity for preventing reading failure. *Reading Teacher, 62,* 622–624.

Murawski, W. W., & Hughes, C. E. (2009). Response to intervention, collaboration, and co-teaching: A logical combination for systemic change. *Preventing School Failure, 53,* 267–277.

Murphy, D. M. (1996). Implications of inclusion for general and special education. *Elementary School Journal, 96,* 469–494.

National Association of School Psychologists. (2000). *Professional conduct manual: Principles for professional ethics and guidelines for the provision of school psychological services.* Bethesda, MD: Author. Retrieved from *www.nasponline.org/pdf/ProfessionalCond.pdf.*

National Association of School Psychologists. (2002). *Rights without labels* [Position paper on the provision of services to students with disabilities]. Bethesda, MD: Author.

National Association of School Psychologists. (2003). *NASP recommendations: LD eligibility and identification for IDEA reauthorization.* Bethesda, MD: Author.

National Autism Center. (2010). National standards project. Retrieved from *www.nationalautismcenter.org!about!national.php.*

National Center for Education Statistics. (2004). *The condition of education 2004.* Washington, DC: U.S. Department of Education.

National Center on Response to Intervention. (2009). Response to intervention. Retrieved from *www.rti4success.org.*

National Joint Committee on Learning Disabilities. (2002). Achieving better outcomes—maintaining rights: An approach to identifying and serving students with specific learning disabilities. *NASP Communiqué, 31,* 1, 5, 7.

National Reading Panel. (2000). *Teaching children to read: An evidence-based assessment of the scientiflc research literature on reading and its impli cations for reading instruction.* Washington, DC: National Institute for Literacy.

Nelson, J. B., Hurley, K. D., Synhorst, L., Epstein, M. H., Stage, S., & Buckley, J. (2009). The child outcomes of a behavior model. *Exceptional Children, 76,* 7–30.

Nelson, J., & Machek, G. (2007). A survey of training, practice, and competence in reading assessment and intervention. *School Psychology Review, 36,* 311–327.

Newell, M., & Kratochwill, T. R., (2007). The integration of response to intervention and critical race theory-disability studies: A robust approach to reducing racial discrimination in evaluation decisions. In S. R. Jimerson, M. K. Burns, & A. M. Jimerson (Eds.), *Handbook of response to intervention: The science and practice of assessment and interventions* (pp. 65–79). New York: Springer.

No Child Left Behind Act [NCLB]. (2001). Public Law 107–15.

Nunn, G. D., & Jantz, P. B. (2009). Factors within response to intervention implementation training associated with teacher efficacy belief. *Education, 129,* 599–609.

O'Connor, R. (2003). Tiers of intervention in kindergarten through third grade. Paper presented at the Response-to-Intervention Symposium, December 4-5, 2003, Kansas City, MO. Retrieved March 9, 2004, from *www.nrcld.org/html/symposium2003.*

Odegard, T., Ring, J., Smith, S., Biggan, J., & Black, J. (2008). Differentiating the neural response to intervention in children with developmental dyslexia. *Annals of Dyslexia, 58,* 1-14.

Ofiesh, N. (2006). Response to intervention and the identification of specific learning disabilities: Why we need comprehensive evaluations as part of the process. *Psychology in the Schools, 43,* 883-888.

O'Malley, K. J., Francis, D. J., Foorman, B. R., Fletcher, J. M., & Swank, P. R. (2002). Growth in precursor and reading-related skills: Do low-achieving and IQ-discrepant readers develop differently? *Learning Disabilities Research and Practice, 17,* 19-35.

Ortiz, S., & Flanagan, D. P. (2002). Best practices in working with culturally diverse children and families. In A. Thomas & J. Grimes (Eds.), *Best practices in school psychology IV* (pp. 337-352). Bethesda, MD: National Association of School Psychologists.

Palenchar, L., & Boyer, L. (2008). Response to intervention: Implementation of a statewide system. *Rural Special Education Quarterly, 27,* 18-26.

Pearson Education, Inc. (2008). *AIMSweb.* Retrieved from *www.aimsweb.com.*

Peltier, G. L. (1993). The regular education initiative teacher: The research results and recommended practice. *Education, 114,* 54-61.

Peterson, K. M. H., & Shinn, M. R. (2002). Severe discrepancy models: Which best explains school identification practices for learning disabilities. *School Psychology Review, 31,* 459-476.

Polaha, J. A., & Allen, K. D. (1999). A tutorial for understanding and evaluating single-subject methodology. *Proven Practice, 1,* 73-77.

Powers, K., Hagans, K., & Miller, M. (2007). Using response to intervention to promote transition from special education services. In S. B. Jimerson, M. K. Burns, & A. M. Jimerson (Eds.), *Handbook of response to intervention: The science and practice of assessment and interventions* (pp. 418-427). New York: Springer.

Prasse, D. (2006). Legal supports for problem-solving systems. *Remedial and Special Education, 27,* 7-15.

President's Commission on Excellence in Special Education [PCESE]. (2002). *A new era: Revitalizing special education for children and their families.* Washington, DC: Author. Retrieved from *www.ed.gov/inits/commissionsboard/whspecialeducation/reports/index.html.*

Pressley, M., Duke, N. K., & Boling, E. (2004). The educational science and scientifically based instruction we need: Lessons from reading research and policymaking. *Harvard Educational Review, 74,* 30-62.

Purdum, T. S. (1998, June 3). California passes measure to limit bilingual schools. *New York Times, 147*(51177), p. Al.

Reschly, D. J. (1997). Utility of individual ability measures and public policy choices for the 21st century. *School Psychology Review, 26,* 234-241.

Reynolds, C. R., & Shaywitz, S. E. (2009). Response to intervention: Ready or not? Or, from waiting to fail to watch them fail. *School Psychology Quarterly, 24,* 130-145.

Riley-Tillman, T., & Burns, M. K. (2009). *Evaluating educational interventions: Single-case design for measuring response intervention.* New York: Guilford Press.

Riley-Tillman, T., Chafouleas, S., & Briesch, A. (2007). A school practitioner's guide to using daily behavior report cards to monitor student behavior. *Psychology in the Schools, 44,* 77-89.

Rinaldi, C., & Samson, J. (2008). English language learners and response to intervention. *Teaching Exceptional Children, 40,* 6-14.

Salvia, J., & Ysseldyke, J. E. (2004). *Assessment in special and inclusive education* (9th ed.). Boston:

Houghton Mifflin.

Sanetti, L. H., & Kratochwill, T. R. (2005). Treatment integrity assessment within a problem-solving model. In B. Brown-Chidsey (Ed.), *Assessment for intervention: A problem-solving approach* (pp. 304-325). New York: Guilford Press.

Sattler, J. M. (2001). *Assessment of children: Cognitive applications.* San Diego, CA: Author.

Schatschneider, C., Francis, D. J., Carlson, C. D., Fletcher, J. M., & Foorman, B. R. (2004). Kindergarten prediction of reading skills: A longitudinal comparative analysis. *Journal of Educational Psychology, 96,* 265-283.

Schmitt, A., & Wodrich, D. (2008). Reasons and rationales for neuropsychological tests in a multi-tier system of school services. *Psychology in the Schools, 45,* 826-837.

Semmel, M. I., & Abernathy, T. V. (1991). Teacher perceptions of the regular education initiative. *Exceptional Children, 58,* 9-24.

Semrud-Clikeman, M. (2005). Neuropsychological aspects for evaluating learning disabilities. *Journal of Learning Disabilities, 38,* 563-568.

Severson, H. H., Walker, H. M., Hope-Doolittle, J., Kratochwill, T. R., & Gresham, F. M. (2007). Proactive early screening to detect behaviorally at-risk students: Issues, approaches, emerging innovations, and professional practices. *Journal of School Psychology, 45,* 193-223.

Shapiro, E. S. (2005). *Academic skills problems: Direct assessment and intervention* (3rd ed.). New York: Guilford Press.

Shaywitz, S. (2003). *Overcoming dyslexia.* New York: Knopf.

Sheehan, G. (2009). Biography. Retrieved from *www.georgesheehan.com/welcome/bio.html.*

Shernoff, E. S., Kratochwill, T. R., & Stoiber, K. C. (2002). Evidence-based interventions in school psychology: An illustration of task force coding criteria using single-participant research design. *School Psychology Quarterly, 17,* 390-422.

Shinn, M. R. (1989). *Curriculum-based measurement: Assessing special children.* New York: Guilford Press.

Shinn, M. R. (1998). *Advanced applications of curriculum-based measurement.* New York: Guilford Press.

Shinn, M. R. (2005). Identifying and validating academic problems in a problem-solving model. In B. Brown-Chidsey (Ed.), *Assessmentfor intervention: A problem-solving approach* (pp. 219—246). New York: Guilford Press.

Shinn, M. (2007). Identifying students at risk, monitoring performance, and determining eligibility within response to intervention: Research on educational need and benefit from academic intervention. *School Psychology Review, 36,* 601-617.

Shun, M. R., Collins, V. L., & Gallagher, S. (1998). Curriculum-based measurement and its use in a problem-solving model with students from minority backgrounds. In M. B. Shinn (Ed.), *Advanced applications of curriculum-based measurement* (pp. 143-174). New York: Guilford Press.

Siegel, L. (2003). IQ-discrepancy definitions and the diagnosis of LD. *Journal of Learning Disabilities, 36,* 2-4.

Siegel, L. S., & Himel, N. (1998). Socioeconomic status, age, and the classification of dyslexics and poor readers: The dangers of using IQ scores in the definition of reading disability. *Dyslexia, 4,* 90-105.

Silberglitt, B., & Hintze, J. (2007). How much growth can we expect?: A conditional analysis of B-CBM growth rates by level of performance. *Exceptional Children, 74,* 71-84.

Simmons, D., Coyne, M., Kwok, O., McDonagh, S., Ham, B., & Kame'enui, E. (2008). Indexing Response to Intervention. *Journal of Learning Disabilities, 41,* 158-173.

Snow, C. F., Burns, M. S., & Griffin, P. (Fds.). (1998). *Preventing reading difficulties in young children.* Washington, DC: National Academy Press.

Spear-Swerling, L., & Steinberg, R. J. (1996). *Off track: How poor readers become "learning disabled."* Boulder, CO: Westview Press.

Spectrum K12 School Solutions. (2009). *Response to Intervention (RTI) adoption survey 2009.* Retrieved from *www.spectrumkl2.com/thankyourtisurvey.*

Speece, D. L., Case, L. P., & Molloy, D. E. (2003). Responsiveness to general education instruction as the first gate to learning disabilities identification. *Learning Disabilities: Research and Practice, 18,* 147-156.

Sprague, J., Cook, C. R., Wright, D., B., & Sadler, C. (2008). *RTI and behavior: A guide to integrating behavioral and academic supports.* Palm Beach, FL: LBP Publications.

Stage, S. A., Abbott, R. D., Jenkins, J. R., & Berninger, V. W. (2003). Predicting response to early reading intervention from verbal IQ, reading-related language abilities, attention ratings, and verbal IQ- word reading discrepancy. *Journal of Learning Disabilities, 36,* 24-34.

Stanovich, K. E. (1991). Discrepancy definition of reading disability: Has intelligence led us astray? *Reading Research Quarterly, 26,* 7-29.

Stanovich, K. E. (1993). It's practical to be rational. *Journal of Learning Disabilities, 26,* 524-533.

Stanovich, K. E. (2000). *Progress in understanding reading: Scientific foundations and new frontiers.* New York: Guilford Press.

Stanovich, P. J., & Stanovich, K. E. (2003). *Using research and reason in education: How teachers use scientifically based research to make curricular decisions.* Washington, DC: The Partnership for Reading.

Stecker, P. (2007). Tertiary Intervention: Using progress monitoring with intensive services. *Teaching Exceptional Children, 39,* 50-57.

Stecker, P., Fuchs, D., & Fuchs, L. (2008, Fall). Progress monitoring as essential practice within re-spouse to intervention. *Rural Special Education Quarterly, 27,* 10-17.

Steege, M. (1997). Encopresis and enuresis. In C. Baer, K. Minke, & A. Thomas (Fds.), *Children's needs III: Development, problems and alternatives* (pp. 879-885). Washington, DC: National Association of School Psychologists.

Steege, M. W., Brown-Chidsey, B., & Mace, F. C. (2002). Best practices in evaluating interventions. In A. Thomas & J. Grimes (Fds.), *Best practices in school psychology IV* (pp. 517-534). Bethesda, MD: National Association of School Psychologists.

Steege, M. W., Davin, T., & Hathaway, M. (2001). Reliability and accuracy of a performance-based behavioral recording procedure. *School Psychology Review, 30,* 252-262.

Steege, M. W., & Wacker, D. (1995). Best practices in evaluating the effectiveness of applied interventions. In A. Thomas & J. Grimes (Fds.), *Best practices in school psychology III* (pp. 625-636). Washington DC: National Association of School Psychologists.

Steege, M. W., & Watson, T. S. (2009). *Conducting school-based functional behavioral assessments* (2nd ed.). New York: Guilford Press.

Stein, M., Camnine, D., & Dixon, R. (1989). Direct instruction: Integrating curriculum design and effective teaching practice. *Intervention in School and Clinic, 33,* 227-235.

Stein, M., Stuen, C., Camnine, D., & Long, R. M. (2001). Textbook evaluation and adoption. *Reading and Writing Quarterly, 17,* 5-24.

Stuebing, K. K., Barth, A. E., Molfese, P. J., Weiss, B., & Fletcher, J. M. (2009). IQ is not strongly related to response to reading instruction: A meta-analytic interpretation. *Exceptional Children, 76,* 31-51.

Stuebing, K. K., Fletcher, J. M., LeDoux, J. M., Lyon, G. R., Shaywitz, S. E., & Shaywitz, B. A. (2002). Validity of IQ-discrepancy classifications of reading disabilities: A meta-analysis. *American Educational Research Journal, 39,* 469-518.

Swanson, H. L., Harris, K. R., & Graham, S. (Fds.). (2003). *Handbook of learning disabilities.* New York: Guilford Press.

Swanson, H. L., & Sachse-Lee, C. (2000). A meta analysis of single-subject-design intervention research for students with LD. *Journal of Learning Disabilities, 33,* 114-137.

Sweet, R. W. (2004). The big picture: Where we are nationally on the reading front and how we got here. In P. McCarde & V. Chhabra (Eds.), *The voice of evidence in reading research* (pp. 13-46). Baltimore, MD: Brookes.

Task Force on Evidence-Based Interventions in School Psychology [sponsored by Division 16 of the American Psychological Association and the Society for the Study of School Psychology]. (2003, June). *Procedural and coding manual for review of evidence-based interventions.* Retrieved from *www.sp-ebi.org/_workingflles/EBlmanuall.pdf.*

Tatum, B. D. (1997). *Why are all the black kids sitting together in the cafeteria? and other conversations about race: A psychologist explains the development of racial identity* (rev. ed). New York: Basic Books.

Taylor, R. L., & Richards, S. B. (1997). Teacher perceptions of inclusive settings. *Teaching Exceptional Children, 29,* 50-55.

Telzrow, C. F., McNamara, K., & Hollinger, C. L. (2000). Fidelity of problem-solving implementation and relationship to student performance. *School Psychology Review, 29,* 443-461.

Tilly, W. D., III. (2002). Best practices in school psychology as a problem-solving enterprise. In A. Thomas & J. Crimes (Fds.), *Best practices in school psychology IV* (pp. 21-36). Bethesda, MD: National Association of School Psychologists.

Tilly, W. D., III. (2003, December). *How many tiers are needed for successful prevention and early intervention?: Heartland Area Education Agency's evolution from four to three tiers.* Paper presented at the Response-to-Intervention Symposium, Kansas City, MO. Retrieved March 9, 2004, from *www.nrcld.org/html/syrnposium2003.*

Tilly, W. D., III. (2008). The evolution of school psychology to science-based practice: Problem-solving and the three-tiered model. In A. Thomas & J. Grimes (Fds.), *Best practices in school psychology V* (pp. 17-36). Bethesda, MD: National Association of School Psychologists.

Torgeson, J. K. (2003, December). *Operationalizing the response to intervention model to identify children with learning disabilities: Specific issues with older children.* Paper presented at the Response-to-Intervention Symposium, Kansas City, MO. Retrieved March 9, 2004, from *www.nrcld.org/htmll symposium2003.*

Twyman, J. S., & Sota, M. (2009). Identifying research-based practices for response to intervention: Scientifically based instruction. *Journal of Evidence-Based Practices for Schools. 9,* 86-101.

U.S. Department of Education. (2002a). *Guidance for the reading first program.* Retrieved October 12, 2004, from *www.ed.gov/programs/readingfirst/guidance.doc.*

U.S. Department of Education. (2002b). *No Child Left Behind: A desktop reference.* Washington, DC: Author.

U.S. Department of Education. (2005). *Scientifically based research.* Retrieved from *www.ed.gov/nclb/met hods/whatworks/research/index.html.*

U.S. Department of Education. (2008). *Reading First state APR data, 2003-2007.* Washington, DC: Author. Retrieved from *www.ed.gov/programs/readingfirst/data.html.*

U.S. Department of Education. (2009). *Early Reading First: Annual performance data.* Washington, DC: Author. Retrieved from *www.ed.gov/programs/earlyreading/performance.html.*

U.S. Department of Education, Institute of Education Sciences. (2004). *What Works Clearinghouse.* Retrieved April 27, 2004, from *www.w-w-c.org.*

VanDerHeyden, A. M., & Burns, M. K. (2009). Performance indicators in math: Implications for brief experimental analysis of academic performance. *Journal of Behavioral Education, 18,* 71-91.

VanDerHeyden, A., & Snyder, P. (2006). Integrating frameworks from early childhood intervention and school psychology to accelerate growth for all young children. *School Psychology Review, 35,* 519-534.

VanDerlleyden, A., Snyder, P., Broussard, C., & Ramsdell, K. (2007). Measuring response to early literacy intervention with preschoolers at risk. *Topics in Early Childhood Special Education, 27,* 232-249.

VanDerHeyden, A. M., & Witt, J. C. (2008). Best practices in can't do/won't do assessment. In A. Thomas & J. Grimes, *Best Practices in School Psychology V* (pp. 131-139). Bethesda, MD: National Association of School Psychologists.

VanDerHeyden, A. M., Witt, J. C., & Gilbertson, D. (2007). A multi-year evaluation of the effects of a response to intervention (RTI) model on identification of children for special education. *Journal of School Psychology, 45,* 225-256.

Vaughn, S., & Fuchs, L. S. (2003). Redefining learning disabilities as inadequate response to instruction: The promises and potential problems. *Learning Disabilities: Research and Practice, 18,* 137-146.

Vaughn, S., Mathes, P., Linan-Thompson, S., & Francis, D. (2005). Teaching English language learners at risk for reading disabilities to read: Putting research into practice. *Learning Disabilities Research and Practice, 20,* 58-67.

Vaughn, S., Wanzek, J., Murray, C. S., Scammacca, N., Linan-Thompson, S., & Woodruff, A. L. (2009). Response to early reading intervention: Examining higher and lower responders. *Exceptional Children, 75,* 165-183.

Vellutino, F. R., Scanlon, D. M., & Lyon, G. R. (2000). Differentiating between difficult-to-remediate and readily remediated poor readers: More evidence against the IQ-achievement discrepancy definition for reading disability. *Journal of Learning Disabilities, 33,* 223-238.

Vellutino, F. R., Scanlon, D. M., Small, S., & Fanuele, D. (2006). Response to intervention as a vehicle for distinguishing between children with and without reading disabilities: Evidence for the role of kindergarten and first-grade interventions. *Journal of Learning Disabilities, 39,* 157-169.

Vellutino, F. R., Scanlon, D. M., & Zhang, H. (2007). Identifying reading disability based on response to intervention: Evidence from early intervention research. In S. R. Jimerson, M. K. Burns, & A. M. Jimerson (Eds.), *Handbook of response to intervention: The science and practice of assessment and interventions* (pp. 185-211). New York: Springer.

Villa, R. A., & Thousand, J. S. (1996). Teacher and administrator perceptions of heterogeneous education. *Exceptional Children, 63,* 29-46.

Walker, D., Carta, J. J., Greenwood, C. R., & Buzhardt, J. F. (2008). The use of individual growth and developmental indicators for progress monitoring and intervention decision making in early education. *Exceptionality, 16,* 33-47.

Wanzek, J., & Vaughn, S. (2008). Response to varying amounts of time in reading intervention for students with low response to intervention. *Journal of Learning Disabilities, 41,* 126-142.

Watson, T. S., & Steege, M. W. (2003). *Conducting school-based functional behavioral assessments: A practitioner's guide.* New York: Guilford Press.

Weisz, J. R., & Hawley, K. M. (1999). Finding, evaluating, refining, and applying empirically supported treatments for children and adolescents. *Journal of Clinical Child Psychology, 27,* 206-

217.
Wilber, A., & Cushman, T. (2006). Selecting effective academic interventions: An example using brief experimental analysis for oral reading. *Psychology in the Schools, 43,* 79–84.
Williams, P. B., & Carnine, D. W. (1981). Relationship between range of examples and of instructions and attention in concept attainment. *Journal of Educational Research, 74,* 144–148.
Willig, A. (1985). A meta-analysis of selected studies on the effectiveness of bilingual education. *Review of Educational Research, 55,* 269–317.
Willis, J. O., & Dumont, R. (2006). And never the twain shall meet: Can response to intervention and cognitive assessment be reconciled? *Psychology in the Schools, 43,* 901–908.
Witsken, D., Stoeckel, A., & D'Amato, R. (2008). Leading educational change using a neuropsychological response-to-intervention approach: Linking our past, present, and future. *Psychology in the Schools, 45,* 781–798.
Wodrich, D., Spencer, M., & Daley, K. (2006). Combining BTI and psychoeducational assessment: What we must assume to do otherwise. *Psychology in the Schools, 43,* 797–806.
Wright, W. E. (2004). What English-only really means: A study of the implementation of California language policy with Cambodian-American students. *International Journal of Bilingual Education and Bilingualism, 7,* 1–23.
Xu, Y., & Drame, E. (2008). Culturally appropriate context: Unlocking the potential of response to intervention for English language learners. *Early Childhood Education Journal, 35,* 305–311.
Ysseldyke, J. (2005). Assessment and decision making for students with learning disabilities: What if this is as good as it gets? *Learning Disability Quarterly, 28,* 125–128.
Zirkel, P. A. (2006). What does the law say? *Teaching Exceptional Children, 38(5),* 67–68.
Zirkel, P., & Krohn, N. (2008). BTI after IDEA. *Teaching Exceptional Children, 40(3),* 71–73.

찾아보기

ㅌ

ㅍ

ㅎ

기타

역자 소개

이명숙 교육심리학(Ph.D) - 미국 컨트주립대학
대구교육대학교 교육학과 교수 및 대학원 교육심리 및 학습컨설팅전공 주임교수
저/역서: 교육심리학, 학교심리학, 비판적 사고와 교실수업, 교실에서의 창의성교육 외

김동일 교육심리학(Ph.D) - 미국 미네소타대학
서울대학교 교육상담 교수 및 대학원 특수교육전공 주임교수
저/역서: 학습상담, 학습장애아동의 이해와 교육, BASA(기초학습기능수행평가체제): 읽기, 수학, 쓰기, 초기읽기, 초기수학, 수학문장제, ALSA(청소년학습전략검사) 외

이기정 특수교육(Ph.D) - 서울대학교
대구교육대학교 특수(통합)교육과 교수 및 대학원 초등특수교육전공 주임교수
저/역서: 심리검사와 상담, 특수교육연구의 실제 외

효과적인 교수와 학습컨설팅을 위한

RTI의 원리와 전략 2판

발행일 2016년 11월 17일 초판 발행

저자 Rachel Brown-Chidsey, Mark W. Steege | **역자** 이명숙, 김동일, 이기정

발행인 홍진기 | **발행처** 아카데미프레스 | **주소** 413-756 경기도 파주시 문발동 출판정보산업단지 507-9

전화 031-947-7389 | **팩스** 031-947-7698 | **이메일** info@academypress.co.kr

웹사이트 www.academypress.co.kr | **출판등록** 2003. 6. 18 제406-2011-000131호

ISBN 978-89-97544-95-0 93370

값 18,000원